"国家金融学"系列教材 / 陈云贤 主编

国家金融弯道超车

李小玲　魏守道　编著

·广州·

版权所有　翻印必究

图书在版编目（CIP）数据

国家金融弯道超车/李小玲，魏守道编著.—广州：中山大学出版社，2021.10

（"国家金融学"系列教材/陈云贤主编）

ISBN 978-7-306-07296-2

Ⅰ.①国…　Ⅱ.①李…②魏…　Ⅲ.①金融—研究—中国—教材　Ⅳ.①F832

中国版本图书馆CIP数据核字（2021）第171093号

出　版　人：王天琪
策划编辑：嵇春霞
责任编辑：姜星宇
封面设计：曾　婷
责任校对：井思源
责任技编：靳晓虹
出版发行：中山大学出版社
电　　话：编辑部 020-84110283，84113349，84111997，84110779，84110776
　　　　　发行部 020-84111998，84111981，84111160
地　　址：广州市新港西路135号
邮　　编：510275　　传　　真：020-84036565
网　　址：http://www.zsup.com.cn　E-mail：zdcbs@mail.sysu.edu.cn
印　刷　者：佛山市浩文彩色印刷有限公司
规　　格：787mm×1092mm　1/16　18印张　290千字
版次印次：2021年10月第1版　2021年10月第1次印刷
定　　价：62.00元

如发现本书因印装质量影响阅读，请与出版社发行部联系调换

"国家金融学"系列教材

主　编　陈云贤
副主编　李善民　李广众　黄新飞
编　委　(按姓氏笔画排序)
　　　　王　伟　王彩萍　韦立坚　杨子晖
　　　　李小玲　李广众　张一林　周天芸
　　　　赵慧敏　黄新飞

"国家金融学"系列教材

总　序

国家金融与国家金融学，是两个需要清晰界定的概念和范畴。在现实中，当我们谈到金融时，大多是指国际金融或公司金融。有关国家金融的文章或书籍要在国外发表或出版，编辑提出的第一个问题往往是它与公共财政有什么区别。在理论上，现有的金融学科大致可划分为：以汇率和利率决定机制为主的国际金融学和货币金融学[①]，以资产价格决定机制为主的公司金融学和投资学[②]——还没有国家金融学。换句话说，现有的金融学研究大多聚焦于技术细节，即使有与国家金融相关的研究，也主要散见于对政策或市场的解读之中，理论性较弱且不成体系。而笔者所探讨的国家金融是聚焦于一国金融发展中最核心、最紧迫的问题，在此层面采取的政策与措施事关一国金融的健康稳定和经济的繁荣发展。因此，此处提出的国家金融学，是以现代金融体系下国家金融的行为及其属性为研究对象，从金融市场的要素、组织、法制、监管、环境和基础设施六个方面来探讨国家金融行为、维护国家金融秩序、提升国家金融竞争力。

关于现代金融体系，国内外理论界有"三体系论""四要素论"和"五构成论"等不同表述。"三体系论"认为，金融体系可大致划分为三个体系：一是金融的宏观调控和监管体系，二是金融的市场体系，三是金融的机构体系。其中，金融的市场体系包括交易对象、交易主体、交易工

[①] 参见陈雨露主编《国际金融》（精编版），中国人民大学出版社2008年版，前言。
[②] 参见王重润主编《公司金融学》，东南大学出版社2010年版，第1～8页。

具和交易价格。①"四要素论"认为,金融市场由四个要素构成:一是金融市场的参与者,包括政府部门、工商企业、金融机构和个人;二是金融工具,其特征包括偿还性、流动性、风险性和收益性;三是金融市场的组织形式,包括在固定场所内的集中交易方式、分散交易方式和场外交易方式;四是金融市场的管理,包括中央银行及有关监管当局的管理。②"五构成论"认为,金融市场的构成要素有五个:一是金融市场主体,即金融市场的交易者;二是金融市场工具,即金融交易的载体,金融市场工具可以理解为金融市场工具持有人对发行人的债权或权益;三是金融市场中介,通常是指为资金融通提供媒介服务的专业性金融机构或取得专业资格的自然人;四是金融市场组织方式,是指能够使金融市场成为现实的市场并正常运转的制度安排,主要集中在市场形态和价格形成机制两方面;五是金融市场监管,即对金融活动进行监督和调控等。它们在金融体系中共同发挥着作用。③与上述的"三体系论""四要素论""五构成论"相比,笔者更强调现代金融体系功能结构的系统性,并在其中探索国家金融行为对一国经济金融稳定和健康发展的影响。

一、国家金融行为是否存在,是个有争议的话题

西方经济学的传统理论认为,政府只能在市场失灵的领域发挥作用,比如需要提供公共物品时或存在经济的外部性和信息不对称时。但我们回望历史又不难看到,现实中的西方国家,尤其是一贯奉行自由主义经济的美国,每到关键时刻,政府都屡屡出手调控。下面仅举几个事例进行说明。

第一例是亚历山大·汉密尔顿(Alexander Hamilton)对美国金融体系的构建。早在美国建国之初,作为第一任财政部部长的汉密尔顿就着力建立国家信用,健全金融体系,完善财税制度,促进工商业发展,从而构建了美国财政金融体系的五大支柱——统一的国债市场、中央银行主导的银行体系、统一的铸币体系(金银复本位制)、以关税和消费税为主体的税

---

① 参见乔治·考夫曼著《现代金融体系——货币、市场和金融机构》(第六版),陈平等译,经济科学出版社2001年版,第3页。
② 参见黄达、张杰编著《金融学》(第四版),中国人民大学出版社2017年版,第286~293页。
③ 参见霍文文主编《市场金融学教程》,复旦大学出版社2005年版,第5~15页。

收体系，以及鼓励制造业发展的财政金融贸易政策。这些举措为美国的现代金融体系奠定了扎实的前期基础。对此，我们需要思考的是，在200多年前，为什么汉密尔顿已经对财政、金融有此思考，并高度强调"整体国家信用"的重要性？为什么他认为美国要成为一个繁荣富强的国家，就必须建立坚固的诸州联盟和强有力的中央政府？

　　第二例是1933年开始的"罗斯福新政"。其主旨是运用财政手段，结合金融举措，大力兴建基础设施项目，以增加就业、刺激消费和促进生产。其主要举措包括：第一，民间资源保护队计划。该计划侧重吸纳年龄在18岁至25岁之间的身强力壮且失业率偏高的青年人，参与植树护林、防治水患、水土保持、道路建筑、开辟森林防火线和设置森林瞭望塔等工程建设项目。到美国参与第二次世界大战（简称"二战"）之前，先后有200多万名青年参与过这些项目，他们开辟了740多万英亩[①]国有林区和大量国有公园。第二，设立了以着眼于长期目标的工程为主的公共工程署和民用工程署。民用工程方面，美国兴建了18万个小型工程项目，包括校舍、桥梁、堤坝、下水道系统、邮局和行政机关大楼等公共建筑，先后吸纳了400万人为此工作。后来，美国又继续建立了几个新的工赈机构。其中最著名的是国会拨款50亿美元兴办的工程兴办署和针对青年人的全国青年总署，二者总计雇用人员达2300万，占全国劳动力的一半以上。第三，至"二战"前夕，美国联邦政府支出近180亿美元，修建了近1000座飞机场、12000多个运动场、800多座校舍与医院，创造了大量的就业机会。其中，金门大桥和胡佛水坝至今仍是美国的标志性建筑。

　　第三例是布雷顿森林会议构建的国际金融体系。1944年7月，布雷顿森林会议在美国新罕布什尔州召开。时任英国代表团团长约翰·梅纳德·凯恩斯（John Maynard Keynes）在会前提出了"二战"后世界金融体系的"三个一"方案，即"一个世界货币""一个世界央行""一个世界清算体系"联盟。而以美国财政部首席经济学家哈里·德克斯特·怀特（Harry Dexter White）为会议主席的美国方面，则按照政治力量优先于经济实力的逻辑，采取政治与外交手段，在多国角力中最终促成了围绕美国政治目标而设立的三个工作委员会，分别讨论国际稳定基金、国际复兴开发银行和其他国际金融合作事宜。日后正式成立的国际货币基金组织、世界银行

---

① 1英亩≈4046.86平方米。

（国际复兴开发银行）和国际清算银行等奠定"二战"后国际金融秩序的组织均发端于此。可以说，这次会议形成了以美国为主的国际金融体系，左右着国际经济的运行。

第四例是通过马歇尔计划构建的以美元为主的国际货币体系。该计划由美国于1948年4月主导启动，欧洲国家成立了"欧洲经济合作组织"与之对接。"二战"后，美国对欧洲国家的援助包括资金、技术、人员等方面，其中资金援助的流向是：美国援助美元给欧洲国家，欧洲各国将美元作为外汇购买美国的物资；除德国外，欧洲国家基本上不偿还援助资金；除德国将援助资金用于私有企业再投资外，欧洲各国多数将其用于填补财政亏空。在这个体系中，美元滞留欧洲，形成"欧洲美元"。于是，国际货币体系在布雷顿森林会议和马歇尔计划的双重作用下，逐渐从"金银复本位制"发展到"金本位制"、"黄金—美元—他国货币"双挂钩（实施固定汇率：35美元＝1盎司黄金）、"美元与外国货币固定汇率制"（从1971年8月15日起黄金与美元脱钩）、"美元与外国货币浮动汇率制"（由1976年的《牙买加协定》所确立）。最终，美国运用"石油交易捆绑美元结算"等金融手段，形成了美元在国际货币体系中一家独大的局面，使其成为国际经济中的强势货币。

第五例是美国对2008年次贷危机的应对。美国联邦储备委员会（简称"美联储"）、财政部、联邦存款保险公司（Federal Deposit Insurance Corporation，FDIC）、证券交易委员会（Securities and Exchange Commission，SEC）、国会和相关政府部门联手，全力以赴化解金融危机。其主要举措有：第一，美联储作为独立于联邦政府和政党纷争的货币政策执行者，采取传统的激进货币政策和非常规、非传统的货币政策并行的策略，以市场化手段处置金融危机、稳定金融市场；第二，在美联储货币政策无法应对之际，财政部出台"不良资产救助计划"（Troubled Asset Relief Program，TARP），以政府直接投资的方式，援助主要金融机构和部分大型企业；第三，政府还采取了大幅快速减税、扩大赤字化开支等财政政策刺激经济增长；第四，美国国会参、众两院通过立法的方式及时完善法律环境，如政府协调国会参、众两院分别签署通过了《2008年紧急经济稳定法案》《2008年经济振兴法案》《2009年经济振兴法案》《2009年美国复苏与再投资法案》，以及自1929年大萧条以来最重要的金融监管改革法案之一——《多德-弗兰克华尔街改革与消费者保护法案》。可以说，美国采用货币政策、财政政策、监管政策、经济振兴计划及法制保障等多种措施,稳定了金融市场,刺激了经济发展。

第六例是2019年美国的2万亿美元巨额基础设施建设计划。该计划由特朗普政府发起,2019年4月30日美国参议院民主党和共和党就推进2万亿美元巨额基础设施建设计划达成共识,确定以财政手段结合金融举措,启用汽油税作为美国联邦政府投资的主要资金来源,并通过政府和社会资本合作的方式(Public-Private-Partnership,PPP)融资,通过大规模减税带来海外资金的回流和大量发行国债募集巨额资金投资基础设施建设,目标是创造经济增长的新动力。其主要举措包括重建高速公路、桥梁、隧道、机场、学校、医院等基础设施,并让数百万民众参与到这项工作中来;通过大规模的基础设施建设,打造和维持世界上最好的高速公路和航空系统网;等等。

由以上诸例可见,美国政府在历史进程中采取的国家金融行为,不仅包括处置国内的产业经济危机、助力城市经济和民生经济以促进社会发展,而且还包括强势介入国际经济运行,在打造国际金融体系方面有所作为。其他发达国家的此类案例也比比皆是。历史和现实告诉我们,从国家金融学的角度探讨国家金融行为及其属性,研究国家金融战略,做好国家金融布局,维护国家金融稳定,推动国家经济发展,既是一国政府在当代经济发展中面临的客观要求,也是金融理论界需要重视并深入研究的课题。

二、国家金融理论滞后于实践发展

事实上,通过采取国家金融行为以维护国家金融秩序、提升国家金融竞争力的事例,在各国经济实践中已经广泛存在,但对这些案例的理论总结与分析还远远不够。可以说,国家金融理论的发展是极大滞后于经济实践进程的。下面仅举两个案例予以说明。

案例一是美国资产重组托管公司①(Resolution Trust Corporation,RTC)与中国四大资产管理公司。

RTC是美国政府为解决20世纪80年代发生的储贷机构危机而专门成

---

① 参见郭雳《RTC:美国的金融资产管理公司(一)》,载《金融法苑》1999年第14期,第47~51页。

立的资产处置机构。1989年8月，美国国会通过《1989年金融机构改革、复兴和实施法案》（*Financial Institutions Reform, Recovery, and Enforcement Act of 1989*），创立RTC，对国内出现问题的储贷机构进行重组处置。下面我们从六个方面来介绍RTC的具体情况。

(1) RTC设立的背景。20世纪70年代中后期，美国经济受到经济停滞和通货膨胀的双重冲击。政府对当时主要为低收入家庭买房、建房提供贷款的非银行储蓄机构及其储贷协会放松管制，扩大其业务范围，期望以此刺激经济恢复生机。然而，沉没在投机性房地产贷款与垃圾债券上的大量资金和不良资产使储贷机构严重资不抵债，走向破产的边缘。在这一背景下，RTC应运而生，对相关储贷机构进行资产重组。RTC被赋予五大目标：一是重组储贷机构；二是尽量减少重组损失，争取净现值回报最大化；三是充分利用募得资金处置破产的储贷机构；四是尽量减小处置过程中对当地房地产市场和金融市场的影响；五是最大限度地保障中低收入者的住房供应。

(2) RTC的组织架构。这分为两个阶段：第一阶段是1989年8月至1991年10月，RTC由美国联邦存款保险公司（FDIC）负责管理，财政部部长、美联储主席、住房和城市发展部部长和总统指派的两名私营部门代表组成监察委员会，负责制定RTC的运营策略和政策，任命RTC的总裁（由FDIC总裁兼任）和首席执行官，以开展日常工作。第二阶段是从1991年11月开始，美国国会通过《重组托管公司再融资、重构与强化法案》（*Resolution Trust Corporation Refinancing, Restructuring, and Improvement Act*），原监察委员会更名为储贷机构存款人保护监察委员会，在调整相关成员后，确定RTC总部设立在华盛顿，在亚特兰大、达拉斯、丹佛和堪萨斯城设立4个地区办公室，在全国设立14个办事处和14个销售中心，RTC不再受FDIC管理。直至1995年12月RTC关闭解散后，其余下工作被重新划回FDIC继续运作。

(3) RTC的资金来源。在实际运营中，RTC的资金来源由四个方面构成：财政部拨款、资产出售后的回收资金、托管储蓄机构中的存款以及来自重组融资公司（Resolution Funding Corporation）和联邦融资银行（Federal Financing Bank）的借款。

(4) RTC的运作方式。这主要分为两类：对储贷机构实施援助和重组。援助主要是以现金注入方式帮助相关储贷机构摆脱困境，使其重获持续经营的能力。重组主要包括四个步骤：清算、托管、重组、资产管理与处置。其中，资产管理与处置主要是采用公开拍卖、期权销售、资产证券化等手段。

（5）RTC的资产定价方法。因为RTC处置的资产中近一半是商业和居民住房抵押贷款，其余是储贷机构自有房产、其他贷款及各类证券等，所以RTC在资产估价过程中结合地理位置、资产规模、资产质量、资产期限、偿付标准等因素，主要采用传统的净现值折现方法，同时结合运用推演投资价值（Derived Investment Value，DIV）工具完善估值。为防止不良资产被贱卖，RTC还会根据资产评估价格的一定比例设定保留价格作为投标底线。

（6）RTC的运作成效。从1989年8月至1995年12月底，RTC成功重组了747家储蓄机构。其中，433家被银行并购，222家被其他储蓄机构并购，92家进行了存款偿付，共涉及资产约4206亿美元，重组成本约为875亿美元。RTC的实践为清理破产金融机构、消化不良资产和化解金融危机提供了较为成功的范例。

美国RTC的成功经验也为中国所借鉴。1999年，中国政府在处置亚洲金融危机时，就参考了美国RTC的方式，剥离中国工商银行、中国农业银行、中国银行、中国建设银行四大银行的不良资产，组建了华融资产管理公司、东方资产管理公司、长城资产管理公司和信达资产管理公司来处理不良资产，参与资本市场运作。

可见，在美国、中国都存在这种典型的国家金融行为，但对于这类实践，理论界还缺乏系统性的探讨、总结，对这类问题的研究仍然是碎片化的、外在的，主要侧重于对技术手段的研究。在世界范围内，上述类型的不良资产处置公司应怎样定位，其功能和续存时间如何，这些都是亟待学界研究的课题。

案例二是沃尔克法则（Volcker Rule）与金融风险防范。

为了避免2008年次贷危机重演，2010年7月，美国颁布了《多德－弗兰克华尔街改革与消费者保护法案》，在政府监管机构设置、系统性风险防范、金融业及其产品细分、消费者保护、危机处置等方面设置了一系列监管措施。其中，沃尔克法则是最有影响的改革内容之一。①

---

① 参见姚洛《解读沃尔克法则》，载《中国金融》2010年第16期，第45~46页。

该法则的提出有着特殊的背景。美国的金融监管模式是在历史进程中逐渐形成的，是一个以联邦政府和州政府为依托、以美联储为核心、由各金融行业监管机构共同组成的双层多头金融监管体系。这一体系的弊端在2008年金融危机的爆发和蔓延过程中暴露无遗：一是监管体系无法跟上经济和金融发展的步伐；二是缺乏统一监管，难以防范系统性金融危机；三是监管职能重叠或缺位，造成监管死角；四是缺乏对金融控股公司的有效监管；五是分业监管体系与混业市场经营相背离；等等。保罗·沃尔克（Paul Volcker）对此曾经尖锐地指出，金融机构的混业经营和分业监管的错配是金融危机爆发的一个重大根源。

在这一背景下，沃尔克法则应运而生。其核心是禁止银行从事自营性质的投资业务，同时禁止银行拥有、投资或发起对冲基金和私募基金。其具体措施包括：第一，限制银行的规模，规定单一金融机构在储蓄存款市场上所占份额不得超过10%，从而限制银行通过过度举债进行投资的能力；第二，限制银行利用自身资本进行自营交易，规定银行只能在一级资本的3%以内进行自营投资；第三，限制银行拥有或资助对私募基金和对冲基金的投资，规定银行在每只基金中的投资比例不得超过该基金募集资本的3%；第四，控制资产证券化风险，规定银行销售抵押贷款支持证券等产品至少留存5%的信用风险；等等。

沃尔克法则的目标聚焦于金融市场"去杠杆化"。在该法则之下，国家可以将金融行业的风险进行隔离，简化风险管理的复杂度，提高风险管理和审慎监管的效率。这是一种典型的国家金融行为。在理论上，它涉及对一国的商业银行资产负债管理和投资银行风险收益关系的深化研究；在实践中，它关乎一国金融监管模式的选择和金融经济发展的方向。然而，学界对沃尔克法则的研究或借鉴，多数仍然停留在防范金融风险的技术手段上。

三、国家金融人才短缺，金融学需要细分

国家金融理论滞后于实践发展的直接后果是国家金融人才短缺。其原因主要有三：一是金融学缺乏细分，二是国内外金融学教研主要聚焦于微观金融领域与技术分析，三是国内外金融学学生大多偏重于微观金融的技术手段分析和操作。关于国内金融学研究的现状，我们以两个高校的例子予以说明。

第一例是以"金融"命名的某大学经济学科相关专业人才培养方案中

的课程设置（如图 1 所示）。

- 金融学专业
- 投资学专业
- 财政学专业
- 金融工程专业
- 保险学专业
- 国际经济与贸易专业
- 经济学专业
- 经济与金融专业
- 信用管理专业
- 经济统计学专业
- 金融数学专业
- 互联网金融专业

金融学专业：
- 金融学
- 金融市场与金融机构
- 商业银行经营学
- 信用担保
- 国际金融学
- 投资学
- 公司金融
- 金融工程学
- 金融风险管理等

经济与金融专业：
- 微观经济学
- 宏观经济学
- 金融经济学
- 投资经济学
- 区域经济学
- 产业经济学
- 计量经济学
- 金融工程学
- 商业银行经营学
- 银行会计
- 国际金融学
- 金融市场学

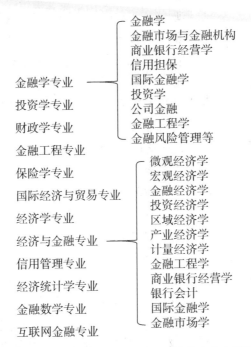

图 1　某金融大学经济学科相关专业人才培养方案中的课程设置

由图 1 的经济学科人才培养方案中的课程设置可知，该大学设置的 12 个经济类专业，涉及宏观金融学科的只有两个：金融学专业和经济与金融专业。前者的 9 门课程中只有国际金融学涉及少量宏观金融的概念，后者的 12 门课程中只有金融经济学与国际金融学涉及一些宏观金融的内容，其余多数为微观金融或部门金融的范畴。

第二例是某综合性大学金融学院金融学专业人才培养方案中的核心课程（如图 2 所示）。

专业核心课程：
- 货币金融学
- 公司金融
- 证券分析与实证分析
- 金融衍生工具
- 国际金融
- 金融机构与市场
- 投资与资产组合管理

图 2　某综合性大学金融学院金融学专业人才培养方案中的核心课程

由图2可知，该综合性大学金融学院金融学专业7门核心课程中只有国际金融涉及少量的宏观金融知识，其余均为微观金融或部门操作性金融技术的范畴。

上述两个案例告诉我们，国内的金融学教研基本上没有涉及国家金融层面的理论，缺乏对国家金融行为取向的研究与教学。

那么，国外金融学研究的情况如何呢？我们可以回顾一下1991年至2020年诺贝尔经济学奖获奖者概况（见表1）。

表1　1991年至2020年诺贝尔经济学奖获奖者概况

年份	获奖者（中译名）	主要贡献
1991	罗纳德·科斯	揭示并澄清了交易费用和产权在经济的制度结构和运行中的重要性
1992	加里·贝克	将微观经济理论扩展到对人类行为及互动的分析上，包括非市场行为
1993	罗伯特·福格尔、道格拉斯·诺斯	运用经济理论和定量方法来解释经济和制度变迁，更新了经济史研究
1994	约翰·海萨尼、小约翰·纳什、莱因哈德·泽尔腾	在非合作博弈的均衡分析理论方面做出了开创性贡献
1995	小罗伯特·卢卡斯	发展并应用了理性预期假说，由此重塑了宏观经济学研究并深化了人们对经济政策的理解
1996	詹姆斯·莫里斯、威廉·维克瑞	对信息不对称条件下的经济激励理论做出了基础性贡献
1997	罗伯特·默顿、迈伦·斯科尔斯	为金融衍生品的定价问题贡献了新方法
1998	阿马蒂亚·森	对福利经济学做出了贡献
1999	罗伯特·蒙代尔	分析了不同汇率制度下的货币政策与财政政策，并分析了最优货币区
2000	詹姆斯·J. 赫克曼、丹尼尔·L. 麦克法登	前者发展了分析选择性抽样的理论和方法，后者发展了分析离散选择的理论和方法

续表1

年　份	获奖者（中译名）	主要贡献
2001	乔治·阿克尔洛夫、迈克尔·斯彭斯、约瑟夫·斯蒂格利茨	分析了充满不对称信息的市场
2002	丹尼尔·卡尼曼、弗农·史密斯	前者将心理学的研究成果引入经济学研究中，特别侧重于研究人在不确定情况下进行判断和决策的过程；后者为实验经济学奠定了基础，发展了一整套实验研究方法，并设定了经济学研究实验的可靠标准
2003	罗伯特·恩格尔、克莱夫·格兰杰	前者创立了描述经济时间序列数据时变波动性的方法：自回归条件异方差；后者发现了根据共同趋势分析经济时间序列的方法：协整理论
2004	芬恩·基德兰德、爱德华·普雷斯科特	在动态宏观经济学领域做出了贡献，揭示了经济政策的时间连贯性和商业周期背后的驱动力
2005	罗伯特·奥曼、托马斯·谢林	通过对博弈论的分析，加深了对冲突与合作的理解
2006	埃德蒙·费尔普斯	分析了宏观经济政策中的跨期权衡问题
2007	莱昂尼德·赫维茨、埃里克·马斯金、罗杰·迈尔森	为机制设计理论奠定了基础
2008	保罗·克鲁格曼	分析了贸易模式和经济活动的地域
2009	埃莉诺·奥斯特罗姆、奥利弗·威廉森	分析了经济管理行为，尤其是前者研究了公共资源管理行为，后者分析了公司治理边界行为
2010	彼得·戴蒙德、戴尔·莫滕森、克里斯托弗·皮萨里季斯	分析了存在搜寻摩擦的市场
2011	托马斯·萨金特、克里斯托弗·西姆斯	对宏观经济中的因果关系进行了实证研究

续表1

年　份	获奖者（中译名）	主要贡献
2012	埃尔文·罗斯、罗伊德·沙普利	在稳定配置理论及市场设计实践上做出了贡献
2013	尤金·法玛、拉尔斯·彼得·汉森、罗伯特·席勒	对资产价格做了实证分析
2014	让·梯若尔	分析了市场力量与监管
2015	安格斯·迪顿	分析了消费、贫困和福利
2016	奥利弗·哈特、本格特·霍姆斯特罗姆	在契约理论上做出了贡献
2017	理查德·H. 塞勒	在行为经济学领域做出了贡献
2018	威廉·诺德豪斯、保罗·罗默	前者将气候变化引入长期宏观经济分析中，后者将技术创新引入长期宏观经济分析中
2019	阿比吉特·巴纳吉、埃丝特·迪弗洛、迈克尔·克雷默	在减轻全球贫困方面探索了实验性做法
2020	保罗·米尔格龙、罗伯特·B. 威尔逊	对拍卖理论的改进和发明了新拍卖形式

［资料来源：《盘点历届诺贝尔经济学奖得主及其贡献（1969—2019）》，见新浪财经网（https://finance.sina.cn/usstock.mggd.2019-10-14/detail-iicezuev2135028.d.html），2019年10月14日。］

在30年的时间跨度中，只有少数几位诺贝尔经济学奖获奖学者的研究是关于金融问题的：1997年获奖的罗伯特·默顿和迈伦·斯科尔斯研究了金融机构新产品的期权定价公式，1999年获奖的罗伯特·蒙代尔讨论了不同汇率制度下的货币政策与财政政策以及最优货币区，2003年获奖的罗伯特·恩格尔和克莱夫·格兰杰在计量经济学领域的开拓性贡献为金融分析提供了不可或缺的工具，2013年获奖的尤金·法玛、拉尔斯·彼得·汉森和罗伯特·席勒的贡献主要是对资产价格进行了实证分析；其余的获奖者则基本上没有直接触及金融问题。而在上述涉及金融问题的诺贝尔经济学奖获奖人中，只有罗伯特·蒙代尔一人在理论上探讨了国际金融问题，其他人则主要侧重于金融资产定价或金融实践的成效。

综上可见，无论是国内还是国外的金融学，都缺乏对国家金融的理论

"国家金融学"系列教材
总 序

研究,且相关人才匮乏。与之相对的是,世界范围内重大的金融变革与发展,多是由不同国家的金融导向及其行为所推动的。因此,国家金融学研究不但应该引起学界重视,而且应该在一个更广阔的维度获得深化和发展。

笔者呼吁,要培养国家金融人才,就需要对现有的金融学研究和教学进行细分。以美国与中国高校金融学教学中普遍使用的教材为例,美国的常用教材是弗雷德里克·S.米什金的《货币金融学》①,中国则是黄达、张杰编著的《金融学》(第四版)②。这两种教材的优点是全面、系统:从货币起源讲到金融中介、金融体系,从金融市场讲到金融机构、金融监管,从中央银行讲到货币政策、外汇市场和国际金融,从金融运行的微观机制讲到资产组合与定价、业务管理与发展,等等。然而,为了满足当今经济发展对国家金融理论研究、实践管理和人才培养的需求,有必要在此类金融学教科书的基础上强化对国家金融学的研究与教学。因此,笔者建议在金融学原理的基础上,将金融学科细分为三类,具体如图3所示。

$$金融学原理\begin{cases}公司金融学\\国家金融学\\国际金融学\end{cases}$$

图3 金融学科分类

上述分类要求现有的各类大学金融学科在国内层面的教学与研究,不能仅仅局限在金融学基础理论和公司金融学两个领域,还应该包含国家金融学的设置、研究与教学发展。其中,国家金融学属于宏观金融管理范畴,研究并指导国家金融行为,即立足于一国金融发展中最核心、最紧迫的问题,要解决的是国家金融顶层布局、国家金融政策组合、国家金融监管协调、国家金融层级发展、国家金融内外联动、国家金融弯道超车、国家金融科技创新、国家金融风险防范和国家金融国际参与等课题。

公司金融学属微观金融管理范畴,研究并指导公司金融行为,即立足于企业金融行为中急需探讨和解决的问题,如公司治理结构(企业管理)、财税管理(会计学、税法)、公司理财(投资学)、风险管理(审计、评

---

① 弗雷德里克·S.米什金著:《货币金融学》,郑艳文译,中国人民大学出版社2006年版。
② 黄达、张杰编著:《金融学》(第四版),中国人民大学出版社2017年版。

估)、战略管理(决策运营)、公司融资(金融中介)、金融工程(产融开发)、法律责任(法学、信息经济学)和国际投资(兼并收购)等课题。

金融学各门学科从不同的定位出发,阐述其主要原理和应用这些原理的数理模型,并在演绎或归纳中探讨、解说案例,最终达到引导学生学习、思考的目标。金融学原理、国家金融学和公司金融学(当然也包括国际金融学)等各门学科定位不同,相互渗透,有机组成了完整的金融学科体系。

世界各国的国家金融如果要在国内实践中有效运行,首先要在理论上创设国家金融学的同时弄清楚它与金融学(基础理论)和公司金融学的联系与区别。世界各国的国家金融如果要在国际体系中有序参与,首先也应在理论上弄清楚国家金融学与国际金融学的联系和区别,同时看清楚国际金融体系在现实中的运行与未来的发展方向,只有这样,才能在实践中不断地推动其改革、创新与发展。世界各国都希望在国际金融体系中拥有自己的立足点和话语权,这也是其在国家金融行为属性中需要去面对和解决的事宜。

中国对此已有布局。① 2017年,中国召开全国金融工作会议,提出遵循金融发展规律,紧紧围绕服务实体经济、防控金融风险、深化金融改革三项任务,创新和完善金融调控,健全现代金融企业制度,完善金融市场体系,推进构建现代金融监管框架,加快转变金融发展方式,健全金融法治,保障国家金融安全,促进经济和金融良性循环与健康发展。同时,中国成立国务院金融稳定发展委员会,并强调了四个方面:第一,回归本源,把更多金融资源配置到经济社会发展的重点领域和薄弱环节;第二,优化结构,完善金融市场、金融机构、金融产品体系;第三,强化监管,提高防范与化解金融风险的能力;第四,市场导向,发挥市场在金融资源配置中的决定性作用。中国已从国家金融顶层设计的角度,一方面提出了急需国家金融人才来构建现代金融体系、维护国家金融秩序、保障并提升国家金融竞争力,另一方面也催生了国家金融学的设立、教研与发展。

四、国家金融学的研究对象

创设国家金融学的目的、意义及其他,这里不多阐述。笔者认为,国

---

① 参见新华社《全国金融工作会议在京召开》,见中华人民共和国中央人民政府网(http://www.gov.cn/xinwen/2017-07/15/content_5210774.htm),2017年7月15日。

家金融学的体系至少包括五个层面的内涵，有待我们去研究和深化。

第一层面：国家金融学研究对象①。

国家金融学以现代金融体系条件下的世界各国国家金融行为属性为研究对象，以探讨一国金融发展中最核心而又最紧迫的问题为导向，研究政策，采取措施，促进一国金融健康稳定，推动一国经济繁荣发展。

第二层面：现代金融体系结构②。

国家金融学以现代金融体系条件下的国家金融行为属性为研究对象，从现代金融体系结构中的金融市场要素、金融市场组织、金融市场法制、金融市场监管、金融市场环境和金融市场基础设施六个子体系去探讨世界各国的国家金融行为，维护国家金融秩序，提升国家金融竞争力。

第三层面：现代金融体系内容③。

现代金融体系强调功能结构的系统性，并在其中探讨国家金融行为对一国金融稳定和经济健康发展的影响。现代金融体系至少包括六个子体系：第一，金融市场要素体系。它既由各类市场（包括货币市场、资本市场、保险市场、外汇市场和衍生性金融工具市场等）构成，又由各类市场的最基本元素即价格、供求和竞争等构成。第二，金融市场组织体系。它由金融市场要素与金融市场活动的主体或管理机构构成，包括各种类型的市场主体、各类市场中介机构以及市场管理组织。第三，金融市场法制体系。金融市场具有产权经济、契约经济和规范经济的特点，因此，规范市场价值导向、交易行为、契约行为和产权行为等法律法规的整体就构成了金融市场法制体系。它包括金融市场相关的立法、执法、司法和法制教育等。第四，金融市场监管体系。它是建立在金融市场法制体系基础上的、符合金融市场需要的政策执行体系，包括对金融机构、业务、市场、政策法规执行等的监管。第五，金融市场环境体系。它主要包括实体经济基础、现代产权制度和社会信用体系三大方面。对这一体系而言，重要的是建立健全金融市场信用体系，以法律制度规范、约束金融信托关系、信用工具、信用中介和其他相关信用要素，以及以完善金融市场信用保障机制为起点建立金融信用治理机制。第六，金融市场基础设施。它是包含各类

---

① 参见陈云贤著《国家金融学》，北京大学出版社 2018 年版，序言。
② 参见陈云贤著《国家金融学》，北京大学出版社 2018 年版，第 8～10 页。
③ 参见陈云贤著《国家金融学》，北京大学出版社 2018 年版，第 8～11 页。

软硬件的完整的金融市场设施系统。其中，金融市场服务网络、配套设备及技术、各类市场支付清算体系、科技信息系统和金融行业标准的设立等都是成熟的金融市场必备的基础设施。

第四层面：政府与市场在现代金融体系中的作用①。

现代金融体系的六个子体系中，金融市场要素与金融市场组织是其体系中的基本元素，它们的行为导向更多地体现为市场的活动、市场的要求、市场的规则和市场的效率；而现代金融体系中的金融市场法制、金融市场监管、金融市场环境和金融市场基础设施，是其体系中的配置元素，它们的行为导向更多地体现为对市场的调节、对市场的监管、对市场的约束和对市场原则的规范。世界各国国家金融行为导向，表现在现代金融体系中，应该是市场决定金融资源配置，同时更好地发挥政府的作用。只有这样，现代金融体系六个子体系作用的发挥才是健全的和完整的。

第五层面：国家金融行为需要着手解决的问题②。

在现有的国际金融体系中，处于领先地位的国家总是力图保持强势有为，处于附属前行的国家总是希望弯道超车以后来居上。世界各国就是国际金融体系演进"马拉松"中的"参赛者"。对于大多数发展中国家而言，在这场世界级的金融体系演进的"马拉松赛跑"中，一国的国家金融行为取向表现在现代金融体系的逐渐完善进程中。第一，应加强金融顶层布局的政策探讨；第二，应加强金融监管协调的措施探讨；第三，应加强金融层级发展的规则探讨；第四，应加强金融离岸与在岸对接的模式探讨；第五，应加强金融弯道超车的路径探讨；第六，应加强金融科技创新的趋势探讨；第七，应加强金融危机化解的方式探讨；第八，应加强金融国际参与的方案探讨；等等。这些需要着手解决的问题，厘清了世界上大多数发展中国家金融行为的目标和方向。

五、现代金融体系演进与国家金融行为互动

国家金融学研究对象五个层面的内涵，构成了国家金融学体系的主要框架。其中，现代金融体系的演进及其与国家金融行为的互动呈现出五大

---

① 参见陈云贤著《市场竞争双重主体论》，北京大学出版社2020年版，第179～182页。
② 参见陈云贤著《国家金融学》（第二版），北京大学出版社2021年版，第18～19页。

特点。①

（1）现代金融体系的六个子体系的形成是一个渐进的历史过程。以美国为例，在早期的市场经济发展中，美国主流认可自由放任的经济理念，金融市场要素体系与金融市场组织体系得到发展和提升，反对政府干预经济的理念盛行。1890年，美国国会颁布美国历史上第一部反垄断法《谢尔曼法》，禁止垄断协议和独占行为。1913年，美国联邦储备委员会正式成立。1914年，美国颁布《联邦贸易委员会法》和《克莱顿法》，对《谢尔曼法》进行补充和完善。在"大萧条"之后的1933年，美国颁布《格拉斯-斯蒂格尔法案》。此后，美国的反垄断制度和金融监管实践经历了近百年的演进与完善，整个金融市场形成了垄断与竞争、发展与监管动态并存的格局。从20世纪90年代开始，美国的通信、网络技术爆发式发展，金融市场创新驱动能力和基础设施升级换代成为市场竞争的主要表现。与此同时，美国政府反垄断的目标不再局限于简单防止金融市场独占、操纵价格等行为，金融市场的技术垄断和网络寡头垄断也被纳入打击范围。这一时期，通过完善金融市场登记、结算、托管和备份等基础设施，提高应对重大金融灾难与技术故障的能力，提升金融市场信息系统，完善金融信用体系建设，实施金融市场监管数据信息共享等，美国的金融市场环境体系和金融市场基础设施得到了进一步完善与发展。这一切将美国的金融市场体系推向现代高度，金融市场竞争发展到了全要素推动和系统参与的飞跃阶段。

（2）现代金融体系的六个子体系是统一的。一方面，六个子体系相互联系、相互作用，有机结合成一个成熟的金融市场体系。在金融市场的实际运行中，缺少哪一个子体系，都会导致市场在那一方面产生缺陷，进而造成国家经济损失。在世界各国金融市场的发展过程中，这样的典型案例比比皆是。另一方面，在现代金融体系的六个子体系内，各个要素之间也是相互联系、相互作用、有机统一的。比如，在金融市场要素体系中，除了各类货币市场、资本市场、保险市场、外汇市场等互相联系、互相作用外，规范和发展利率市场、汇率市场等，逐步建立离岸与在岸统一的国际化金融市场，积极发展一国金融产品和金融衍生产品市场，努力提升一国

---

① 参见陈云贤著《经济新引擎——兼论有为政府与有效市场》，外语教学与研究出版社2019年版，第137~141页。

金融的国际话语权和竞争力，等等，都是相互促进、共同完善现代金融体系的重要举措。

（3）现代金融体系的六个子体系是有序的。有序的金融市场体系才有效率。比如，金融市场价格机制的有序。这主要体现在利率、汇率、债券、股票、期货、期权等投资价格的形成过程中，应充分发挥市场在资源配置中的基础性作用，根据市场反馈的供求状况形成市场定价，从而推动现代金融体系有序运转。又比如，金融市场竞争机制的有序。竞争是金融市场的必然产物，也是实现市场经济的必然要求。只有通过竞争，金融市场要素的价格才会产生市场波动，金融资源才能得到有效配置，从而实现市场主体的优胜劣汰。再比如，金融市场开放机制的有序。现代金融体系是开放的，但这种开放又必定是渐进的、安全的、稳定有序的。这又再次表明，现代金融体系的六个子体系既相互独立又相互制约，它们是对立统一的完整系统。

（4）现代金融体系六个子体系的功能是脆弱的。其原因主要有三个方面。首先是认识上的不完整。由于金融市场主体（即货币市场、资本市场、外汇市场等参与主体）有自己的利益要求，因此在实际的市场运行中，它们往往只讲自由、竞争和需求，避讲法治、监管和均衡，这导致现代金融体系六个子体系的功能常常出现偏颇。其次是政策上的不及时。金融市场的参与主要依靠各类投资者，金融市场的监管主要依靠世界各国政府。但在政府与市场既对立又统一的历史互动中，由于传统市场经济理论的影响，政府往往是无为的或滞后的，或在面临世界金融大危机时采用"补丁填洞"的方式弥补，等等，这使得现代金融体系六个子体系的功能往往无法全部发挥。最后是金融全球化的冲击。在金融立法、联合执法、协同监管措施还不够完善的全球金融体系中，存在大量金融监管真空、监管套利、金融投机、不同市场跨界发展，以及造假、诈骗等行为。因此，现代金融体系的健全及六个子体系功能的有效发挥，还需要一个漫长的过程。

（5）现代金融体系六个子体系的功能正在或即将逐渐作用于世界各国乃至国际金融市场的各个领域。也就是说，在历史进程中逐渐形成和完善的现代金融体系，不仅将在各国金融市场上发挥作用，而且伴随着二十国集团（G20）金融稳定委员会作用的发挥和国际金融监管协调机制的提升与完善，在国际金融体系中也将发挥作用。世界各国的金融领域，不仅需要微观层面投资主体的参与，而且需要宏观层面国家金融行为的引导。在世界各国的理论和实践中，这都是正在逐渐完善的现代金融体系的客观、必然的发展趋向。

在当代中国，要加强国家金融学研究，就需要围绕现代金融体系六个子体系的功能，探讨在国内如何建立、完善现代金融体系，在国际上如何定位中国金融的作用。这必然会从国家行为属性的角度，进一步厘清中国国家金融的目标和作用。这其中涉及诸多重大课题：如何协调财政政策与货币政策？如何推进强势人民币政策？中国拥有现行世界金融体系中最优的金融监管架构，如何发挥其作用？中国在探讨国家与地方金融的层级发展时，如何避免要么"金融自由化"、要么"金融压抑"的老路，在"规则下促竞争、稳定中求发展"的前提下闯出一条新路？如何确定粤港澳大湾区离岸与在岸金融对接的路径及切入点？如何发挥中国"碳金融"的作用，在国际金融体系中实现弯道超车？金融科技尤其是网络金融与数字货币在中国如何健康发展？如何坚持金融服务实体经济，并在金融产业链中有效防范系统性或区域性金融风险？在国际金融体系的变革中，如何提出、推动和实施"中国方案"？等等。可见，现代金融体系的建设与完善，在中国乃至世界各国的发展进程中，始终映射着一国的国家金融行为的特征与取向。这些就是国家金融学需要深入研究的对象。

在现代金融体系下，国家金融学的研究与公司金融学、国际金融学和金融科技发展等密切相关、相互渗透。因此，可以预言国家金融学研究的现状与未来，取决于一国在金融理论和实践层面对国家金融与公司金融、离岸金融与在岸金融、金融科技创新发展、金融监管与风险防范，以及国际金融体系改革创新的探研和实践。国家金融学学科的创设，为从理论上探讨国家金融行为对一国乃至国际现代金融体系的影响拉开了一个序幕。它对中国维护金融秩序、提升国家金融竞争力也将发挥重要的推动作用。

《国家金融学》（陈云贤著）已在北京大学、复旦大学、中山大学、厦门大学、暨南大学等10所高校开设的课程中作为教材使用。师生们在教与学的过程中，一方面沉浸于《国家金融学》带来的国家金融领域全方位的知识盛宴，认为教材新颖、视野开阔、知识广博；另一方面又提出了对未来课程的更多设想，希望能有更多材料参考、案例剖析、课后阅研等内容。

鉴于此，中山大学高度重视，组织了以陈云贤为主编，李善民、李广众、黄新飞为副主编的"国家金融学"系列教材编委会。本系列教材共9本。其中,陈云贤负责系列教材的总体设计、书目定排、统纂定稿等工作;9本教材的撰写分工如下:王彩萍、张龙文负责《国家金融体系结构》,赵慧敏、陈云贤负责《国家金融体系定位》,黄新飞、邓贵川负责《国家金融政策组合》,李广众、李光华、吴于蓝负责《国家金融监管协调》,周天芸负责《国家金融内外联动》,李小玲、魏守道负责《国家金融弯道超车》,韦立坚负责《国家金融科技创新》,杨子晖、王姝黛负责《国家金融风险防范》,王伟、张一林负责《国家金融国际参与》。

"国家金融学"系列教材,系中山大学21世纪金融学科重点教材,是中山大学文科重点建设成果之一。它作为一套面向高年级本科生和研究生的系列教科书,力求在现代金融体系条件下探讨国家金融行为属性,从而在一国金融顶层布局、大金融体系政策组合、国家地方金融发展以及国家金融监管协调、内外联动、弯道超车、科技创新、风险防范、国际参与等领域做出实质性探研。本系列教材参阅、借鉴了国内外大量的专著、论文和相关资料,谨此特向有关作者表示诚挚的谢意。

当今世界,全球经济一体化、金融市场国际化的客观趋势无一不要求国际金融体系要更加健全、国际货币体系要改革创新,它需要世界各国国家金融行为的取向能够符合这一潮流。但愿"国家金融学"系列教材的出版,能够助力健全国家金融业乃至国际金融业的体系,开拓全球经济的未来。

2020年10月

陈云贤 北京大学客座教授,中山大学国际金融学院和高级金融研究院名誉院长、博士研究生导师,广东省人民政府原副省长。电子邮箱:41433138@qq.com。

目　　录

前　言 …………………………………………………………… 1

第一章　金融发展概述 …………………………………………… 1
第一节　金融发展的内涵与理论 ………………………………… 1
第二节　金融发展衡量指标 …………………………………… 22
第三节　国家地方金融发展 …………………………………… 33
思考讨论题 ……………………………………………………… 37

第二章　"金融自由化"国家不稳
　　　　——金融发展路径之一分析 …………………………… 38
第一节　"华盛顿共识"及其结果 ……………………………… 39
第二节　中等收入陷阱及其表现 ……………………………… 49
第三节　严守不发生系统性金融风险 ………………………… 53
思考讨论题 ……………………………………………………… 67

第三章　"金融压抑"地方不活
　　　　——金融发展路径之二分析 …………………………… 68
第一节　地方经济发展需要金融支撑 ………………………… 68
第二节　"金融压抑"遏制经济发展 …………………………… 75
第三节　金融服务实体经济发展 ……………………………… 82
思考讨论题 ……………………………………………………… 88

第四章　规则下促竞争，稳定中求发展
　　　　——金融发展路径之三分析 …………………………… 89
第一节　国家地方责权界定 …………………………………… 89

第二节　防控金融风险 …………………………………………… 101
　　第三节　优化金融发展环境 ……………………………………… 124
　　思考讨论题 ………………………………………………………… 127

第五章　金融发展与弯道超车 ……………………………………… 128
　　第一节　金融发展与机遇挑战 …………………………………… 128
　　第二节　弯道超车金融历史案例 ………………………………… 141
　　第三节　一国货币成为国际货币的基本路径 …………………… 144
　　思考讨论题 ………………………………………………………… 163

第六章　"煤炭—英镑"崛起 ……………………………………… 164
　　第一节　"煤炭—英镑"崛起背景 ……………………………… 164
　　第二节　"煤炭—英镑"结算体系形成 ………………………… 166
　　第三节　英镑成为国际贸易关键货币 …………………………… 169
　　思考讨论题 ………………………………………………………… 172

第七章　"石油—美元"崛起 ……………………………………… 173
　　第一节　"石油—美元"崛起背景 ……………………………… 173
　　第二节　"石油—美元"结算体系形成 ………………………… 175
　　第三节　美元崛起之启示 ………………………………………… 181
　　思考讨论题 ………………………………………………………… 182

第八章　探讨"碳交易—人民币"结算之路径 …………………… 183
　　第一节　《京都议定书》与碳排放权交易 ……………………… 183
　　第二节　世界碳市场发展与中国机遇 …………………………… 190
　　第三节　推动"碳交易—人民币"结算的路径 ………………… 236
　　第四节　世界金融发展与弯道超车展望 ………………………… 241
　　思考讨论题 ………………………………………………………… 244

参考文献 …………………………………………………………… 245

后　记 ……………………………………………………………… 259

前　言

　　本书是"国家金融学"系列教材之一，主要从国家金融行为的视角，基于现代金融体系理论，探讨国家金融发展的路径选择、国家与地方的权责关系、金融风险防范处置、人民币国际化弯道超车的路径和碳交易市场等。

　　金融发展与经济增长的关系是金融发展理论研究的一个永恒的主题。国内外学者从不同的角度，运用不同的工具和研究方法对金融发展与经济增长的关系进行了大量深入的研究，出现了影响深远的几大基础金融发展理论：金融结构理论、金融压抑和金融深化理论、金融约束理论、金融功能理论及金融内生理论等。习近平总书记在2017年全国金融工作会议上强调，金融是国家重要的核心竞争力，金融安全是国家安全的重要组成部分，金融制度是经济社会发展中重要的基础性制度，要紧紧围绕服务实体经济、防控金融风险和深化金融改革，加快转变金融发展方式。金融作为现代经济的核心，与经济发展密不可分。金融发展在不断演变过程中对经济的服务质效有所不同，各国都在努力建立及完善有效的金融体系和金融政策组合，合理地利用金融资源以促进金融的稳定与可持续发展，最终实现经济的可持续发展。研究国家金融发展的路径，实质上是探讨市场与政府的关系及其对金融发展的作用。纵观历史，国家金融发展的路径大致可归纳为三种：一是"金融自由化"；二是"金融压抑"；三是"规则下促竞争，稳定中求发展"。要做到"规则下促竞争，稳定中求发展"，让金融高质量服务国家经济的发展，就必须有效结合市场与政府的作用，从国家金融学的视角做好国家金融布局，紧紧围绕并充分发挥市场在金融资源配置中所起的决定性作用，合理、清晰地厘清国家与地方的金融责权，建立既能保证金融稳定发展，又能有效监管金融市场运行的现代金融监管体制，防范系统性金融风险，优化金融环境。国家对金融发展路径的三种选择，实际上体现了政府行为随着经济发展的实际要求而不断调整的过程，也体现了经济和金融制度不断演进和变迁的过程。

随着经济全球一体化，金融市场国际化，国际货币体系改革创新的呼声越来越高。中国改革开放40多年取得了举世瞩目的成就，中国经济金融已融入了世界经济体系中。中国也从计划经济时代的"大一统"监管制度，发展到现在基本上建立了现代金融体系，包括金融市场要素体系、组织体系、法制体系、监管体系、环境体系和基础设施等。一国政治、经济和军事的崛起必然伴随着货币的不断走强。人民币国际化是中国继续深化对外开放和提升国际地位的重要战略，经过10年的努力，人民币国际化取得了重要进展。然而，就人民币国际化程度及其与中国的国际政治经济地位的匹配度而言，仍存在很大差距，人民币在发挥国际货币的支付结算、计价和储备功能等方面还有待提高。当前，随着中国国力的增强、国际货币体系的发展以及国际格局的变化，人民币国际化进程面临机遇与挑战。"煤炭—英镑"和"石油—美元"的崛起清晰地展现了一国货币成为国际货币乃至关键货币的演进之路：一国货币与能源绑定往往是该国货币成为国际货币的助推剂。中国在参与和推动国际货币体系和金融体系的改革中，如能将人民币与大宗商品贸易，特别是与大宗能源贸易绑定，以人民币计价、结算、支付，必能推动人民币国际化。为此，本书将从大宗能源贸易绑定角度梳理英镑和美元的崛起之路，探讨中国如何利用碳交易市场的发展机遇，发挥中国"碳金融"的作用，在国际金融体系中实现弯道超车。

编著者

第一章 金融发展概述

金融发展理论随着发展经济学的产生而产生。伴随着商品经济的发展，金融从早期的货币与信用，到金融机构、金融中介与金融市场，再到金融衍生工具，如期货、期权等的交易，扩展到国际收支、国际资本流动与国际金融机构等，形成了国际金融体系。金融发展理论主要研究金融发展与经济增长的关系，研究如何建立有效的金融体系和金融政策组合以最大限度地促进经济增长，以及如何合理利用金融资源以促进金融和经济的可持续发展。[①]

金融发展领域，尤其是金融发展与经济增长关系的研究中，涌现出许多伟大的思想、影响深远的理论。

第一节 金融发展的内涵与理论

一、金融发展的内涵

（一）金融发展的含义

关于金融发展（financial development）的含义，不同学者有不同的理解。早期的代表性研究，如 Gurley 和 Shaw 将金融发展定义为市场中金融资产流通性的提高和银行、非银行金融机构数量的增多，他们将金融发展的内涵与金融增长相等价。[②] 另一个代表性研究，美国经济学家戈德史密斯（Raymond W. Goldsmith）提出金融发展就是金融结构的变化，他认为

[①] 参见张龙耀《金融发展与企业家创业——中国的城乡差异》，经济管理出版社 2013 年版，第 7 页。

[②] 参见 J. G. Gurley, E. S. Shaw, and A. C. Enthoven, *Money in a Theory of Finance* (Washington, DC: Brookings Institution, 1960)。

"一国现存的金融工具与金融机构之和构成一国的金融结构,包括各种现存的金融工具和金融机构的相对规模、经营特征、经营方式、金融中介机构各种分支机构的集中程度"①。Goldsmith 采用定性分析和定量分析相结合的方法以及国际横向比较和历史纵向比较相结合的方法,确立了衡量一国金融结构和金融发展水平的基本指标体系。McKinnon 和 Shaw 的金融深化理论和金融压抑理论系统阐述了货币金融和经济发展之间的关系,标志着金融发展理论的正式形成。② 随着经济和金融系统的日臻完善以及金融发展理论的逐步深化,金融发展也拥有了更为丰富的内涵。20 世纪 90 年代开始,以 King 和 Levine 为代表的经济学家从金融功能视角界定金融发展,研究金融发展与经济增长之间的关系。③ King 和 Levine 通过实证研究发现,金融中介的规模和功能的发展会促进资本形成,进而有助于提升全要素生产力,最终将对经济长期增长有所裨益;反之,滞后的金融发展将导致"贫困陷阱",最终无法促进经济增长。Levine 认为,金融体系具有资源配置、风险分散、监督经理人和促进公司治理、动员储蓄、便利商品与劳务的交换五大功能,任何方面的改进都意味着金融发展。④ 这些学者的研究都只是发现金融发展与技术进步、资本积累存在某种联系,但并未进一步讨论这种关联与经济增长之间是不是内生的。Bencivenga 和 Smith、Pagano 是金融内生理论的早期代表性人物,他们较早将金融部门纳入内生经济增长模型加以研究。⑤ 随后,以 Greenwood 和 Smith 为代表的经济学者基于分散流动性风险、克服信息不对称的视角探讨了金融发展促进资本积

---

① [美]雷蒙德·W. 戈德史密斯:《金融结构与金融发展》,周塑等译,上海三联书店 1990 年版,第 44 页。

② 参见 R. Mckinnon, *Money and Capital in Economic Development* (Washington, DC: Brookings Institution, 1973); E. Shaw, *Financial Deeping in Economic Development* (Oxford: Oxford University Press, 1973)。

③ 参见 R. G. King and R. Levine, "Finance and Growth: Schumpeter Might be Right," *Quarterly Journal of Economics* 108, no. 3 (1993), pp. 717~737。

④ 参见 R. Levine, "Financial Development and Economic Growth: Views and Agenda," *Journal of Economic Literature* 35, no. 2 (1997), pp. 688~726。

⑤ 参见 V. R. Bencivenga and B. D. Smith, "Financial Intermediation and Endogenous Growth," *The Review of Economic Studies* 58, no. 2 (1991), pp. 195~209; M. Pagano, "Financial Markets and Growth: An Overview," *European Economic Review* 37, no. 2 (1993), pp. 613~622。

累与经济增长的内生机制。① 世界经济论坛（World Economic Forum）在《2011年金融发展报告》中提到金融发展指"能够推动高效率的金融效率的金融中介与金融市场发展，从深度和广度两方面增加资本与金融服务可得性的因素、政策与体制"②。概括地说，学者们对金融发展的定义有狭义和广义之分，狭义的金融发展指金融市场要素（资产）、金融市场组织（金融机构）与金融市场的发展；广义的金融发展包括金融结构的变化。

本书认为金融发展指现代金融体系，包括金融市场要素体系、金融市场组织体系、金融市场法制体系、金融市场监管体系、金融市场环境体系和金融市场基础设施六个子体系的发展（如图1-1所示）。③ 其中，金融市场要素和金融市场组织属于基础元素，更多地体现为市场的活动、规则与效率；金融市场法制、金融市场监管、金融市场环境和金融市场基础设施属于配置元素，更多地体现为对市场的调节、监管与规范，这就需要发挥政府的作用。

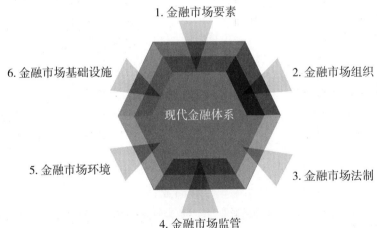

图1-1 现代金融体系结构

---

① 参见 J. Greenwood and B. D. Smith, "Financial Markets in Development, and the Development of Financial Markets," *Journal of Economic Dynamics & Control* 21, no. 1 (1997), pp. 145~181。
② Word Economic Forum, *The Financial Development Report 2011*.
③ 参见陈云贤《国家金融学（第2版）》，北京大学出版社2021年版，第15~18页。

1. 金融市场要素

金融市场是资金供求双方运用各种金融工具，通过各种途径实现货币借贷和资金融通的交易活动的总称。金融市场按不同的标准有不同的分类，以金融交易的期限为标准，金融市场可以划分为货币市场（money market）和资本市场（capital market）。货币市场是指交易期限为短期（一年及一年以内）的融资市场，其功能是满足交易者的资金流动性需求。货币市场主要包括金融同业拆借市场、回购协议市场、商业票据市场、银行承兑汇票市场、短期政府债券市场、大额可转让存单市场等。资本市场通常是指交易期限为中长期（一年以上）的资金（资产）借贷融通活动的市场，其功能在于满足工商企业的中长期投资需求和政府弥补财政赤字的资金需要。资本市场主要包括中长期信贷市场和证券市场，其中，证券市场是通过证券的发行与交易进行融资的市场，包括债券市场、股票市场、基金市场、期货市场等。

经过 40 多年的发展，中国金融市场体系逐步完善，目前中国金融市场已形成了一个层次分明、分工明确的金融市场体系。从市场类型来看，由货币市场、债权市场、股票市场、黄金市场、外汇市场、保险市场、金融衍生品市场等构成的市场体系初具规模；从市场层次看，以银行间市场为主体的场外市场和以交易所市场为主体的场内市场相互补充、共同发展。

2. 金融市场组织

金融市场组织是从事各种金融活动的组织，也常常称为金融机构或金融中介机构。金融市场组织是整个现代金融体系的"细胞"，其包括商业性组织、管理组织、政策性组织等。商业性组织指从事经营工商业存放款、证券交易与发行、资金管理等一种或多种业务，以利润为其主要经营目标的金融机构。中国金融市场的商业性组织包括归属国家监管的全国性商业银行、证券公司、基金公司、保险公司等传统金融机构，以及地方性金融机构和新型金融组织。具有庞大规模、海量资金的传统金融机构，往往无法满足具有差异化金融需求的金融消费者，因而对传统金融机构进行补充的地方性金融机构和新型组织业态应运而生，如小额贷款公司、融资性担保公司等，这些地方性金融机构和新型金融组织更像是"毛细血管"，能够更好地深入传统金融机构无法满足的"三农"、小微企业、私营企业等领域。金融市场的管理组织是指一个国家或地区具有金融管理、监督职能，代表国家行使金融监管权力的机构。中国金融市场的管理组织包括中国人民银行、中国银行保险监督管理委员会（简称"银保监会"）和中国证券监督管理委员会（简称"证监会"），简称为"一行两会"。政策性金融组织是指由政府投资创办、按照政府意图与计划从事金融活动的机构，主要包括政策性银行和政策性保险公司。政策性银行是由一个国家的中央政府或地方政府设立，专门从事国家政策性金融业务的银行。政策性银行不以盈利为目的，其在国家产业政策和规划的指导下，根据具体分工的不同，服务于特定的领域。中国政策性银行包括国家开发银行、中国进出口银行和中国农业发展银行。

改革开放以后，中国逐步强化金融机构在国民经济运行中的地位。目前，中国金融机构体系形成了以中央银行为领导、政策性金融和商业性金融相分离，以国有商业银行为主体、多种金融机构并存和分工协作的格局。

3. 金融市场法制

市场经济本质上是法制经济，金融作为现代市场经济的核心，必须始终以法制为基石，不断完善现代金融市场法制体系，包括金融立法、金融执法、金融司法、金融法制教育等多个方面，特别是推进依法监管，确保金融市场的公正与效率。

金融立法要从国家金融业的实际出发，科学合理地设定金融市场主体之间、金融监管机构与金融市场主体之间的权利与义务，以及金融监管机构的监管责任与权力等，正确反映金融业运行的客观规律，科学立法。

金融执法主要是指金融监管行为，即金融监管部门的严格依法监管。金融监管部门依照法律规定的条件和程序对金融市场主体的活动进行监管。金融执法要防止滥用职权，规范行政自由裁量权，而且应当把金融宏观调控主体的决策行为和执行行为纳入法律责任体系。

金融司法是指公安、检察机关或法院按照法律对金融民事、刑事案件进行侦察、起诉、审批、执行。随着现代信息技术在金融领域的广泛运用，新型金融纠纷案件层出不穷，公正司法尤其重要。良好的金融司法体系有利于控制和减少金融纠纷，降低金融风险，稳定金融秩序，提高司法审判效率。

金融法制教育是对金融监管者、广大金融从业人员以及社会其他各界人士进行金融法制教育，帮助他们了解、掌握金融法律知识，增强遵守金融法律规定意识与能力,并能运用金融法律知识保护自身合法权益。全民守法是依法治国的基础,金融领域的法制建设,必须要推进金融领域的全民守法。法制教育对全民生成守法意识和培育法治精神具有很重要的作用,可有效防止金融违法犯罪活动的发生,促进金融法制市场的建立。

4. 金融市场监管

金融市场监管体系是建立在金融市场法律体系基础上的、符合金融市场需要的政策体系,主要包括对金融机构设立的监管、对金融机构资产负债业务的监管、对金融政策法规执行落实情况的监管、对金融分业的监管、对金融市场的监管(如市场准入、市场融资、市场利率、市场规则)等。完备的金融监管体系是分散金融风险、维护金融稳定的必要条件。

金融监管职能依据事权,分属于国家和地方。国家的主要职能是构建国家顶层的金融监管协调、处置、决策机制,界定好国家和地方金融监管职责,加强金融宏观审慎监管与微观审慎监管协调,鼓励创新和加强监管相互支撑,促进金融健康发展,同时寻求国际金融监管合作。地方政府的主要职能是维护区域金融稳定,守住不发生系统性、区域性金融风险的底线。

5. 金融市场环境

金融市场环境体系是现代金融体系得以有效发挥作用的土壤,是软件部分。金融市场环境体系包括经济基础、现代产权制度、社会信用体系、现代公司法人治理结构等因素。构建良好的金融市场环境体系一般应具备以下条件:一是良好的实体经济基础。脱离了实体经济的金融,将是无源之水,必然会导致金融发展的泡沫化,进而引发经济危机。二是健全的社会信用体系。金融本质上是一种社会信用活动,要加强和完善征信法律制度和信用体系建设。社会信用体系为金融业的发展构建了良好的外部生态环境,促进金融业态的不断升级演进。三是完善的公司治理结构。在所有权和控制权分离的情况下,公司治理直接影响着资源配置的效率,完善的公司治理结构能理顺管理层与股东的关系以及政企关系,更好地实现现代金融体系的市场化发展。

6. 金融市场基础设施

金融市场基础设施的概念有狭义和广义之分。狭义的金融市场基础设施指在金融工具之间发挥转换功能并提供相关信息支持服务的流程及框架,主要包括支付清算体系、中央证券托管、安全的科技信息系统、便捷的金融服务网络,以及配套设备技术等硬件部分。广义的金融市场基础设施指为金融活动提供公共服务并保证金融市场稳健、持续、安全运行的硬件设施及制度安排,即除了支付、清算、结算、存管等硬件部分外,还包括金融业法律法规、会计准则、信用环境等软件部分。2020年3月,中国人民银行、发改委、财政部、银保监会、证监会、外汇局六部门联合印发了《统筹监管金融基础设施工作方案》,对中国金融市场基础设施统筹监管范围进行了界定,主要包括金融资产登记托管系统、清算结算系统(包括开展集中清算业务的中央对手方)、交易设施、交易报告库、重要支付系统、基础征信系统六类设施及其运营机构。

金融市场基础设施是金融市场稳健高效运行的基础性保障,是实施宏观审慎管理和强化风险防控的重要抓手。

现代金融体系六个子体系的形成是一个渐进的历史过程,六个子体系是统一的、有序的,其功能又是脆弱的,它们既相互独立,又相互依存、相互作用。金融市场要素是直接融资领域,金融市场组织是间接融资领域,这两者构成金融体系实体的两个互补的部分。任何金融活动都发生在一定的金融市场环境中,均受法律和规章制度的制约和规范。金融市场基础设施在金融市场运行中居于枢纽地位,连接着金融体系的各个部分,是金融市场稳健高效运行的基础性保障,是现代金融体系发挥有效作用的基础条件。加强金融市场基础设施统筹监管是2008年金融危机后国际金融监管改革的重要内容之一,国际监管组织出台了相关准则,要求各国遵照执行。① 现代金融市场体系的正常运行及其资源配置的主导性作用的实现均离不开金融市场法制的保障。由于认识上的不完整、政策上的不及时和金融全球化的冲击,现代金融体系的健全和六个子体系的功能的有效发挥,还需要一个漫长的过程。

(二) 金融体系的功能

Bodie 和 Merton 认为,金融体系具有以下六大基本功能。②
1. 支付和清算功能

支付和清算功能指金融体系提供便利商品、劳务交换和资产交易的支

---

① 2020年3月,中央全面深化改革委员会第十次会议召开。此次会议审议通过了一系列涉及各个领域的全面深化改革的相关文件,与金融领域相关的主要包括《统筹监管金融基础设施工作方案》《国有金融资本出资人职责暂行规定》。

② 参见 Zvi Bodie and Robert C. Merton, *Finance* (New Jersey: Prentice Hall, 1999)。

付和清算手段。

支付清算系统是金融系统的基础设施,安全、有效的交易和支付系统是保证经济活动正常运行的必要条件。在经济货币化程度日益加深的情况下,相比于物物交换,货币必然大大降低交易成本,从而促进更高程度的专业化。专业化会提高生产效率,生产效率的提高反过来会促进金融市场的发展。可见,支付系统可以提高生产效率、促进技术进步,与经济增长是相伴而生的。

随着经济一体化和经济货币化日益加深,全球支付清算体系也连成一个整体,可靠、高效的支付系统还可以规避金融风险。

2. 资金融通和股权细化功能

资金融通和股权细化功能指金融体系通过提供各种机制、动员储蓄,汇聚资金并有效地将其导向大规模的无法分割的投资项目,调节储蓄—投资缺口。

金融体系的资金融通功能表现在,一方面,可以有效地动员全社会的储蓄资源或改进金融资源的配置,通过集中小额资金,解决大型项目的短期投资资本需求。另一方面,可以提供流动性服务,有助于引导投资者将资金投资于长期性的高收益项目之中,从而有效地解决了长期投资的资本来源问题,为长期项目投资和企业股权融资提供了可能,同时还能为技术创新和风险投资提供资金供给的渠道。

股权细分功能是指通过股票的形式将巨大的运营资本细分所有权,或者通过基金的形式将巨大的债权分割,从而使中小投资者能够参与大项目的投资。在现代市场经济中,公司股权高度分散化和公司经营职业化,以及非对称信息的存在,增加了投资者对资本运用进行有效监管的困难。而金融体系实现了对经理的监视和对公司的控制,从而起到保护内部投资者利益的作用。

3. 在时间和空间上转移资源的功能

在时间和空间上转移资源的功能指金融体系提供促使经济资源跨时间、地域和产业转移的方法和机制。

金融体系为经济资源在时间上的跨期转移提供了便利,能满足经济资源拥有者和需求者对于经济资源跨期配置的需求;金融体系通过股票、债券和贷款的形式,为经济资源在空间上的跨国和跨行业转移提供了条件。金融体系促进经济资源的有效配置表现在:第一,降低交易费用;第二,生产并扩散信息，减少信息不对称；第三，分散风险；第四，管理流动性风险；第五，进行项目评估。

4. 风险管理功能

风险管理功能指金融体系提供应对不测和控制风险的手段与途径，将风险合理地配置到有承担能力且愿意承担的部门和经济行为主体身上。

由于流动性风险的存在，投资者在进行投资决策时将会更加谨慎，并在长期项目与短期项目投资中寻求最佳均衡。金融体系的风险管理功能要求金融体系为中长期资本投资的不确定性，即风险进行交易、定价、分散和转移，形成风险共担的机制。这样，受到流动性冲击的投资者就可以将长期证券出售给其他投资者，从而摆脱流动性风险的困扰。

5. 信息提供功能

信息提供功能指通过提供价格信号，如汇率、利率、股票行情等，帮助协调不同经济部门的非集中化决策。

在金融市场上，不同的参与者需要获取各种信息，以便作出投资决策。例如，投资者需要获取各种投资品种的价格信息，筹资者需要获取不同的融资方式的成本信息，管理机构需要获取金融交易是否在正常进行、各种规则是否被遵守的信息。而金融体系则提供了这些金融信息形成的机制。

6. 激励功能

激励功能指解决在金融交易双方拥有不对称信息及委托代理行为中的激励问题。

由于委托—代理关系的存在，企业的股东与管理层所追求的目标或利益很可能不一致，而且存在信息不对称也会导致道德风险和逆向选择，产生激励问题。金融体系解决激励问题的主要方式是为企业的管理者和员工提供股票或股票期权，企业的效益影响管理者以及员工的利益，这样可以使管理者和员工的行为与企业所有者的利益一致，从而使他们尽力提高企业的绩效。同时，金融体系还可以起到约束的作用，从而有效缓和委托—代理的矛盾。

可见，功能健全的金融体系对经济的可持续发展与增长至关重要。

二、金融发展理论

金融发展理论不仅是解释金融自身运行规律的理论，也是阐释金融发展如何作用于经济增长的理论。下面,我们依据金融发展理论历史演进脉络,对最具开创性和影响力的几大基础金融发展理论进行梳理,包括金融结构理论、金融压抑和金融深化理论、金融约束理论、金融功能理论以及金融内生理论。

(一) 金融结构理论

金融结构理论之父 Goldsmith 在其代表性著作《金融结构与金融发展》(*Financial Structure and Development*) 中提出,金融理论研究的目的是寻求金融发展的决定性因素,金融结构在其中扮演着重要角色,因为金融发展可等同于金融结构的变化。[1] Goldsmith 将金融结构定义为金融机构与各种金融工具的相对规模及其比例关系,并认为不同经济发展程度的国家,其金融结构也存在差异,随着时间的演变,一国的金融结构将伴随经济发展和市场深化而不断发生变化。在这当中,金融系统中最为活跃的微观个体——金融机构通过提高和增加资本的配置效率和数量,能够有效促进经济增长。随后,Goldsmith 通过跨国数据进行经验分析,发现金融结构的相关变量与经济增长之间存在显著的相关关系。值得强调的是,Goldsmith 在金融发展理论中的贡献不仅在于他创立了金融结构理论,还在于他提出了金融相关率 (financial interrelation ratio,FIR) 等 8 个度量金融发展规模和结构的指标,这为后续金融发展的相关实证研究提供了重要参考。令人遗憾的是,Goldsmith 只是笼统地从金融规模的扩大和金融结构的变化来探讨其与经济增长之间的相关性,但并没有确定金融发展与经济增长之间的因果关系。

后续金融结构理论的追随者进一步将金融结构的定义扩大到更为广义的层面,并形成了银行主导型金融体系和市场主导型金融体系的概念。[2] 当然,在银行主导型和市场主导型金融体系结构的分类方法下,何种金融体系结构更有益于促进经济增长,学术界争议巨大。譬如 Levine 通过跨国数据实证研究发现,金融发展尽管能够促进经济增长,但无法证实这两种

---

[1] 参见 R. Goldsmith, *Financial Structure and Development* (New Haven: Yale University Press, 1969)。

[2] 参见 F. Allen and D. Gale, *Comparative Financial Systems* (Boston: MIT Press, 2001);林毅夫、孙希芳《银行业结构与经济增长》,载《经济研究》2008 年第 43 卷第 9 期,第 31~45 页;A. Demirgüç-Kunt and R. Levine, *Bank-Based and Market-Based Financial Systems: Cross-Country Comparisons* (Social Science Electronic Publishing, 2016), pp. 1~72。

类型金融体系何者更优。① 在各国金融实践中，不同国家拥有不同的金融体系结构，部分国家和地区以市场主导型金融体系作为主导（如美国、英国、中国香港等），有些则以银行主导型金融体系作为主导（如中国内地、日本、德国等）。应当说，最优金融体系结构需要与相应阶段实体经济对金融服务的需求相适应。② 在实体经济中，当实体产业的技术和产品较为成熟时，银行是更加有效的融资渠道；而在技术风险和市场风险都较高的前沿技术产业中，金融市场往往能够提供更加有力的支持。③

（二）金融压抑和金融深化理论

20世纪70年代，罗纳德·I. 麦金农（Ronald I. McKinnon）和爱德华·S. 肖（Edward S. Shaw）以发展中国家或地区为对象研究金融发展对其经济增长的影响，分别出版了《经济发展中的货币与资本》和《经济发展中的金融深化》两本书，并提出了"金融压抑"（financial repression）理论和"金融深化"（financial deepening）理论。④ 他们各自从金融压抑和金融深化两个角度系统地阐述了货币金融和经济发展之间的关系，并发现金融自由化在促进储蓄、投资，进而实现经济增长中的重要作用，在国际学术界产生了重大影响。McKinnon 和 Shaw 的金融压抑和金融深化理论标志着金融发展理论的正式形成，他们提倡金融自由化政策，反对金融当局对实际利率进行人为管制，主张提高实际利率水平，并认为保持较高的实际利率水平有利于刺激国内储蓄和投资。由于 McKinnon 和 Shaw 的金融深化理论在基本理论立场和政策倾向的一致性，又被合称为"McKinnon - Shaw 理论"。

1. 金融压抑理论

金融压抑理论由 McKinnon 和 Shaw 提出。McKinnon 在《经济自由化的秩序》一书中提到，"金融压抑"是指"一种货币体系被压制的情形，

---

① 参见 R. Levine, "Financial Development and Economic Growth: Views and Agenda," *Journal of Economic Literature* 35, no. 2 (1997), pp. 688~726。

② 参见林毅夫、孙希芳、姜烨《经济发展中的最优金融结构理论初探》，载《经济研究》2009 年第 44 卷第 8 期，第 4~17 页。

③ 参见龚强、张一林、林毅夫《产业结构、风险特性与最优金融结构》，载《经济研究》2014 年第 49 卷第 4 期，第 4~16 页。

④ 参见 R. McKinnon, *Money and Capital in Economic Development* (Washington, DC: Brookings Institution, 1973); E. Shaw, *Financial Deeping in Economic Development* (Oxford: Oxford University Press, 1973)。

这种压制导致国内资本市场受到割裂,对于实际资本积累的质量和数量造成严重的不利后果"①。金融压抑理论认为大多数发展中国家存在众多的经济管理部门和管理政策,对金融活动如利率和汇率等实行种种管制或干预,致使利率和汇率发生扭曲,无法真实准确地反映资金供求关系和外汇供求情况,致使出现金融效率低下的现象。

McKinnon 和 Shaw 基于对发展中国家的研究,把发展中国家金融压抑的主要表现归结为以下几点:①金融机构形式单一,商业银行占绝对主导地位,非银行金融机构极不发达;金融机构的专业化程度低,金融效率低。②金融体系存在着明显的"二元结构",即现代化金融机构与传统金融机构并存,大银行集中在大城市,传统金融机构如当铺、钱庄则集中在农村,存在着资金由现代货币银行体系向传统金融机构流动的倾向。③金融市场不健全,发展落后。④金融资产价格严重扭曲,无法反映资源的相对稀缺性,使得金融体系中的资源配置效率下降、金融中介的作用被削弱、经济资本化程度降低。⑤金融工具单一、规模有限,金融工具的创新被严格限制,使得财富所有者在投资中缺乏多样的选择性,降低了他们的投资收益,增加了投资的机会成本,也不利于分散风险。⑥货币化程度低,货币经济所占比重小,自给自足的非货币经济所占比重较大,货币在经济中所起的作用受到很大限制。

McKinnon 和 Shaw 认为,造成发展中国家金融压抑的根本原因有主、客观的因素。客观上来说,发展中国家普遍资源匮乏、经济落后。发展中国家的土地、劳动力、资金、技术等生产要素被分割,国内市场处于分割状态,这种"分割经济"决定了金融体制的割裂与脆弱,有限的金融机构不能充分发挥"导管"作用,投资局限于本行业内,"内源融资"降低了企业和个人的储蓄倾向,导致"储蓄不足",影响社会再投资能力,从而影响经济的发展,这为发展中国家政府实施人为管制提供了借口。主观方面,是发展中国家政府实施的金融压抑政策所起的直接作用。Shaw 发现,在经济落后的国家,民众普遍对高利率反感,认为高利率具有剥削性,因此政府有义务限制利率水平。他们认为,支付了高利率的生产商会将这笔费用反映到其产品的价格水平上,从而导致通货膨胀,而限制利率有利于

---

① Ronald I. McKinnon, *The Order of Economic Liberalization: Financial Control in the Transition to a Market Economy* (The Johns Hopkins University Press, 1991, 1993), p. 11.

抑制通货膨胀。限制利率还可以阻止经济的停滞和防止失业率过高。[①] 因此，国家必须限制利率水平，实行财政计划和信贷配给。

McKinnon-Shaw 的金融压抑与深化模型如图 1-2 所示。图中 r 为实际利率，$S(g_n)$ 表示在不同情形下经济增长率为 g_n 时的货币储蓄，是实际利率的增函数，$n=1$，2，3…表示不同的情形；FR_n 代表不同利率水平下的金融抑制状况，即实际利率被限制在均衡水平以下的程度；I 表示货币投资总额，它是实际利率的减函数。实现的投资总额 I 取决于一定利率水平上所能形成的储蓄总额 S。

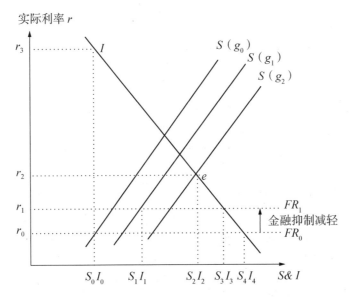

图 1-2　McKinnon-Shaw 金融压抑与深化模型

在发展中国家，通常政府控制实际利率 r，如果实际利率被政府限制在 r_0，根据模型可知，在该利率水平下所能获得的储蓄总额为 S_0，其相应的投资总额为 I_0。然而根据投资曲线发现，当实际利率为 r_0 时，意愿的投资总额（即贷款需求）是 I_4，从而在意愿投资总额和实现的投资总额间形成较大的资金供求缺口（I_4-I_0）。此时，如果政府不控制利率，则金融体系可将贷款利率上调至 r_3，从而获得不合理的高利润。如果政府限制存贷

---

① Edward S. Shaw, "Financial Repression," in *Financial Deepening in Economic Development* (Oxford: Oxford University Press, 1973), pp. 92～112.

利率，如限制贷款利率在 r_0 水平，则会因可贷资金严重不足导致非价格性的信贷配给，亏损项目也有可能获得投资，从而导致投资效率低下，经济发展速度和发展水平下降。因此，低利率政策不利于经济发展。此时，如果适当提高利率到 r_1，资金供求缺口会比利率为 r_0 时有所降低（I_3-I_1），则信贷配给的可能性降低，亏损项目可能被排除在投资选择外，从而实现储蓄和投资效率的提升，经济发展更快。因此，实际利率的适当提高对增加货币投资、提高投资质量有利，并推动经济增长。然而，实际利率并不是越高越好，需要实现均衡（如当实际利率为 r_2 时，经济增长率达到 g_2），以使实现的投资总额与意愿的投资总额相等，储蓄总额与投资总额按市场价格达到均衡，不存在人为的信贷配给压力，此即 Shaw 与 McKinnon 所说的资本市场上的均衡利率，为一理想状态，如图中的 r_2。

2. 金融深化理论

金融深化（financial deepening）理论由 Shaw 在 1973 年出版的《经济发展中的金融深化》中首次提出，是与"金融压抑"相对立的术语。McKinnon 在《经济发展中的货币与资本》中也系统地阐述了金融深化理论。McKinnon 和 Shaw 的金融深化理论主张改革金融制度，放松政府对金融的过分干预或管制，放松对金融市场和金融机构的约束与限制，放松对利率和汇率的管制，使之由市场供求所决定，从而使利率真实反映资金实际供求，使汇率真实反映外汇实际供求，提高国内储蓄率，提高资金或外汇的使用率，最终达到抑制通货膨胀、刺激经济增长、加快金融发展的目的。

McKinnon 和 Shaw 认为，为了消除金融抑制所带来的不良后果，实现经济的长期快速增长，就必须进行金融改革以实现金融自由化。金融自由化作为一种金融经济政策的主张，其主要目的是用市场代替管制机构，其核心政策工具体现在利率政策、金融发展政策和信贷政策上。

McKinnon 用金融自由化的导管效应和替代效应来解释金融自由化对经济增长的促进作用。图 1-3 中，I 为投资，Y 为收入，I/Y 为投资与收入的比值；r 是实物资本的平均回报率，它与投资需求呈正相关关系；$d-\pi^e$ 为货币的实际收益率，它可能对投资有正向的影响。当存款货币的实际利率低于投资的实际回报率 r 时，由于货币需求与货币存款的实际利率呈正向关系，实际利率的上升增强了人们以货币的形式进行内部储蓄的意愿。在投资不可细分的假设下，内部储蓄的增加导致内源融资型投资上升，

McKinnon 将货币存款的实际利率对投资的这种正向影响称为"导管效应",即货币在一定条件下是资本积累的一个"导管",而不是实物资本的替代资产。

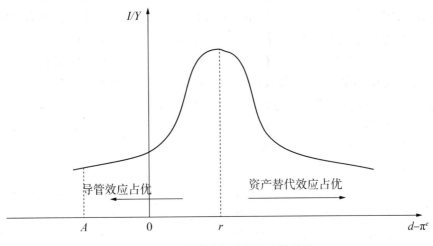

图 1-3 导管效应与替代效应的关系

如图 1-3 所示,在货币存款的实际利率 $d-\pi^e$ 较低时,导管效应比较明显,因而投资将随着实际利率的上升而增加,当货币存款的实际利率上升到超过实物资本的平均回报率 r 的水平之后,资产替代效应将超过导管效应而居于主导地位,此时投资将随着利率的上升而减少。

Shaw 认为推行金融深化有利于本国经济的发展,有利于国家摆脱贫穷落后的局面,能为国家带来储蓄效应、投资效应、就业效应和收入效应等。

储蓄效应:政府取消利率管制后,储蓄的实际收益率就会上升,金融资产也会日趋多元化,从而鼓励私人部门增加储蓄,最终提高一国私人储蓄对收入的比率,增加金融机构的借款机会,即增加一国利用外源储蓄的机会。由于利率的提高,在放松资本管制的条件下,还会吸引国际上低利率地区的资金流入。

投资效应:一是储蓄效应使投资总额增加。取消利率管制后,利率将更好地发挥市场价格信号的作用,引导资源配置,扩大投资规模。二是金融深化使有限的资金在竞争中得到有效的分配,提高资金的使用效率,从而提高投资效率。

就业效应:一方面,利率的上升使投资者的资金成本上升,促使投资者增加劳动密集型的投资,减少甚至代替资本密集型投资,从而扩大整个社会的就业水平。另一方面,金融深化有利于信贷超分配和稳定通货,从而有利于为经济发展创造良好的经济环境,有利于劳动密集型产业的发展。

收入效应:金融深化有助于增加就业、提高工资收入的份额,有助于减少特权部门的垄断收入,有利于削弱变相剥削,从而使收入分配公平化。

稳定效应:放松利率管制会促使实际货币余额增长,从而提高社会货币化程度,整个国民产业水平稳定增长。金融深化还起到限制少数大企业信贷资金特权分配的作用,从而有利于促进收入的公平分配和政治稳定。

为了使金融自由化取得预期的效果,McKinnon 和 Shaw 又分别提出金融改革需要与财政政策、外贸政策和各种宏观经济政策有效配合。以 Galbis、Fry 等为代表的 McKinnon 和 Shaw 的追随者对金融深化理论进行了继承和发扬,建立了较为规范的数理模型,但没有突破 McKinnon 和 Shaw 的框架体系。[①]

McKinnon 和 Shaw 的金融深化理论是 20 世纪 70 年代最具代表性的成果,在经济学界引起强烈反响,并极大地影响了发展中国家的金融制度改革和货币金融政策的制定和实施。金融深化理论提出了发展中国家要取消金融压抑和实施金融自由化的主张,为发展中国家货币金融政策的制定和实施提供了理论依据和指导。

但是,McKinnon 和 Shaw 的金融深化理论也存在着不足之处。其主张的金融自由化的假设前提是完全信息、市场均衡条件和利润最大化。在发展中国家,经济存在着信息不对称、委托—代理和竞争性市场缺失等问题,提高存款利率,一方面会使居民的储蓄增加,实际消费相应减少,同

---

① 参见 V. Galbis, "Financial Intermediation and Economic Growth in Less-Developed Countries: A Theoretical Approach," *Journal of Development Studies* 13, no. 2 (1977), pp. 58~72; M. J. Fry, "Saving, Investment, Growth and the Cost of Financial Repression," *World Development* 8, no. 4 (1980), pp. 317~327。

时加速外资流入,导致汇率高估;另一方面将影响银行利润率,投资需求减少,促使银行从事高风险项目贷款,增加金融体系的风险。可见,金融自由化理论过分强调金融自由化对经济增长的积极意义,过分强调取消政府对金融体系的干预,而忽略了金融自由化对经济增长可能造成的负面效果,忽略了对金融风险的防控。

(三) 金融约束理论

在现实中,很多发展中国家实施金融自由化并没有取得显著成效,反而还带来了金融危机,特别是1997年亚洲金融危机的爆发引发更多学者对金融自由化政策的质疑。一些学者意识到金融抑制、金融自由化政策都存在着缺陷。以 Stiglitz、Hellman 为代表的学者从信息不完全和政府监管的角度提出"金融约束"(financial restraint)。[①]

所谓金融约束,是指政府通过制定一系列金融政策,对金融实施适当的干预,对存贷款利率、金融市场进入和资本市场竞争加以适度限制,为金融部门和生产部门创造一定的租金机会,提高金融机构寻找存款和发放贷款的积极性,降低企业融资成本以增强企业盈利能力,推进金融深化和经济发展。金融约束是介于金融自由化与金融抑制之间的一种政策主张。

经济活动中存在信息不对称,信息不对称会导致逆向选择和道德风险,使资金、资源无法达到有效的配置。另外,实施金融自由化政策,政府对金融活动的过度放松加剧了金融体系的不稳定。金融约束论认为政府适当的干预是十分必要的。金融约束政策中,政府不占有租金,而是通过利率控制和市场进入管制等一系列的金融政策,为金融中介和企业提供租金机会,一方面提高金融中介服务质量,降低交易成本,扩大融资规模,从而推动社会总储蓄的增长,增加信贷市场可贷款资金总额,提高资本配置效率;另一方面可以增强企业的偿还能力,降低企业融资项目的风险。通过租金效应,可以减少逆向选择行为和降低道德风险,保障金融体系的稳定安全,促进经济增长。

---

① 参见 J. E. Stiglitz, "The Role of the State in Financial Markets," Proceeding of the World Bank Annual Conference on Development Economics, 1993; T. Hellman, K. Murdock, and J. Stiglitz, "Financial Restraint: Towards a New Paradigm," in *the Role of Government in East Asian Development: Comparative Institutional Analysis*, eds. M. Aoki, H-K. Kim, and M. Okuno-Fujuwara (London: Oxford University Press, 1977)。

(四) 金融功能理论

传统的金融结构理论并没有回答金融发展与经济增长之间的因果关系，也没有从微观视角对其关系展开细致讨论，这导致后期经济学者在研究更为复杂的金融系统过程中的局限性颇大。与此同时，McKinnon 和 Shaw 的金融深化和金融抑制理论仅以发展中国家作为研究对象，忽略了建立一种包含发达国家和发展中国家在内的一般金融发展理论的可能性，这使得已有的金融发展理论的应用价值受到一定限制。

20 世纪 90 年代开始，以 King 和 Levine 为代表的经济学家打破了上述僵局，他们从更为微观的"金融功能"视角来着手研究金融发展与经济增长之间的关系，并试图将包含发达国家和发展中国家在内的 80 个国家 1960—1989 年间的经济数据作为研究对象，以期在一般金融发展理论的框架内检验金融发展与经济增长的因果关系。King 和 Levine 通过实证研究发现，金融中介的规模和功能的发展会促进资本形成，进而有助于提升全要素生产力，最终将对经济长期增长有所裨益；反之，滞后的金融发展将导致"贫困陷阱"，最终无法促进经济增长。换言之，金融发展是因，而经济增长是果。[1] 与 King 和 Levine 不同的是，Merton 和 Bodie 进一步将金融功能具象化，他们从金融功能的角度将金融体系细化为六个方面，他们认为，金融体系最基本的功能是在不确定环境下跨时空地配置金融资源，这种基本功能不会因时间、国别而产生差异。[2] 与前期金融发展理论不同的是，Merton 和 Bodie 将金融功能的重要性置于金融机构之上，并认为金融功能比金融机构更稳定，随着时间的演变和区域的变化，金融功能的变化将小于金融机构的变化。此后，Levine 发现，金融中介与金融市场在激励经济增长过程中并不是对立的，而是具有互补性，它们都为经济增长提供了关键的金融功能。[3] 在这当中，信息成本与交易成本等因素激活了金融机构与市场的运行和发展，后者通过提供各种金融功能促使经济增长；经济增长又将对金融发展提出新的需求，由此形成"金融—经济"循环的

---

[1] 参见 R. G. King and R. Levine, "Finance and Growth: Schumpeter Might be Right," *Quarterly Journal of Economics* 108, no. 3 (1993), pp. 717~737。

[2] 参见 R. C. Merton and Z. Bodie, *A Conceptual Framework for Analyzing the Financial Environment* (Boston: Harvard Business School Press, 1995)。

[3] 参见 R. Levine, "Financial Development and Economic Growth: Views and Agenda," *Journal of Economic Literature* 35, no. 2 (1997), pp. 688~726。

发展境况。

(五) 金融内生理论

伴随着内生增长理论的诞生，以及20世纪八九十年代金融危机的频频出现，大量学者开始重新思考金融发展在经济增长中的定位。在早期金融发展理论中，学者们均将金融发展作为外生因素进行研究。诸如Schumpeter发现金融对于促进技术进步的核心功能，[①] 金融抑制和金融深化理论者McKinnon和Shaw发现金融自由化在资本积累中的重要作用。这些学者的研究都只是发现金融发展与技术进步、资本积累间存在某种联系，但并未进一步讨论这种关联与经济增长之间是不是内生的。与此相应的是，内生增长理论强调资本积累、技术进步在经济增长中的重要作用，但并未将金融发展作为一个内生性因素置于其中，这为众多金融内生理论研究者提供了重要思路。

值得强调的是，Bencivenga和Smith、Pagano是较早将金融部门纳入内生经济增长模型的经济学家，成为金融内生理论的早期代表性人物。[②] 此后，以Greenwood和Smith为代表的经济学者基于分散流动性风险、克服信息不对称的视角探讨了金融发展在促进资本积累与经济增长中的内生机制。[③] 他们认为，一方面，金融市场的发展有助于降低经济主体面临的流动性风险，从而提高储蓄转化为投资的比率，最终有助于资本积累和经济增长；另一方面，金融中介能够有效缓解信息不对称问题，信贷市场信息不对称问题的减弱将有助于克服逆向选择问题，最终也将带来经济效应。Fuente和Martin则将"金融中介—技术创新—经济增长"纳入内生增长模型之中，分析了金融中介作为监督主体，通过合同的方式能够有效激励和监督技术创新过程，最终为经济增长提供有效保障。[④] Gregorio和Kim则将"信贷市场—人力资本积累—经济增长"纳入内生增长模型之中，发现信贷市场的出现将帮助教育能力强的经济主体通过外源融资方式来为教

---

① 参见 J. Schumpeter, *The Theory of Economic Development* (Cambridge, MA: Harvard University Press, 1912)。

② 参见 V. R. Bencivenga and B. D. Smith, "Financial Intermediation and Endogenous Growth," *The Review of Economic Studies* 58, no. 2 (1991), pp. 195～209; M. Pagano, "Financial Markets and Growth: An Overview," *European Economic Review* 37, no. 2 (1993), pp. 613～622。

③ 参见 J. Greenwood and B. D. Smith, "Financial Markets in Development, and the Development of Financial Markets," *Journal of Economic Dynamics & Control* 21, no. 1 (1997), pp. 145～181。

④ 参见 A. D. L. Fuente and J. M. Marin, "Innovation, 'Bank' Monitoring and Endogenous Financial Development," *Journal of Monetary Economics* 38 (1996), pp. 269～301。

育投入提供资金,从而促进资本积累和经济增长。①

在此基础上,国内外众多学者也基于不同视角拓展了内生增长模型中金融发展与经济增长之间的关系,并取得了丰富的成果。② 总体而言,将金融发展作为经济增长的内生变量,不仅为系统梳理金融发展与经济增长之间的机制提供了可行思路,也为后续研究金融发展理论的工作者打开了视野。

三、中国金融发展的四个阶段

自改革开放以来,中国金融发展经历了以下几个阶段。③

第一阶段:构建银行体系阶段。这一阶段主要是构建银行体系,重要标志性事件是中央银行的建立、专业银行企业化或商业银行化和城市信用合作社的广泛建立。1978年3月,中国人民银行总行恢复了其独立的部级单位的地位;1979年,中国农业银行恢复成立;同期,中国银行从中国人民银行分离,并另成立外汇管理局;1980年,明确中国银行是中国的外汇专业银行;1983年,国务院发文明确规定中国人民银行专门行使中央银行的职能,同时决定成立中国工商银行。中国逐步形成一个以中央银行为领导的商业银行体系,二元银行制度取代了"大一统"银行制度。此阶段的特征有:①金融替代财政在资源配置过程中发挥主导作用;②银行体系开始改革,形成了以中央银行为核心、以国有商业银行为主体的多层次商业银行体系;③借鉴国际的做法,按照市场取向的要求构建了一套非常接近市场经济国家的宏观金融架构;④由于中国资本市场发展不完善,中国的金融宏观调控体系和市场机制还未真正完成建立,其作用还未真正

---

① 参见 D. J. Gregorio and S. J. Kim, "Credit Markets with Differences in Abilities: Education, Distribution, and Growth," *International Economic Review* 41, no. 3 (2000), pp. 579~607.

② 参见 F. S. Hung, "Inflation, Financial Development, and Economic Growth," *International Review of Economics & Finance* 12, no. 1 (2003), pp. 45~67; J. Benhabib and P. Wang, "Financial Constraints, Endogenous Markups, and Self-fulfilling Equilibria," *Journal of Monetary Economics* 60, no. 7 (2012), pp. 789~805; 陆静《金融发展与经济增长关系的理论与实证研究——基于中国省际面板数据的协整分析》,载《中国管理科学》2012年第20卷第1期,第177~184页; R. Boucekkine, G. Fabbri, and P. Pintus, "Growth and Financial Liberalization under Capital Collateral Constraints: The Striking Case of the Stochastic AK Model with CARA Preferences," *Economics Letters* 122, no. 2 (2014), pp. 303~307; 吕朝凤《金融发展、不完全契约与经济增长》,载《经济学(季刊)》2018年第17卷第1期,第155~188页; 庄毓敏、储青青、马勇《金融发展、企业创新与经济增长》,载《金融研究》2020年第4期,第11~30页。

③ 参见贝多广《金融发展的次序》,中国金融出版社2017年版,第15~18页。

发挥，整个金融体系在长期资金供应方面有明显缺陷，对于产业结构调整、企业重组基本无能为力。

第二阶段：发展资本市场阶段。随着以市场为导向的经济体制改革的推进，中国资本市场得到重视和发展。1990年和1991年，深圳证券交易所和上海证券交易所相继成立，标志着中国证券市场开始发展，也标志着中国的金融发展开始进入资本市场阶段。在此阶段，金融体制改革进入全面深化时期，中国基本上参照西方成熟市场国家建立了银行体系和资本市场，初步建立了社会主义市场金融体制的基本框架。中国银行业进行了一系列的市场化改革，除了金融衍生工具市场尚未成熟外，其他传统金融产品市场已经相当发达。随着中国社会主义市场经济体制不断完善，在此阶段，中国逐步形成了以间接调控为主的中央银行调控体系和银监会监督、国家银行为主体、政策性金融与商业性金融分工、多种金融机构合作、功能互补、共同发展的多层次的现代银行模式。① 但此时，银行体系的贷款大多流向了大中企业（主要是国有企业）和有抵押能力的富裕人群。

第三阶段：普惠金融发展阶段。大致在2007年之后，中国逐步进入金融发展的第三阶段。随着市场经济的发展，中国中小微企业蓬勃发展，出现了各种中小微企业，如村镇企业。随之而来的是融资难、融资贵的问题日益突出，于是普惠金融得到重视并逐步发展。2009年之后出现了中小板、创业板，这对中国资本市场来说具有划时代的意义。在这之后出现了各类有利于中小微企业融资的金融途径，如小额贷款公司、村镇企业银行等。中国金融进入普惠金融发展阶段。

第四阶段：人民币国际化阶段。2015年11月底，国际货币基金组织正式确认人民币金融特别提款权（special drawing right, SDR）货币篮子，比例是10.92%，仅次于美元和欧元。这是人民币国际化的标志性事件。人民币被纳入金融特别提款权意味着人民币储备货币的地位得到了国际承认，所有国际货币基金组织成员都将通过SDR持仓自动获得人民币敞口。这将鼓励更多新的央行及投资机构如保险公司、养老基金进入人民币市场，也将鼓励已进入人民币市场的央行及机构增加人民币资产的配置。

2014年，中国进出口贸易的规模排在全球第一位；2015年，中国经

---

① 参见王斌《中国银行业市场化改革的五个阶段及特点》，载《改革与战略》2011年第2期，第72～75页。

济总量高达10万亿美元,彼时全球经济总量超过10万亿美元的只有美国和中国两个国家。人民币已成为中国的第二大国际支付货币,占国际结算的比值为28.5%。根据"十三五"时期的中国金融发展战略定位,中国在"十三五"乃至更长时期要建设新世纪国际金融中心,而且这个国际金融中心是以人民币计价的财富管理中心,或者说,是以人民币计价的一个资产配置中心。①

以上四个阶段是逐层递进的,是随着时间及中国金融发展、金融结构不断深化而不断发展的过程。

第二节 金融发展衡量指标

一、金融发展与经济增长的关系

金融作为现代经济的核心,与经济增长密不可分。早在1781年,美国第一任财政部部长Alexander Hamilton指出,就刺激经济增长而言,银行已被发明的最令人愉快的引擎。Bagehot通过研究英国工业革命进程发现,英国工业革命的成功离不开金融体系为大型工业项目提供的资本融资支撑,成为最早关注金融发展与经济增长之间关系的代表性经济学者。② Hicks进一步指出,英国发生工业革命的重要条件是资本市场缓解了流动性风险,"工业革命不得不等着金融革命"③。Schumpeter在《经济发展理论》一书中阐述了信用、资本与货币市场对促进技术创新进而推动经济增长的重要作用,但并未用经验证据佐证他的理论观点。④ 直到1969年,Goldsmith出版其开创性著作 *Financial Structure and Development*,这本书不仅成为奠定金融发展理论基础的经典之作,也开创了实证研究金融发展与

---

① 在第二届地产全球化暨海外投资高峰论坛上,中国人民大学金融与证券研究所所长吴晓求出席并发表了题为《"十三五"时期的中国金融发展战略》的演讲。

② 参见 W. Bagehot, *Lombard Street* (Homewood, IL: Richard D. Irwin, 1962, 1873)。

③ J. Hicks, *A theory of economic history* (Oxford: Clarendon Press, 1969).

④ 参见 J. Schumpeter, *The Theory of Economic Development* (Cambridge, MA: Harvard University Press, 1912)。

经济增长之间关系的先河。①

此后，大量的理论和实证研究围绕各国特定情境下的金融发展与经济增长之间的关系展开了密集讨论。② 其中，主流经济学者认为，金融发展在经济增长中起着关键的作用，并且区分了金融中介和金融市场作用于经济增长的机理，以及金融发展和金融结构的制度因素。③ 具体而言，一个发展水平较高的金融体系更能为资金盈余方和稀缺方提供资金融通服务，这种金融服务治理和效率的提升更有助于经济部门投资、研发创新、全要素生产率增长，最终将推动经济增长。

然而，囿于研究视角、研究方法、研究样本等的不同，很多学者也认为金融发展并不总是能够促进经济增长，即金融发展对经济增长影响并不大；④ 也有学者强调，它们之间可能存在互为因果关系。⑤ Locus 是其中的

---

① 参见 R. Goldsmith, *Financial Structure and Development* (New Haven: Yale University Press, 1969)。

② 参见 R. G. King and R. Levine, "Finance and Growth: Schumpeter Might be Right," *Quarterly Journal of Economics* 108, no. 3 (1993), pp. 717~737; P. O. Demetriades and K. A. Hussein, "Does financial Development Cause Economic Growth? Time-series Evidence from 16 Countries," *Journal of Development Economics* 51, no. 2 (1996), pp. 387~411; R. G. Rajan and L. Zingales, "Financial Dependence and Growth," *American Economic Review* 88, no. 3 (1998), pp. 559~586; 谈儒勇《中国金融发展和经济增长关系的实证研究》，载《经济研究》1999 年第 10 期，第 53~61 页; 林毅夫、章奇、刘明兴《金融结构与经济增长：以制造业为例》，载《世界经济》2003 年第 1 期，第 3~21 页; S. Claessens and L. Laeven, "Financial Dependence, Banking Sector Competition, and Economic Growth," *Journal of the European Economic Association* 3, no. 1 (2005), pp. 179~207。

③ 参见 R. McKinnon, *Money and Capital in Economic Development* (Washington, DC: Brookings Institution, 1973); E. Shaw, *Financial Deeping in Economic Development* (Oxford: Oxford University Press, 1973); J. E. Stiglitz, "Credit Markets and the Control of Capital," *Journal of Money, Credit and Banking* 17, no. 2 (1985), pp. 133~52; J. Degregorio and P. E. Guidotti, "Financial Development and Economic Growth," *World Development* 23, no. 3 (1995), pp. 433~448; A. Khan, "Financial Development and Economic Growth," *Macroeconomic Dynamics* 5, no. 3 (2001), pp. 413~433。

④ 参见 P. O. Demetriades and K. A. Hussein, "Does Financial Development Cause Economic Growth? Time-series Evidence from 16 Countries," *Journal of Development Economics* 51, no. 2 (1996), pp. 387~411; K. Neusser and M. Kugler, "Manufacturing Growth and Financial Development: Evidence from OECD Countries," *Review of Economics and Statistics* 80, no. 4 (1998), pp. 638~646。

⑤ 参见 D. K. Christopoulos and E. G. Tsionas, "Financial Development and Economic Growth: Evidence from Panel Unit Root and Cointegration Tests," *Journal of Development Economics* 73, no. 1 (2004), pp. 55~74; N. Loayza and R. Ranciere, "Financial Development, Financial Fragility, and Growth," *IMF Working Papers*, 2005; 董直庆、王林辉《我国证券市场与宏观经济波动关联性：基于小波变换和互谱分析的对比检验》，载《金融研究》2008 年第 8 期，第 39~52 页。

典型代表，他认为经济学家们过分强调了金融在经济增长中的作用。①Gregorio 和 Guidotti 将 Locus 的观点进一步展开探讨，发现拉丁美洲国家金融发展并未有效促进经济增长，反而起到了抑制作用。② 杨友才则针对中国 1987—2009 年省级面板数据进行分析，发现不同金融发展水平对经济增长的作用具有显著差异，具体表现为门槛效应和边际效率递减的非线性特征，尤其是在金融发展水平较低的境况下，金融发展对经济增长的作用不仅展现出不显著态势，更可能进一步导致经济增长停滞。③ 这与 Santomero 和 Seater 的发现不谋而合，其研究认为，金融过度发展或金融发展不足均可能对经济增长产生不利影响，甚至这种不利影响在前者中表现得更明显。④ 确实，历次金融危机（譬如 1929 年美国金融危机、1997 年东南亚金融危机、2008 年国际金融危机等）也表明，过于重视泡沫经济所引发的金融风险集聚容易导致金融危机事件，而金融危机对经济增长的不利冲击已是"政、学、业"界的共识。

以上讨论充分说明，学术界大体上支持"健全的金融发展能够有助于实现经济增长"这一结论，但关于金融发展与经济增长之间的关系仍存在一定争议。应当说，针对"金融发展与经济增长"之间的关系，不仅需要结合各国特定情境的具体问题具体分析，更需要从时间的视角切入，尤其关注金融发展在不断演变过程中对经济的服务质效，以期更加准确地判断金融发展与经济增长的关系。

二、金融发展衡量指标

为了研究金融发展与经济增长之间的关系，学者们设计了金融发展衡量指标，表 1-1 和表 1-2 分别列举了国外和国内学者对金融发展指标的衡量方法。总的来说，国内学者在金融发展指标的设定上较多地借鉴了国外学者的方法。

---

① 参见 R. Locus, "On the Mechanics of Economic Development," *Journal of Monetary Economics* 22, no. 1 (1988), pp. 3~42。

② 参见 D. J. Gregorio and P. E. Guidotti, "Financial Development and Economic Growth," *World Development* 23, no. 3 (1995), pp. 433~448。

③ 参见杨友才《金融发展与经济增长——基于我国金融发展门槛变量的分析》，载《金融研究》2014 年第 2 期，第 59~71 页。

④ 参见 A. M. Santomero and J. J. Seater, "Is There an Optimal Size for the Financial Sector?" *Journal of Banking and Finance* 24 (2000), pp. 945~965。

第一章 金融发展概述

表1-1 国外学者对金融发展指标的衡量

指标定义	代表性学者	文章/著作主题	期刊/著作名称	发表年份
金融资产总量/GDP	Goldsmith	Financial Structure and Economic Development	*Financial Structure and Development*（著作）	1969
M_2/GDP	McKinnon	Money and Capital in Economic Development	*Money and Capital in Economic Development*（著作）	1973
	Batuo et al.	Linkages Between Financial Development, Financial Instability, Financial Liberalisation and Economic Growth in Africa	*Research in International Business & Finance*	2018
	Asongu et al.	Technology-driven Information Sharing and Conditional Financial Development in Africa	*Information Technology for Development*	2019
金融机构的流动负债/GDP	King and Levine	Finance and Growth: Schumpeter Might Be Right	*Quarterly Journal of Economics*	1993
	Beck	Financial Dependence and International Trade	*Review of International Economics*	2003
	Batuo et al.	Linkages Between Financial Development, Financial Instability, Financial Liberalisation and Economic Growth in Africa	*Research in International Business & Finance*	2018
	Asongu et al.	Technology-driven Information Sharing and Conditional Financial Development in Africa	*Information Technology for Development*	2019

续表 1-1

指标定义	代表性学者	文章/著作主题	期刊/著作名称	发表年份
银行存款余额/GDP	Demetriades and Hussein	Does Financial Development Cause Economic Growth? Time-series Evidence from 16 Countries	*Journal of Development Economics*	1996
	Dutta and Sobel	Entrepreneurship and Human Capital: The Role of Financial Development	*International Review of Economics & Finance*	2018
私人部门信贷/GDP	Rajan and Zingales	Financial Dependence and Growth	*American Economic Review*	1998
	Beck	Financial Dependence and International Trade	*Review of International Economics*	2003
	Hsu et al.	Financial Development and Innovation: Cross-Country Evidence	*Journal of financial Economics*	2014
	Dutta and Sobel	Entrepreneurship and Human Capital: The Role of Financial Development	*International Review of Economics & Finance*	2018
	Batuo et al.	Linkages Between Financial Development, Financial Instability, Financial Liberalisation and Economic Growth in Africa	*Research in International Business & Finance*	2018
	Nkoro and Uko	Financial Structure and Economic Growth: The Nigerian Experience, 1980-2017	*American Economic & Social Review*	2019

续表 1-1

指标定义	代表性学者	文章/著作主题	期刊/著作名称	发表年份
私人部门信贷/GDP	Asongu et al.	Technology-driven Information Sharing and Conditional Financial Development in Africa	Information Technology for Development	2019
私人部门信贷/GDP	Bae et al.	Why Is Stock Market Concentration Bad for the Economy?	Journal of Financial Economics, Forthcoming	2020
ln 私人部门信贷	Shahbaz et al.	Economic Growth, Energy Consumption, Financial Development, International Trade and CO_2 Emissions in Indonesia	Renewable and Sustainable Energy Reviews	2013
私人部门人均国内信贷	Shahbaz et al.	Natural Resource Abundance a Stimulus for Financial Development in the USA, Resources Policy, 2018.	Resources Policy	2018
前三大银行资产/国内所有商业银行总资产	Bae et al.	Why Is Stock Market Concentration Bad for the Economy?	Journal of Financial Economics, Forthcoming	2020
(股票总市值 + 私人部门信贷)/GDP	Rajan and Zingales	Financial Dependence and Growth	American Economic Review	1998
股票市场资本化/GDP	Beck	Financial Dependence and International Trade	Review of International Economics	2003
股票市场交易额/GDP	Beck	Financial Dependence and International Trade	Review of International Economics	2003

续表 1-1

指标定义	代表性学者	文章/著作主题	期刊/著作名称	发表年份
股票总市值/GDP	Rajan and Zingales	Financial Dependence and Growth	American Economic Review	1998
	Hsu et al.	Financial Development and Innovation: Cross-Country Evidence	Journal of Financial Economics	2014
	Nkoro and Uko	Financial Structure and Economic Growth: The Nigerian Experience, 1980-2017	American Economic & Social Review	2019

（资料来源：根据中国知网、Web of Sicence 数据库文献整理。）

表 1-2　国内学者对金融发展指标的衡量

指标定义	代表性学者	文章/著作主题	期刊/著作名称	发表年份
M_2/GDP	谈儒勇	中国金融发展和经济增长关系的实证研究	《经济研究》	1999
金融机构各项贷款余额/GDP	卢峰、姚洋	金融压抑下的法治、金融发展和经济增长	《中国社会科学》	2004
	沈坤荣、张成	金融发展与中国经济增长——基于跨地区动态数据的实证研究	《管理世界》	2004
	沈红波等	金融发展、融资约束与企业投资的实证研究	《中国工业经济》	2010
	周丽丽等	中国金融发展速度与经济增长可持续性——基于区域差异的视角	《中国软科学》	2014
	杨友才	金融发展与经济增长——基于我国金融发展门槛变量的分析	《金融研究》	2014
	张成思、朱越腾	对外开放、金融发展与利益集团困局	《世界经济》	2017

续表1-2

指标定义	代表性学者	文章/著作主题	期刊/著作名称	发表年份
金融机构各项贷款余额/GDP	张成思、李力行、申广军	金融发展与城市规模——理论和来自中国城市的证据	《经济学（季刊）》	2019
金融机构各项存款余额/GDP	庄毓敏等	金融发展、企业创新与经济增长	《金融研究》	2020
金融机构存贷款余额/GDP	钱雪松等	金融发展、影子银行区域流动和反哺效应——基于中国委托贷款数据的经验分析	《中国工业经济》	2017
金融机构存贷款余额/GDP	庄毓敏等	金融发展、企业创新与经济增长	《金融研究》	2020
樊纲等（2010）披露的"金融业的市场化"指数	朱红军等	金融发展、预算软约束与企业投资	《会计研究》	2006
樊纲等（2010）披露的"金融业的市场化"指数	解维敏、方红星	金融发展、融资约束与企业研发投入	《金融研究》	2011
樊纲等（2010）披露的"金融业的市场化"指数	王秀丽等	金融发展、信贷行为与信贷效率——基于我国城市商业银行的实证研究	《金融研究》	2014
樊纲等（2010）披露的"金融业的市场化"指数	刘行、叶康涛	金融发展、产权与企业税负	《管理世界》	2014
非国有金融机构吸收存款占全部金融机构吸收存款的比例	张成思、朱越腾	对外开放、金融发展与利益集团困局	《世界经济》	2017
资本市场融资规模	贾俊生等	金融发展、微观企业创新产出与经济增长——基于上市公司专利视角的实证分析	《金融研究》	2017

续表1-2

指标定义	代表性学者	文章/著作主题	期刊/著作名称	发表年份
股票市场交易额/GDP	谈儒勇	中国金融发展和经济增长关系的实证研究	《经济研究》	1999
	齐俊妍等	金融发展与出口技术复杂度	《世界经济》	2011
非国有企业所获贷款额与贷款总额的比值	张成思、朱越腾	对外开放、金融发展与利益集团困局	《世界经济》	2017
金融行业从业人数在第三产业中的比重	李力行、申广军	金融发展与城市规模——理论和来自中国城市的证据	《经济学（季刊）》	2019
（股票总市值+私人部门信贷）/GDP	黄宪等	金融发展对经济增长的促进作用及其持续性研究——基于英美、德国、法国法系的比较视角	《金融研究》	2019
	谷军健、赵玉林	金融发展如何影响全球价值链分工地位？——基于与科技创新协同的视角	《国际金融研究》	2020

（资料来源：根据中国知网、Web of Sicence 数据库文献整理。）

概括来说，衡量金融发展的指标包括两类：一是通过金融内部结构指标来度量，二是通过金融发展状态与经济增长的相互关系指标来度量。①

（一）金融内部结构指标

金融内部结构指标包括以下7个方面：

（1）主要金融资产占全部金融资产的比重。主要金融资产包括长期债券、短期债券和股票等。

（2）金融机构发行的金融工具与非金融机构发行的金融工具之比率。

---

① 参见黄达、张杰《金融学》，中国人民大学出版社2019年版，第636页。

该比率是用来衡量金融机构化程度的尺度。

（3）在非金融机构发行的主要金融工具中金融机构持有的份额。该比率可以进一步衡量金融机构化程度。

（4）主要金融机构相对规模。主要金融机构指中央银行、商业银行、储蓄机构和保险组织等。

（5）各类金融机构的资产分别占全部金融机构总资产的比率。该比率被称为"分层比率"，用以衡量金融机构间的相关程度。

（6）主要非金融部门的内源融资和外部融资的相对规模。非金融部门的内源融资指公司本身的资本积累，外部融资指通过金融渠道的资本融入。

（7）在外部融资方面的指标：国内部门（主要是国内金融机构）和外国贷款人在各类债券和股票中的相对规模。

（二）金融发展与经济增长的相互关系指标

具有代表性的金融发展与经济增长的相互关系指标是 Goldsmith 的金融相关比率以及 McKinnon 和 Shaw 的货币化率。

1. 金融相关率

Goldsmith 在 *Financial Structure and Development* 一书中较早定义了金融发展的具体衡量指标。在该著作中，Goldsmith 使用 8 个统计指标测度金融发展的规模和结构，最具代表性的是金融相关率（FIR）。

Goldsmith 提出的金融相关率计算公式如下：

$$金融相关率(FIR) = \frac{金融活动总量(F_t)}{经济活动总量(W_t)} \quad (1-1)$$

金融相关率是指一定时期内社会金融活动总量与经济活动总量的比值，其中，金融活动总量一般用金融资产的总额表示，我们从公式可以看出，如果没有金融资产，则比值为 0，金融资产越多，则比值越大。换言之，FIR 就是金融工具的市场总值除以全部有形资产所得的比率，从这里我们可以看出，金融相关率测度的其实是金融体系相对于经济体系的规模。Goldsmith 首次将理论与实证相结合，系统阐述了金融发展与经济增长的相互作用，并得出二者之间存在着大致平行关系的结论。

后来，Goldsmith 对 1955 年提出的这一指标进行了完善，明确地用金融资产替代原先略带模糊性的无形资产的概念。由此，金融相关率公式可以被简化地表示为

$$FIR = \frac{F_n + F_x + F_f}{W} \qquad (1-2)$$

公式中 F_n、F_f 分别是国内非金融部门和金融部门发行的未清偿金融工具的市场价值，F_x 则是国外发行的未清偿金融工具的市场净价值（扣除本周在国外发行的相应证券市场价值），W 是国民财富（包括国内有形资产和在国外的净资产）的市场价值，在实际计算时采用估算值。据此，Goldsmith 对世界上 35 个国家近 200 年的金融发展历史进行了实证分析，得出以下主要规律：①在一国经济发展过程中，金融资产的增长速度要快于国民财富，金融相关率有提高的趋势；②经济欠发达国家的金融相关率比欧洲与北美国家的金融相关率低得多；③金融相关率还受到一国经济结构的基本特征的影响；④在大多数国家中，金融机构在金融资产的发行与持有上所占的份额随经济的发展而显著提高；⑤从直接融资的内部结构来看，随着金融机构的发展，债权比股权增长更快，而且长期债权投资的增长快于短期债权投资；⑥随着金融的发展，银行资产占金融机构全部资产的比重趋于下降，非银行金融机构的资产所占比重相应提高；⑦经济发达国家的融资成本（主要包括利息和其他费用）明显低于欠发达国家的水平。

2. 货币化率

以 Goldsmith 为代表的金融结构主义者过于强调金融资产规模和结构对经济的影响，而忽略了价格（如利率）因素在金融发展中的作用。McKinnon 和 Shaw 则试图从金融深化的角度设计金融发展指标，其中一个代表性指标即是经济的货币化率。

货币化率是指一国通过货币进行商品与服务交换的价值占国民生产总值（Gross National Product，GNP）的比重，主要用来衡量一国的货币化程度。

公式如下：

$$货币化率 = \frac{M_2}{GNP} \qquad (1-3)$$

公式中，McKinnon 将货币化率定义为货币供应量（M_2）与国民生产总值（GNP）的比值，GNP 现在已被 GDP 替代。McKinnon 认为，货币化率是经济中货币体系的重要性和实际规模最简单的标尺。在对比了当时一些工业化国家和半工业化国家的情况后，McKinnon 发现，货币化率与经济发展水平明显存在着对应关系，工业化国家的货币化率显著高于半工业化国家的这一数值，前者平均是后者的一倍以上。

随着金融深化和货币化的演进，发达国家的货币化率呈现倒"U"形，即达到一个峰值后再趋于平稳。

因为货币绝大部分存在于银行体系中，所以，该指标现在已成为衡量银行业发展水平的一个常用指标。

值得注意的是，关于货币化率的指标对于不同金融体系的国家是否适用还存在商榷之处。譬如对于中国而言，省级层面尚缺乏 M_2 数据，简单以"M_2/GDP"作为金融发展指标，将直接导致无法比较各省金融发展水平（事实上，中国东部地区和中西部地区的金融发展存在显著差异）。King 和 Levine、Demetriades 和 Hussein 提出了改进方法，他们采用"金融机构的流动负债/GDP"（"银行存款余额/GDP"）作为金融发展的测度指标，将金融发展水平精确到省市级层面，[1] 相关学者也延续这一思路对金融发展领域进行了有益探索。[2]

第三节　国家地方金融发展

一国的金融发展与经济发展密不可分，一国的金融发展影响着国家的经济发展。如前所述，各国学者们对金融发展与经济发展的关系进行了大量、深入的研究，从宏观、中观到微观，不同的经济体系，不同的维度，使用不同的研究方法，这些方面的研究仍在继续。同时我们也看到，在不同的经济体、不同的时期、不同的金融政策下，金融发展在不断演变过程

---

[1] 参见 R. G. King and R. Levine, "Finance and Growth: Schumpeter Might be Right," *Quarterly Journal of Economics* 108, no. 3 (1993), pp. 717～737; P. O. Demetriades and K. A. Hussein, "Does Financial Development Cause Economic Growth? Time-series Evidence from 16 Countries," *Journal of Development Economics* 51, no. 2 (1996), pp. 387～411。

[2] 参见 T. Beck, "Financial Dependence and International Trade," *Review of International Economics* 11, no. 2 (2003), pp. 296～316; M. Batuo, K. Mlambo, and S. Asongu, "Linkages Between Financial Development, Financial Instability, Financial Liberalisation and Economic Growth in Africa," *Research in International Business and Finance* 45 (2018), pp. 168～179; N. Dutta and R. S. Sobel, "Entrepreneurship and Human Capital: The Role of Financial Development," *International Review of Economics & Finance* 57 (2018), pp. 319～332; S. A. Asongu, J. C. Anyanwu, and V. S. Tchamyou, "Technology-driven Information Sharing and Conditional Financial Development in Africa," *Information Technology for Development* 25, no. 4 (2019), pp. 630～659。

中对经济的服务质效有所不同，各国都在努力建立及完善金融体系和金融政策组合，合理地利用金融资源，以促进金融的稳定与可持续发展，并最终实现经济的可持续发展。

各国现代金融体系的建设目标是建立市场充分竞争、法制监督有序、社会信用健全的市场。各国应紧紧围绕并充分发挥市场在金融资源配置中所起的决定性作用，坚持市场导向，坚持有效协调和平衡发展，加强各国金融顶层设计。各国金融发展模式要转换到现代市场经济和现代金融结构体系上来，将现代金融体系建设与各国政府的调节、监督、管理结合起来。一国金融体系市场的活力和竞争力，或一国地方经济发展的金融职能和金融发展手段，在很大程度上取决于该国的金融监管制度。不同的金融监管制度决定着不同的金融资源配置水平，要让金融契合国家发展所处的阶段和经济、科技、产业发展的实际，就既要合理、清晰地界定国家与地方的金融权责，又要充分发挥国家与地方相互协调合作的积极作用。

从国家金融发展监管的角度，为了金融稳定与发展，世界各国应根据本国实际情况，主要做好以下几方面的工作。①

一、有序建立国家与地方金融法制体系

法律法规是金融活动的保障，对一国的金融发展起决定性作用。而法律法规体系总是比金融发展滞后，这就需要不断完善金融法制体系的建设，主要措施包括以下几项。

（1）在国家金融层面制定总体方案，有序改革，稳中求进。首先，各国应建立分层次监管、激励相容的金融监管体系，制定金融监管体系总体方案、实施意见等，明确国家与地方金融监管的机制与责权，并在此基础上选择试点，分步推进。国家与地方金融监管体系模式可依循本国的国家结构形式和历史传统，结合宏观审慎监管和微观审慎监管有效运行，做到国家、地方金融管理统筹协调。其次，各国可制定国家和地方金融监管部门机构方案，明确金融监管体制、职能、内设机构和人员等。国家承担系统监管职责，地方根据相关金融政策法规，在职责范围内制定相应的具体实施细则和操作办法，建立健全机构，指定具体部门及人员承担日常监管职责。最后，在国家总体方案出台后，地方应及时推进当地金融监管体系

---

① 参见陈云贤《国家金融学（第2版）》，北京大学出版社2021年版，第113～115页。

的改革与完善。国家设计制定科学合理的规则制度后，要强力贯彻落实，地方政府按规定进行改革及实施监管，并承担相应的风险处置责任。

（2）完善地方法律法规体系建设。首先，对国家与地方金融监管职能机构等进行明确界定，并对已有的相关法律进行完善。随着金融的不断发展，一国的金融体制改革也在不断深化，相关金融法律法规也需不断完善。以中国为例，现存的《中华人民共和国商业银行法》（简称《商业银行法》）、《中华人民共和国证券法》（简称《证券法》）、《中华人民共和国银行业监督管理法》（简称《银行业监督管理法》）、《中华人民共和国保险法》（简称《保险法》）、《中华人民共和国消费者权益保护法》等法律，主要针对的是传统金融业务，随着金融创新和互联网经济的发展，这些相关的法律法规未能覆盖各类新型金融业态、组织，因此需要修订。其次，各国根据国家金融监管的宏观调控政策及国家与地方监管职能机构的界定，出台地方金融监管指导意见和地方金融管理条例，明确各地方金融监管部门的职能定位、职责范围、监管对象、授权内容、工作程序、保障机制等，并以此为依据设立地方金融监管局并进行各项改革。最后，完善地方金融监管，建立及细化地方金融监管规章、实施细则、操作办法等。比如，对于地方吸收存款金融机构，要建立严格的准入和退出机制，不仅要审查注册资金、经营场所等硬性约束指标，更要审查主要股东资质、法人代表及机构风险控制能力、从业人员素质等软性约束指标。相关部门可在现行法律框架内或国家立法前提下进行地方立法。

二、防控地方金融风险

防范金融风险是金融监管永恒的主题。近年来金融危机频繁发生，给世界经济造成极为严重的冲击和损害，因此，加强地方政府发挥金融监管职能、防范系统性金融风险的发生成为各国关注的重点，而建立金融监管安全网和风险管理机制至关重要。

（1）构建三大金融监管安全网。为了防范地方金融风险的发生，地方金融监管要强化与国家监管部门的协同配合，加速构建三大金融监管安全网。一是可思考设立地方存款保险公司，负责保障地方性、社区性存款类金融机构，在国家统一的存款保险制度的约束下根据地方实际进行运作。二是可思考设立地方金融资产管理体系，对可能出现的不良金融资产进行处置，避免流动性危机和信用危机。三是可思考设立金融控股和再担保体

系，通过地方金融控股公司，对可能出现不稳定的金融机构实施并购。

（2）建立地方金融风险管理机制。一是建立金融风险监测预警机制，可专门设立金融风险管理委员会，开展地方金融风险监测、评估、预警，通过创新、敏捷的监管，确保地方金融体系安全、稳健、有活力。二是建立金融风险应急处置机制。制定健全的应急预案，强化各部门协调联动机制，完善地方金融风险储备金制度。紧急情况时，允许地方金融监管局迅速与地方金融机构双向沟通，随时掌握金融机构的运行状况。三是建立金融投资者、消费者保护机制。可参照世界先进证券行业的做法建立投资者保护基金，作为地方性产权交易市场的风险储备金，用于重大风险事故的救助和补偿，以加强对金融消费者权益的保护。

（3）建立相应金融管制机制，约束地方政府过度行政干预和透支信用。

三、优化地方金融环境

良好的金融环境是经济、金融稳建发展的条件，优化地方金融环境是金融健康、良性发展的内在需求。

（1）建立地方金融行业自律组织，强化金融行业自律监管。各国可根据本国的实际，建立地方金融行业自律组织，如银行业协会、证券期货业协会、保险业协会、融资担保业协会、股权投资基金协会等，为地方金融机构提供服务、反映诉求，同时规范其行为，促进同业合作交流及自我监督，使金融行业遵循市场规范，健康发展，有效防范金融风险。

（2）发展第三方社会性小微金融评级机构。积极推动各类小微金融机构的评级，促进小微金融机构改善经营管理、积累信用、有序竞争。促进资金来源渠道的畅通和多元化，也有利于投资者有效评估金融风险、降低交易成本。

（3）健全地方金融信息统计制度和联网系统。可建立各地方小微金融信息中心，与区域内小微金融机构联网，推动小微金融机构核心业务信息入网。

（4）完善国家与地方金融监管部门的会商机构。包括建立国家与地方重要金融信息通报、交流、共享制度，建立国家金融监管派出机构与地方金融监管局联动监管、联合检查、联席会议机制，完善地方金融发展和金融风险协同管理处置机制等，目的是促进国家与地方金融监管部门之间的沟通协作、协调联动。

◆思考讨论题◆

1. 金融发展的内涵是什么？现代金融体系的六个子体系有什么关联？
2. 金融体系的功能有哪些？
3. 金融发展与经济增长之间存在什么样的关系？
4. 金融发展的主要理论有哪些？各理论的优、缺点是什么？
5. 试述稳定国家地方金融发展的重要性及方式。

第二章 "金融自由化"国家不稳
——金融发展路径之一分析

金融发展对经济增长起着不可或缺的作用。一般来说，国家对金融发展的路径选择有三条[①]：一是"金融自由化"（financial liberalization），金融当局以放任自由为导向，放松对利率、汇率、资本市场、金融机构等的管制。金融自由化政策在一定时期内促进了经济的发展，但从长远来看，该政策导致通货膨胀、金融危机和经济衰退。二是"金融压抑"（financial repression），其主要表现为金融资产单一、金融机构形式单一、金融环境条件不配套、存在过多管制、金融市场基础设施落后、金融效率低下等。从长远来看，金融压抑严重抑制了一个国家的创新和经济发展。三是"在规则下促竞争，在稳定中求发展"（competing under regulation, growing with stability），既考虑市场机制的作用，也重视政府的合理参与和监管。对于一国的金融发展，最主要的行为选择是竞争优先还是规则优先？金融利益至上还是金融稳定、可持续发展至上？当然，最理想的情况是二者兼顾。

国家对金融发展的路径选择，从某种意义上说，是对经济自由主义与国家干预主义这两大思潮的讨论，具体来说，是对市场机制的有效性及国家作用、政府与市场的关系以及政府行为对金融控制的探讨。所谓经济自由主义，是一种主张最大限度地利用商品市场的机制和竞争的力量，由私人来协调一切社会经济活动，而只赋予国家极少量经济活动的经济思想和经济政策。所谓国家干预主义，是一种主张削弱私人经济活动的范围，由国家参与和干涉社会经济活动，在一定程度上承担多种生产、交换、分配等经济职能

[①] 参见陈云贤《国家金融学（第2版）》，北京大学出版社2021年版，第89～91页。

第二章 "金融自由化" 国家不稳

的经济思想和经济政策。① 国家对金融发展路径的选择实际上是政府行为根据经济发展的实际要求而不断调整的过程，是经济和金融制度不断演进和变迁的进程。本书的第二章至第四章将分别对"金融自由化""金融压抑"和"在规则下促竞争，在稳定中求发展"这三条路径展开阐述。

第一节 "华盛顿共识"及其结果

经济自由主义包括经济自由主义和新经济自由主义。新经济自由主义强调经济自由化、私有化、市场化与一体化。20世纪90年代实行的"华盛顿共识"（Washington Consensus）以新自由主义经济思路为理论基础，是新自由主义理论体系的最高演绎形态，其提出的政策强调市场机制的功能与作用，轻视国家干预在经济和发展进程中的必要性与重要性。

一、"华盛顿共识"的背景与内容

20世纪80年代末，世界经济衰退，经济增长动力不足，市场需求不振，人口增长率下降，金融市场动荡不稳，国际贸易和投资持续低迷。1989年，陷于债务危机的拉丁美洲国家急需进行国内经济改革。美国国际经济研究所邀请国际货币基金组织、世界银行、美洲开发银行和美国财政部在华盛顿召开了一个研讨会，参会的还有拉丁美洲国家代表。会议根据拉丁美洲国家减少政府干预、促进贸易和金融自由化的经验，提出并形成了一系列政策主张，由此形成了著名的"华盛顿共识"。

"华盛顿共识"包括十条政策措施②：第一，加强财政纪律，压缩财政赤字，降低通货膨胀率，稳定宏观经济形势；第二，把政府开支的重点转向经济效益高的领域和有利于改善收入分配的领域（如文教卫生和基础设施）；第三，开展税制改革，降低边际税率，扩大税基；第四，实施利率市场化；第五，采用一种具有竞争力的汇率制度；第六，实施贸易自由化，开放市场；第七，放松对外资的限制；第八，对国有企业实施私有

---

① 参见陈岱孙《西方经济学中经济自由主义和国际干预主义两思潮的消长》，北京大学出版社1989年版。转引自王曙光《金融自由化与经济发展》，北京大学出版社2003年版，第4页。
② 参见詹姆斯·E. 马洪著，李俭国摘译《拉丁美洲告别"华盛顿共识"》，载《国外理论动态》2004年第3期，第6～10页。

化；第九，放松政府的管制；第十，保护私人财产权。

美国经济学家约瑟夫·斯蒂格利茨提到"华盛顿共识"的政策核心是"主张政府的角色最小化，快速私有化和金融自由化"。在理论上，其主张实现完全的自由市场经济模式，最大限度地减少政府的作用，认为只要市场能够自由配置资源，就能够实现经济增长。"华盛顿共识"在20世纪80—90年代广为传播，先是80年代在拉丁美洲的发展中国家推行；到90年代，其作为市场经济过渡的重要政策组合，在俄罗斯与中东欧国家得到广泛推行。这与当时的国际背景与世界格局的变化有关。[①] 第一，20世纪80年代末90年代初，苏联解体，东欧剧变，整个社会主义阵营几乎瓦解，这为当时国际上占统治地位的新自由主义的推行提供了借口。第二，20世纪90年代，西方国家经济技术得到快速发展，美国等发达国家通过进步的科技，发展信息产业并调整社会生产关系，生产力发展水平有了较大的提高。当时的一些政治家和学者认为这种变化是自由市场经济发展的一个结果，所以主张发展中国家向这些发达国家学习，通过实行自由市场经济，实现经济社会的快速发展。第三，随着发达国家科技和信息技术的迅速发展，国与国之间经济、贸易等的联系和合作大大增强，世界经济一体化进一步扩大。这些都为推行自由的市场经济提供了生存的土壤。

二、实施"华盛顿共识"的体现

20世纪70—90年代，全球很多经济体国家都或早或晚地选择了实施金融自由化的改革政策，形成了一场全球性的影响深远的金融制度改革。

（一）新兴市场经济体国家的金融自由化

20世纪70年代以来，新兴市场经济体国家开始了大规模的金融自由化进程。

拉丁美洲是实施"华盛顿共识"的主要试验基地，许多国家都采用了放松利率管制、取消或减少政府对银行放贷的管制、降低银行的存款准备金要求等措施。

"华盛顿共识"作为市场经济过渡的重要政策组合，在俄罗斯与中东欧国家得到了广泛的推行。俄罗斯、捷克和爱沙尼亚是"休克转轨的典

---

① 参见田春生《"华盛顿共识"及其政策评析》，载《南开经济研究》2004年第5期，第3~8页。

型"。20世纪80年代末90年代初,俄罗斯全盘接受"华盛顿共识",推行"休克疗法"。1991年俄罗斯颁布外贸自由化法令,1992年实行价格自由化,1993年实行利率自由化,随后,俄罗斯对外全面开放资本市场,允许在金融证券市场发行短期债券,在外汇市场方面开始逐步放开汇率管制,实行卢布的可自由兑换。

亚洲国家在70年代以来逐渐开始自由化进程。新加坡、印度尼西亚、马来西亚等东盟国家和韩国等推行一系列的金融自由化政策。

新兴市场经济体国家的金融自由化主要的措施包括利率自由化、取消或削减强制性信贷配给、开放金融市场、增加资本自由流动和国有银行私有化等政策。

1. 利率自由化

利率自由化是金融自由化的首要任务和核心内容,学术研究把利率自由化作为金融自由化的衡量指标。利率自由化是指金融监管当局取消对金融机构设置的利率限制,让利率水平由市场的资金供求关系来决定,充分发挥利率定价在资源配置中的重要作用。阿根廷、智利、乌拉圭等国几乎是一次性地取消了所有的利率管制,实行利率市场化。新加坡、马来西亚都是在70年代放宽利率管制,允许由市场决定存款利率,韩国于1988年12月开始实施大规模的利率自由化。中国从80年代开始也逐步实行了一系列的金融自由化政策,中国利率自由化的历史发展见表2-1。

表2-1 中国利率自由化的历史发展(1980—2012年)

改革事项	时间	事件
银行间同业拆借利率放开	1996年1月1日	建立全国统一银行间同业拆借市场,形成银行间同业拆借利率(China interbank offered rate,CHIBOR)
银行间债券市场利率市场化	1996年	财政部通过交易平台实现利率招标、收益率招标、划款期招标等
	1997年6月	建立全国银行间债券市场,实现国债交易利率市场化
	1998年9月	两家政策银行首次通过中国人民银行债券发行系统市场化发行金融债券
	1999年	财政部在银行间证券市场重新启动国债发行

续表 2-1

改革事项	时间	事件
存贷款利率市场化	1983 年	国务院授予中国人民银行 20% 的利率浮动权
	1999 年 10 月	允许商业银行对保险公司试办长期大额存款协议
	2000 年 9 月	外币存款利率放开
	2003 年 7 月	小额外币存款利率币种减至四种
	2004 年 11 月	1 年期以上小额外币存款利率全部放开
	2012 年 6 月 8 日	允许人民币存款利率上浮至基准利率的 10%
	2012 年 7 月 6 日	人民币贷款利率可下浮至 70%
建立货币市场基准利率体系	2007 年 1 月 4 日	上海银行间同业拆放利率上线

（资料来源：根据公开资料整理。）

2. 取消或削减强制性信贷配给项目

在实行金融自由化前，拉丁美洲国家几乎都通过政府强制性信贷配给进行贷款。实行金融自由化后，阿根廷、委内瑞拉、墨西哥、玻利维亚、巴西和秘鲁都取消了大部分的配给计划，乌拉圭则完全取消贷款配给制度。以阿根廷为例，1976 年，阿根廷政府宣布进行存贷款非集中化改革措施；1977 年 6 月，阿根廷政府颁布了金融法，规定银行可以自由接受存款，所有存款一律缴存中央银行 45% 的存款，同时取消了原有高度集权的资金安排和外汇管制，阿根廷通过强行性信贷配给进行贷款高达当年银行贷款总数的 40%。

3. 金融市场自由化

很多新兴市场国家银行系统对外商投资者开放，并取消对外资银行的种种限制。例如，巴西在 1991 年修改了外商投资的相关法律，允许外商机构占具有投票权的股票的 40%，不具有投票权的股票的 100%，而且对资本的收益免征相关税收，规定外资在国内至少 6 年内不准撤资。东盟主要国家自 20 世纪 80 年代中期开始放宽金融管制，包括放宽外资银行准入条件、取消外汇管制等，以加快国内金融市场对外开放。

4. 资本自由流动

许多新兴市场经济体国家为了方便资本的自由流动，选择了资本账户自由化的金融改革政策。例如，1996年，俄罗斯对外资全面开放资本市场，随后实现了经常账户完全自由化和资本账户较高度自由化。

5. 国有银行私有化

金融自由化政策还体现在对国有企业实行快速私有化。为了使国有银行和开发银行更具竞争力和得到长期有效的发展，一部分拉丁美洲国家先后对银行实行了私有化改革。1990—1995年间，拉丁美洲国家金融服务业私有化活动的收入高达146.8亿美元，占私有化总收入的23%。在金融服务业私有化中，银行私有化是主要组成部分。例如，墨西哥在银行私有化进程中表现尤为突出，从1991年6月到1992年6月，共有18家商业银行转变为私有银行，获取120亿美元收入。

（二）发达国家的金融自由化

从20世纪70年代开始，美国提出了解除利率管制的设想。到了80年代，金融自由化形势在美国和西欧各国愈演愈烈，各国普遍放松对金融的种种管制，如英国、法国、丹麦、加拿大等都采取了一些措施来放松金融监管。90年代初，世界经济发展呈现全球化趋势，很多发达国家进一步放松金融监管，进行制度和监管的改革。

发达国家凭借技术和经济优势，推行以逐步放松或全面放开利率、汇率、资本流动及市场准入等方面的自由化措施，主要举措集中在价格自由化、业务范围自由化和资本自由流动，详见表2-2、表2-3及表2-4。

表2-2 发达国家金融自由化：价格的自由化

国别	时间	改革内容
美国	1975年	改革固定佣金制度，采取新的协定佣金制
美国	1983年	基本实现利率自由化
日本	1978年	实现短期拆借利率和票据利率自由化
日本	1983年	金融调查委员会决定渐进实现利率自由化
日本	1985年	开始实施大额存款（10亿日元）利率自由化
日本	1987年	完全解除利率限制

续表 2-2

国别	时间	改革内容
德国	1962 年	修改信用制度法,缩小了利率限制对象,启动利率市场化改革
	1966 年	取消超过 100 万马克、期限在 3 个月以上的大额存款利率限制
	1967 年	全面放松利率管制
加拿大	1976 年	通过废除利率限制的法案,全面放松利率管制
澳大利亚	1980 年	取消商业银行和储蓄银行的存款利率上限,实行贷款利率自由化
英国	1986 年	取消传统的股票交易所固定佣金比率的规定,启动"金融大爆炸"改革
	1997 年	进行以股票交易改革为核心的"第二次大爆炸"
法国	1965 年	取消了 6 年以上的定期存款、两年以上 25 万以上法郎的存款利率管制
	20 世纪 70 年代末	除对 6 个月内和一年内 50 万法郎以下的定期存款规定利率上限外,其他存款利率管制全部放开
	1985 年	废止对金融机构贷款增加额的控制,对活期存款不计利息,逐步取消外汇管制和对内资银行向非居民发放法郎贷款的限制,取消特殊贷款贴息,允许银行发行自由利率的大额存单

(资料来源:徐义国著《金融自由化:路径及其效应》,中国经济出版社 2008 年版,第 43~44 页。)

表 2-3 发达国家金融自由化:业务范围自由化

国别	时间	改革内容
美国	1982 年	制定《加恩-圣杰曼存款机构法》,准许存款金融机构开办货币市场存款账户及超级可转让支付账户两种类型的存款
	1986 年	分阶段取消 Q 条例对于一切存款机构持有的定期和储蓄存款的利率限制
	1998 年	出台《1998 年金融服务业法案》,使花旗银行与旅行者集团、美国国民银行与美洲银行、西北银行公司与富国银行公司、德意志银行与信孚银行的合并合法化

续表2-3

国别	时间	改革内容
日本	1981年	颁布新银行法，明确商业银行可以经营国债、地方政府债券、政府保付债券的买卖，证券公司则向银行的信用违约互换（credit default swap，CDS）业务渗透
	1997年	通过全面进行金融体制改革的法案
澳大利亚	1980年	放松对金融机构经营业务范围的限制，对商业银行与储蓄银行不再区别对待，并允许银行自由从事证券经营
英国	1979年	逐渐消除商业银行和清算银行的差别
	1986年	通过《1986年金融服务法》（Financial Services Act of 1986），宣布银行可以直接进入证券交易所进行交易
法国	1984年	1984年颁布的新银行法规定不再实行分业管理制度，投资银行和商业银行可以混合经营
加拿大	1987年	放松对金融机构的业务范围限制，证券公司均由各大商业银行掌控，部分商业银行开始设立分支机构经营某些保险业务

（资料来源：徐义国著《金融自由化：路径及其效应》，中国经济出版社2008年版，第45页。）

表2-4 发达国家金融自由化：资本流动的自由化

国别	时间	改革内容
美国	1973年	取消资本流入限制
	1981年	允许欧洲货币在美国境内通过国际银行设施（International Banking Facility，IBF）进行交易
日本	1980年	取消外汇管制
	1984年	外汇不能完全自由兑换成日元的限制被取消
澳大利亚	1980年	在6年内取消外汇交易和外汇汇率的管制，将外汇经营权扩大至40多家非银行金融机构
英国	1979年	取消外汇管制
	1986年	外国银行、证券公司、保险公司也被允许申请成为伦敦证券交易所的会员，外国公司可以全额收购交易所会员公司
法国	1984年	取消向非居民课征的债券利息预付税
	1985年	取消不得发行欧洲法郎债券的限制
	1986年	废除全部外汇管制措施

续表 2-4

国别	时间	改革内容
德国	1985 年	取消对以欧洲马克为单位的欧洲债券的发行规模和发行时间的限制，使外资银行获得牵头经营此类发行业务的权利
	1986 年	外资银行被允许自由运用各种金融工具
瑞典	20 世纪 70 年代	逐渐取消对资本流动的限制
	1980 年	允许外国居民购买瑞典股票
	1988 年	允许瑞典人购买外国股票并发行以瑞典克朗标价的国际债券
	1989 年	允许外国人购买以瑞典克朗标价的生息资产
加拿大	1990 年	根据北美自由贸易区协议，承诺取消对外国公司尤其是金融领域的外国企业在所有权、资产增长和市场份额方面的限制

（资料来源：徐义国著《金融自由化：路径及其效应》，中国经济出版社 2008 年版，第 45～46 页。）

（三）实施"华盛顿共识"的结果

1. 积极意义

"华盛顿共识"的某些意见和建议在特定的阶段有其合理性，对刺激一国的经济发展有一定作用。如采用稳定财政政策和财政紧缩政策以降低通货膨胀率，完全放开对国际资本流动的限制以吸引外国资本充实本国资本市场，这些措施使新兴市场国家，如拉丁美洲国家、俄罗斯等在改革初期宏观经济形势曾一度好转，恶性通货膨胀得到控制，经济增长显著。

由于发达国家金融体系发达，金融自由化改革在发达国家取得了显著的成效，主要体现在：解除了对金融业的束缚，进一步发挥市场机制的作用，提倡公平竞争，增加金融资产的流动性，调整和优化金融结构，提高资源配置的效率，使得金融业获得了长足的进步，从而推动了经济的增长。

2. 消极影响

"华盛顿共识"主张的金融自由化虽然在促进经济增长方面取得了一些成就，但是我们也要看到，过度的金融自由化一定会催生和加剧不良资产的膨胀和资源配置紊乱等不良的后果，进而增加发生金融危机的可能性。实施改革的这些国家,无论是新兴经济体国家还是发达国家,都出现了不同程度的通货膨胀和金融体系的不稳定。

"华盛顿共识"的激进转型造成中东欧国家的灾难性衰退,国有资产大量流失。中东欧国家20世纪90年代大规模的衰退以及宏观经济的动荡,使人们看到这种"嫁接"所造成的不良后果。俄罗斯全盘接受"华盛顿共识",推行"休克疗法",却在90年代陷入困境,导致严重的通货膨胀和其他经济指标的恶化:GDP下降50%,失业率急剧升高,人均寿命大幅下降,工业发展潜力丧失等。转型还伴随着一些国家的分裂、解体乃至战争,如前南斯拉夫、捷克斯洛伐克。

价格自由化并没有带来预期的供给增加,却引起产量大幅度下降。许多国家的GDP降幅达两位数,恶性通货膨胀使稳定化无从落脚。拉丁美洲在90年代,即其改革的十年,经济增长仅为60—70年代的一半。

金融自由化理论提倡放开对金融监管的限制以促进经济发展。但由于缺乏对银行机构的有效监管及风险控制能力低,拉丁美洲和东亚两个重要的新兴市场地区在金融自由化改革后的90年代爆发了货币危机和金融危机。2007年美国爆发次贷危机,随后引发全球金融危机。金融危机的代价是高昂的,不仅使金融机构陷入破产的境地,加重财政负担,还降低了货币政策的效率,促使债务紧缩,最终严重损害了经济增长。

三、"华盛顿共识"的教训

经济学家斯蒂格利茨对"华盛顿共识"提出了尖锐的批评,他认为,"华盛顿共识"既不提政府的作用,也不提促进竞争、提高人力资本和技术进步的作用。① "华盛顿共识"鼓吹和过分强调私有化、自由化、市场化,否定国家干预在经济和社会发展进程中的重要性和必要性。"华盛顿共识"的政策建议通常都"一刀切"地假定政府是一无是处的。按照新自由主义原则进行国内改革和结构调整的发展中国家和经济转轨国家没有出现"华盛顿共识"所预期的经济繁荣和发展,反而面临经济衰退、金融危机、收入下降、贫富差距扩大等问题。终究其因,主要是在金融自由化进程中缺乏对政府角色的正确认知,从而导致政府的制度功能在经济和金融自由化进程中基本没能发挥出来,金融市场发育不全,金融法制欠缺,

---

① 参见约瑟夫·E. 斯蒂格利茨《全球化及其不满》,夏业良译,机械工业出版2004年版。

金融秩序混乱，金融市场竞争机制也常被隔断。我们从"华盛顿共识"中吸取教训，得到如下认识。①

（1）现代市场体系，尤其是现代金融体系是市场充分竞争、法制监管有序、社会信用健全的体系。"华盛顿共识"侧重市场的基本功能，即市场要素体系和市场组织体系的竞争与提升，却忽略了市场的基本秩序，即市场法制体系和市场监管体系的健全，以及市场环境基础（包括社会信用体系和市场基础设施）的发展与完善。因此，"华盛顿共识"的市场经济是自由市场经济，而非系统完备、功能健全的现代市场经济，其金融体系亦非现代金融体系。事实上，要使金融自由化推动金融发展从而提高经济增长，必须有一整套有效的法律规范、市场规则和市场基础设施，以此来支持和保障金融体系稳健运作。

（2）对于现代市场体系，尤其是金融市场体系，各国政府应遵守其规则，维护其秩序，参与其管理。"华盛顿共识"只承认政府有提供与保障社会公共产品的职责，而完全忽视了政府还有调节、监督和管理产业资源和促进企业竞争的功能。"华盛顿共识"中的"放松政府管制""快速私有化""金融自由化"，实质上是一种"无政府主义"。由于金融市场存在市场缺失和市场不完全的情形（missing & incomplete markets），因此需要政府调控和管制。面对现代市场体系，"华盛顿共识"的表现落后且极为贫乏，已不适应现代金融体系发展的客观要求。

（3）要实现经济或金融的增长，除了要完善现代市场体系和现代金融体系外，最重要的是加强政府能力建设，包括制度环境建设和发展模式转换，而这些在"华盛顿共识"中是空缺的。政府能力建设既包括遵循市场经济（包括金融发展）规则，又包括驾驭市场经济发展，对其进行调节、监督和管理。其中，制度环境建设既包括健全市场体系（包括金融体系）的立法、执法、司法和法制教育等，又包括按照市场经济和现代金融体系要求，构建市场和金融的监管主体、监管内容和监管方式，对金融机构、业务、政策法规的执行等进行监管。发展模式转换指从亚当·斯密所说的市场"看不见的手"，或者从凯恩斯所提倡的"政府干预"，转换到现代市场经济体系（包括现代金融体系）上来，即将现代市场体系建设与政府的调节、监督、管理结合起来，而不是仅仅强调市场机制的作用而忽视政

---

① 参见陈云贤《国家金融学（第2版）》，北京大学出版社2021年版，第98~99页。

府在市场机制中的作用，或过分强调政府干预而忽视市场机制的作用。

总的来说，这种以"危机导向""补丁升级"和"休克疗法"为特征的经济学理论是不值得提倡的。各国应重视对现代金融体系六个子体系的建设，使其发挥应有的重要作用。

第二节 中等收入陷阱及其表现

"华盛顿共识"旨在为陷入债务危机的拉丁美洲国家提供经济改革方案和对策，并为东欧国家转轨提供政治经济理论依据。"华盛顿共识"虽然在短期内能够带来投资效应、就业效应和发展效应，但长期来看却将导致经济波动、通货膨胀、金融风险，社会不稳，最终使一国陷入经济困境。遵循"华盛顿共识"推进经济尤其金融改革的拉丁美洲国家成为陷入"中等收入陷阱"（middle income trap）的典型代表。

一、中等收入陷阱的定义

2006年，世界银行发布的《东亚经济发展报告（2006）》首次提出了"中等收入陷阱"的概念。2007年，世界银行主题报告《东亚复兴关于经济增长的观点》对"中等收入陷阱"做了更具体的解释："中等收入陷阱"是指经济体进入中等收入阶段以后，由于自身成本优势逐渐消失、科技竞争能力尚未形成，原有的经济增长模式无法支撑经济进一步发展，矛盾难以克服，导致经济发展徘徊不前，甚至陷入停滞的困境。[1] 陷入"中等收入陷阱"的国家具备以下主要特征：经济增长回落或停滞、民主乱象、贫富分化、腐败多发、过度城市化、社会公共服务短缺、就业困难、社会动荡、信仰缺失、金融体系脆弱。[2]

---

[1] 根据采用最为广泛的世界银行的定义，按2011年购买力平价计算，中等收入经济体的人均国民总收入约为10000～12000美元。

[2] 根据2010年人民论坛问卷调查中心邀请的专家和网民总结出的落入"中等收入陷阱"的国家的10个特征。

二、中等收入陷阱的表现及原因

（一）中等收入陷阱的表现

历史经验表明，许多经济体从低收入水平顺利进入中等收入行列以后，往往会出现经济发展速度放缓、发展动力不足的现象，由此引起的贫富悬殊、环境恶化、社会动荡、政府腐败等问题，成为这些国家走向高收入行列可能遭遇的发展陷阱。从地理位置看，中等收入经济体主要分布在四个地区，即南美洲与加勒比地区（简称拉丁美洲）、欧洲与中亚地区、东亚与太平洋地区、中东与北非地区。

拉丁美洲国家是"中等收入陷阱"的典型代表。1962年，阿根廷人均国内生产总值达到1145美元，进入中等收入水平行列，在90年代末上升到了8000美元，但2002年又下降到2000多美元，直到2011年才实现跨越，人均国内生产总值回升到12786美元，但2018又降为11652.6美元（如图2-1所示）。阿根廷在1963—2008年的45年间，人均国内生产总值年均增长率仅为1.4%，其中，有16年为负增长。可见，阿根廷现实经济增长率起伏大。巴西在1975年达到中等收入水平，人均GDP是1144美元，接下来40年一直在此水平徘徊，2011年人均GDP达到13167美元，2017年人均GDP又回到9821美元。拉丁美洲许多国家都与阿根廷和巴西类似，经过数十年的努力，人均国内生产总值起起落落，几经反复，但一直没能跨过人均国内生产总值20000美元的发达国家门槛。

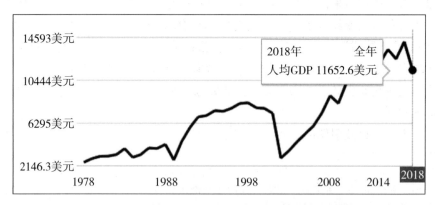

图2-1　阿根廷1978—2018年人均国内生产总值

（资料来源：世界银行。）

阿根廷宏观经济长期不稳定，金融市场混乱，汇率大起大落，通货膨胀居高不下，财政逆差司空见惯，供给侧问题成堆，政府宏观管理法律手段、经济手段软弱，重大政策和决策左右摇摆，造成了"头痛医头，脚痛医脚"、经济失调、社会失衡的普遍现象。阿根廷的科技引擎能力弱，从研发费用支出占 GDP 的比重来看，2012 年为 0.579%，在世界各国中排名 40 位以后；从研发人才来看，2006 年阿根廷每千人中研发人员只有 1.1 人；从劳动力素质来看，2007 年阿根廷劳动力中具有大学以上文化程度的比重为 29.5%，优势不明显。阿根廷贫富分化严重，社会矛盾突出。从基尼系数上看，阿根廷在 20 世纪 80 年代中期基尼系数为 0.45 左右，到 90 年代末接近 0.50，2007 年达到 0.51。从 10% 最高收入阶层和 10% 最低收入阶层的收入比来看，阿根廷为 40.9%。分配不公不仅体现在财产性收入中，而且也体现在工资档次上。再加上城市基础设施和公共服务设施建设滞后，治安恶化，社会矛盾突出。①

（二）落入中等收入陷阱的原因

基于现实经验与案例，学术界对落入"中等收入陷阱"的原因进行了深层次的探讨，归纳起来主要原因有以下三个方面。

第一，经济、政治体制滞后，即国家的社会体制滞后于经济增长方式。一个国家的发展，社会、政治制度与经济以及生产力的发展需求要相适应，它们之间是相互促进、相互制约的关系。当经济增长方式已经改变而与之相适应的社会体制未能建立时，就会产生一系列的经济、社会问题，引发严重后果，不能适应经济社会进一步发展的要求，②所以必须建立和完善与国家经济增长方式相适应的社会体制。田国强、陈旭东认为，"中等收入陷阱"的内在本质是制度转型困境，特别是这些国家没能处理好政府与市场、政府与社会的关系，国家治理体系和治理能力出了问题，从而使得政府失效、市场失灵、社会失范同时存在，影响了经济社会的可持续发展。③

第二，科技引擎能力弱。"决定一个国家发展水平的关键性因素不是

---

① 参见陈云贤《国家金融学（第 2 版）》，北京大学出版社 2021 年版，第 97 页。
② 参见钱运春《西欧跨越中等收入陷阱：理论分析与历史经验》，载《世界经济研究》2012 第 8 期，第 82～84 页。
③ 参见田国强、陈旭东《中国如何跨越"中等收入陷阱"——基于制度转型和国家治理的视角》，载《学术月刊》2015 年第 5 期，第 18～27 页。

人均收入，而是生产能力特别是科技创新能力。"① 亚洲发展银行认为，中等收入经济体进入"中等收入陷阱"的根本原因，是这些国家的产业竞争力和技术创新能力在前期"后发优势"明显的时候没有得到及时提升，未能实现向高附加值的制造业和生产性服务业转型，从而既失去了与低收入经济体在出口制造业方面的竞争优势，同时又不能在高科技领域与富裕的高收入经济体竞争。② 由于各种原因，处在中等收入阶段的国家科技创新能力低，因此难以通过创新保持劳动生产率的持续增长，不可避免地出现资本边际报酬递减导致的生产率增长放缓和经济停滞现象。发展中国家在发展初期通常会大力发展劳动密集型产业，并引进国外的成熟技术，而往往忽视对本国的技术开发与创新，成为技术追随者，最终因为丧失核心竞争力而落入"中等收入陷阱"。

第三，经济发展方式问题。随着经济的发展，处于中等收入阶段的国家往往难以发现驱动经济发展的新增长点，无法实现产业结构的升级，最终落入"中等收入陷阱"。吴敬琏详细分析了一国经济发展模式中的"锁定"机制是如何使之落入"中等收入陷阱"的。他论证了在中等收入阶段继续用高投入拉动经济增长的后果，就是高资本投入使得资本在初次分配中的比例越来越大，加剧收入分配的两极分化，同时也会引发消费不足，为了保证经济增长速度，只能进一步提高投资，陷入恶性循环，即落入"中等收入陷阱"。③ 曾铮通过考察日本、韩国、新加坡、中国台湾的经济发展转型的成功经验，发现这些经济体都积极推进产业结构升级战略，通过自主创新和人才积累以及提高科技水平，促进产业结构从资源密集型向知识、技术密集型转变。④

在当前全球经济一体化发展阶段，大多数发展中国家也到了经济转轨、社会转型的阶段或探索跨越"中等收入陷阱"的关键时期。中国作为发展中的大国，同样面临跨越"中等收入陷阱"的问题，了解"中等收入陷阱"的背景与原因，借鉴中等收入国家行列迈进高收入国家成败的经

---

① 张宇：《从马克思主义的观点看"中等收入陷阱"》，载《光明日报》2015年5月6日，第15版。
② 参见陶双桅《"中等收入陷阱"文献综述》，载《管理学刊》2015年第5期，第31~36页。
③ 参见吴敬琏《中国增长模式的抉择》，上海远东出版社2008年版，第93~190页。
④ 参见曾铮《亚洲国家和地区经济发展方式转变研究——基于"中等收入陷阱"视角的分析》，载《经济学家》2011年第6期，第48~54页。

验教训，对中国迈向高收入国家行列具有重要的参考价值。

第三节 严守不发生系统性金融风险

金融自由化在一定时间内能提高金融体系的效率，促进经济的发展，但同时也会给实行金融自由化的国家带来严重而频繁的金融市场动荡和货币危机。自20世纪80年代以来，金融危机在实施金融自由化的国家频繁爆发，各国面临金融危机冲击的频率越来越高。据统计，1990—2008年间有77个国家发生过系统性危机。影响较大的如拉丁美洲债务危机、亚洲金融危机、2008年国际金融危机等。2008年爆发的国际金融危机是自1933年大萧条以来持续时间最长、波及范围最广、衰退程度最严重的一次全球性金融和经济系统性危机。金融危机引发经济倒退甚至政治危机和社会危机，使防范系统性金融风险再次引发全球的关注。

2017年4月，在全国金融工作会议上，习近平总书记明确指出："维护金融安全，是关系中国经济发展全局的一件带有战略性、根本性的大事。"党的十八大以来，习近平总书记反复强调要把防控金融风险放到更加重要的位置，牢牢守住不发生系统性风险底线，采取一系列措施加强金融监管，防范和化解金融风险，维护金融安全和稳定。①

一、系统性金融风险的定义与特点

（一）系统性金融风险的定义

对系统性金融风险（financial systemic risk）的定义，目前理论界尚未形成统一的界定，学者们从不同的侧重点做了不同的解释。Benoit等基于对过去35年间220篇系统性金融风险相关文献观点的总结，提出系统性金融风险的狭义定义，即当多个市场参与者同时被严重损失影响时整个金融系统中扩散的风险。② 此定义强调了系统性金融风险的传染性。陶玲和

---

① 参见《习近平谈维护金融安全》，央视网，2017年12月20日，http://news.cctv.com/2017/12/20/ARTIuzM0k71nAQ0aTGYAilMR171220.shtml。

② 参见S. Benoit et al., "Where the Risks Lie: A Survey on Systemic Risk," *Review of Finance*, no. 21 (2017), pp. 109～152。

朱迎关注系统性金融风险所涉及的金融范围，将系统性金融风险定义为金融体系发生广泛危机的风险。[①] Minsky 和 Billio 等从对金融市场功能的影响角度，认为系统性金融风险将引发金融市场信息中断，扰乱市场运行秩序，导致金融调节功能丧失。[②] 金融稳定理事会（Financial Stability Board, FSB）、国际清算银行（Bank of International Settlement, BIS）、IMF 在 2009 年共同发布的《系统重要性金融机构、市场和工具评估指引：初步考虑》中指出，系统性金融风险是由金融体系整体或局部受到破坏导致金融服务中断以至于无法正常服务于实体经济，给经济带来潜在负面影响的风险。该定义强调了系统性金融风险的破坏力。

以上对系统性金融风险的定义主要集中在系统性金融风险的原因、结果这两方面，结果又包含风险波及的范围和破坏程度。虽然学者们对系统性金融风险的定义有一定的差异，但都达成以下共识：一是系统性金融风险由一个经济冲击波及众多金融机构或金融市场，由局部危机通过金融机构、市场的关联性传染到更大的范围；二是系统性金融风险危害大，系统性金融风险可能引发金融危机，使整个金融系统崩溃，并对实体经济造成巨大的损失。

（二）系统性金融风险的特点

系统性金融风险具有隐秘性、负外部性、传染性和危害性几个主要特征。

1. 隐蔽性

由于金融机构经营活动的不完全透明性，系统性金融风险在爆发前不容易被识别、预测。风险的隐蔽性与货币供应在边际上的松与紧相关，如果货币政策持续宽松，只要在一定时期内支付链不断，风险就不会马上爆发，只有风险积累到一定程度导致支付链断裂，由此才引发金融危机。以 2007 年美国次贷危机为例，危机爆发前，一些重要大型金融机构，比如雷曼兄弟，看似都保持着稳健运行，没有危机征兆，但事实上这些重要机

[①] 参见陶玲、朱迎《系统性金融风险的监测和度量——基于中国金融体系的研究》，载《金融研究》2016 年第 6 期，第 18～36 页。

[②] 参见 H. P. Minsky, "Financial Factors in the Economics of Capitalism," *Journal of Financial Services Research* 9 (1995), pp. 197～208; M. Billio et al., "Econometric Measures of Connectedness and Systemic Risk in the Finance and Insurance Sectors," *Journal of Financial Economics* 3 (2012), pp. 535～559。

构及美国金融体系积累了巨大风险。

2. 负外部性

外部性是系统性金融风险最基本的特征，系统性金融风险具有极强的"负外部性"以及对整个实体经济的巨大溢出效应。负外部性使金融机构受到的负面冲击被强加于金融机构不直接相关的其他部分或经济部门，使得一个国家的金融市场的震荡快速地蔓延至全球其他国家和地区。负外部性还包括援助失败的金融机构的直接财政支出以及经济衰退引起的间接支出，由系统性金融风险引起的金融机构破产的成本远远小于由此引发的整个社会系统被破坏的成本。

3. 传染性

系统性金融风险具有传染性且传染速度快。由于国际金融一体化，资金流动快，金融机构之间的业务往来，包括银行间的市场、金融机构与企业、支付清算系统、证券结算系统等组成了一个金融活动的关联集合，整个金融体系相互交错形成复杂的网络。单一金融机构的违约或倒闭事件通过流动性、资产价格等因素影响，就会快速传染到其他金融机构或金融市场，进而从一个金融市场蔓延扩散到其他金融市场，致使金融体系内的经济损失不断扩大，对金融体系及经济造成负面冲击。2007年7月，美国次贷危机爆发，短短几个月时间就从美国局部金融市场扩散到主流商业银行领域、从美国本土向全球各地蔓延，演变成全球金融危机。

4. 危害性

系统性金融风险具有严重的危害性。随着金融市场的迅速发展，与实体经济市场相互渗透、相互依赖，一旦金融风险形成并通过业务链条迅速传导，就可能会在整个经济、金融体系中引发"多米诺骨牌"效应，并加剧整个金融体系的信息不对称程度，致使整个金融系统崩溃，进而导致实体经济严重受损和经济效率下降，危及国家经济安全和社会稳定，而且危机波及的范围及破坏性远超出一国的金融范围和经济领域。20世纪80年代的拉丁美洲债务危机不仅使债务国经济发展速度大大下降，而且使这些国家整整停滞了十年，直至90年代才逐渐走出危机的阴影。2008年全球金融危机使世界经济衰退，全球GDP年化率在2008年第四季度降低了6%，世界贸易量减少了25%；全球经济增长率从2007年的5.4%下降到2009年的-0.7%。

二、系统性金融风险的成因

系统性金融风险破坏性强、范围广,负面影响深远,而且发生的频率越来越高,因此,防范系统性金融风险尤为重要,而弄清系统性金融风险产生的原因是理解和防范系统性金融风险的第一步。系统性金融风险作为现实世界的一种状态,其形成和发展也是一个不断演变的复杂过程,不同国家不同时期的制度不同、环境不同,系统性金融风险的生成机制也存在异质性。系统性金融风险产生的原因很复杂,有内在的原因,也有外部原因。一般认为,系统性金融风险产生的原因主要有以下几点。

(一) 金融的顺周期性

经济运行具有周期性,系统性金融风险的集聚与经济周期密切相关。从经济周期的角度来看,经济主体行为有顺周期性和逆周期性。顺周期性是指在经济周期中金融变量围绕某一趋势值波动的倾向,顺周期性增强就是意味着波动的幅度增大。逆周期性是指与经济波动成负反馈关系的经济变量可以降低经济波动的程度。经济系统的周期性波动与金融之间存在正向反馈机制,在商业银行的信贷行为、风险管理和市场投资情绪、居民消费行为等方面具有顺周期性。商业银行的信贷行为与经济周期保持高度同步:当经济运行处于上升阶段时,银行信贷扩张,金融扩张加快,往往过度发展,甚至形成金融脱落实体经济的局面;当经济处于下滑或衰退阶段时,银行系统倾向于紧缩信贷,从而抑制投资和消费,不良贷款激增,经济萧条加剧。同时,银行在风险管理和金融监管约束的影响下容易出现杠杆顺周期行为:在经济上升时,由于各项经济指标发展趋势向好,监管者会放宽对银行信贷供给的约束;而在经济下行时期,由于实体经济各项指标趋于恶化,银行所面临的资本监管也会相应收紧。此外,市场情绪与经济的周期性波动之间存在明显的顺周期性,投资者具有风险厌恶的特征:当经济运行处于好转时,投资者对未来收入的预期相对更为乐观,投资倾向和风险偏好也有所改变,致使大量资金流入金融市场并引发资产价格泡沫化;反之,当经济形势出现下滑或衰退的迹象时,会引发投资者对市场悲观预期,致使大量资金撤出资本市场,从而导致市场流动性出现暂时性的短缺甚至枯竭。人的消费行为也具有很强的顺周期性:当经济出现繁荣景象时,即期和预期收入增加,会引发消费扩张,推动通货膨胀和经济过热；当经济下行时，居民消费需求减少、消费规模缩小，经济衰退加速。如果金融体系存在大量的正向反馈，就会显著放大系统对外部冲击的反应，一些系统性风险因素可能被掩盖，加剧金融系统的不稳定性。

（二）金融自由化

从20世纪70年代开始，发达国家和发展中国家兴起的大规模金融自由化改革推动了金融全球化的迅速发展，由此也引发了全球金融体系的不稳定，金融危机频繁发生。1982年墨西哥因无力偿还到期外债本息而引发拉丁美洲债务危机，1990—1993年北欧国家爆发银行危机，1997年亚洲爆发金融危机，2001年阿根廷爆发金融危机，2007年美国次贷危机引起全球经济危机。据统计，1970—2007年，全球共发生112次系统性银行危机，涉及93个国家。爆发金融危机的大多数国家都实行了金融自由化，而实行利率自由化是金融自由化的核心内容。以美国为例，2007年次贷危机发生前一直实行低利率制度。美国联邦储备银行联邦基金利率从2001年1月的6.5%持续下降到2003年6月的1%，超过四十年的最低水平，2006年开始缓慢上升到5.25%。按揭利率随着联邦基金利率的调整而变化，当联邦基金利率上升时，按揭利率也上升，导致次贷借款人无力支付更高的重置利率，从而引发地产泡沫紧缩和对抵押贷款支持债券实际价值的广泛担忧。房贷违约风险经由次级贷款渠道传导至投资银行机构和各商业银行的特殊目的机构。当个别银行机构发生流动性短缺问题，而银行难以对付暂时的流动性短缺时，这种流动性危机会逐渐扩散到其他银行机构，从而出现整个经济中的银行惊慌，进而引发资产抛售潮和挤兑潮，流动性冲击迅速扩散至同业拆借与回购市场、银行市场、证券市场等多个领域，最终演变为席卷多个金融市场的大危机。可见，金融自由化会破坏信贷循环，破坏金融生态环境，引发社会信用恶化、市场秩序混乱、信息不对称和道德风险等一系列问题，从而增加系统性金融风险。

（三）资产价格波动

资产价格的波动是系统性金融危机发生的重要原因。自20世纪70年代以来，国际金融日益一体化。金融市场一体化增强了国际资本的流动性，资本流动性的增强容易导致虚拟经济大于实体经济的发展。由于资本流动机性增加，大量的社会投资涌入金融市场，加剧资产价格的过度波动，即资产价格的波动幅度超过了基本经济变量（价格、利率、产量等）

的波动幅度，从而造成资源配置扭曲，市场风险加大，国际金融体系不稳定性增加。资产价格波动对系统性金融风险的传导可能通过金融机构资产负债渠道、信贷渠道和流动性渠道等，也可能通过财富效应影响消费需求，通过托宾Q效应影响投资需求，进而导致宏观经济波动，扩大系统性金融风险。①

（四）金融衍生品

金融衍生品产生于20世纪70年代，是在原生金融产品（如商品、股票、债券、利率、外汇等即期交易产品）基础上派生出来的金融产品，主要包括期货、期权、掉期和互换等。金融衍生品具有流动性和高杠杆性等特征。20世纪80年代以来，金融衍生品创新不断，发展迅猛，各种产品层出不穷。金融衍生品是一把双刃剑，当金融创新远超实体经济的需求时，金融"脱实向虚"，金融衍生产品不但起不到对冲风险的作用，反而影响整个金融体系的稳定，增加系统性金融风险发生的可能性。自90年代以来，全球发生的金融危机中有一半起源于与衍生品交易密切相关的风险事件，金融衍生品成了扩散和放大系统性金融风险的重要助推器。2008年全球金融危机就是由美国次级房屋信贷违约和房地产资产泡沫破灭引发的，与以非传统抵押贷款为基础的证券化产品衍生出来的金融衍生品过度使用有密切关系。在此次危机中，信用违约掉期起了重要推动作用。

（五）金融监管缺陷

金融监管缺陷主要包括微观审慎监管偏差和宏观审慎监管缺位。20世纪初的"大萧条"及20世纪90年代以来爆发的国际金融危机，无一不印证了在缺乏有效监管的情况下，系统性金融风险爆发的概率大大增加。2007年美国次贷危机反映了其微观审慎监管系统存在巨大漏洞。当时的美国政府并没有制定针对资产证券化市场的法律法规，也没有针对金融机构发放贷款的统一标准，且未建立具备相关监管职能的部门，使得金融机构向大量无偿还能力或信用等级低的购房者发放贷款的不审慎经营行为处于无监管状态，对金融衍生品、影子银行的监管也几乎空白。金融的顺周期性作用于微观个体并叠加形成巨大泡沫，使得银行不可能有足够的资本

---

① 参见陶玲、朱迎《系统性金融风险的监测和度量——基于中国金融体系的研究》，载《金融研究》2016年第6期，第18～36页。

来吸收大规模的资产损失,导致危机爆发,最终形成全球性金融危机。在本次金融危机中,各国监管体系和机制的不完善同样暴露无遗,尤其在风险管理和控制方面,未能主动适应金融的不断创新和发展,有着很多重大的缺陷。在危机之前,各国的金融监管集中在金融机构和金融市场的安全和稳健上,严重缺乏对行业整体系统性风险的关注和重视。此外,还缺少监管相关的法律法规,出现监管空缺等现象。金融危机在全球的传播凸显了金融监管国际协调的重要性和必要性。危机爆发后,主要经济体都对金融监管机制进行了重大改革,加强了宏观审慎监管的功能,强调宏观审慎监管与微观审慎监管有机结合以及金融监管的国际协调。

(六)"大而不倒"原则的影响

"大而不倒"(too big to fall)原则是指一些金融机构因其规模与关联性,在金融系统中扮演着重要角色,政府认为如果危机发生时任其倒闭,风险就会传导至整个系统进而引发系统性金融风险。2007年美国次贷危机发生以前,"大而不倒"原则一直是各国金融监管机构帮助本国系统重要性金融机构涅槃不死的"法宝"。次贷危机爆发后,世界各国政府依照"大而不倒"的原则开始规模巨大的救助行动,资金和精力的投入随着危机加深而不断增长,最终从金融安全网内的机构辐射到整个金融领域。

事实上,"大而不倒"确实帮助了众多有问题的系统重要性金融机构成功渡过了困境。但这无疑使各国政府陷入了进退两难的困境。一方面,放弃救助系统重要性金融机构会产生"多米诺骨牌"效应,使得系统内金融机构连锁倒闭,风险快速传导至整个金融系统。另一方面,"大而不倒"原则极易引发道德风险,弱化金融市场的优胜劣汰机制和自我纠正机制,市场的约束作用受到扭曲。长此以往,这些系统重要性金融机构将会无所畏惧,甚至绑架政府,反而危及金融市场的稳定和国民经济的发展。系统重要性金融机构不仅有极高的市场关联度,其组织结构也是十分复杂,凭政府的单方面援助难以解决根本问题。"大而不倒"原则已经难以适应当前的社会,终结金融机构"大而不倒"的原则,是各国政府从金融危机中得出的最重要的经验教训。

三、系统性金融风险的防范与治理

系统性金融风险积累到一定程度,一旦有突发事件触发,就可能引致系统性金融危机。在金融全球化的环境下，一国金融危机的爆发极有可能迅速演化为国际金融危机，给世界经济造成强烈的冲击，甚至引起政治危机、社会危机。因此，防范处置系统性金融风险的重大意义不言而喻。系统性金融风险的防范处置已成为全球广受关注的问题，其不仅需要各国对系统性金融风险进行精准的测度和评估，搭建可行的风险识别与预警指标体系，还要提升危机的处置能力，加强事前、事中、事后的金融监管及国际监管协同合作。

（一）系统性金融风险的测度方法

学者们对系统性金融风险的监测和度量方法进行了大量探索。纵览国内外相关的研究成果，目前学术界和业界对系统性金融风险进行测量，从不同的角度有不同的方法。从度量对象的角度来说，有以下三方面：一是以机构为核心，即从单一金融机构分析个体的风险情况，然后加总推算整个金融系统的风险；二是以市场为核心，即以市场为单位分析系统性金融风险的产生和传导；三是以系统为核心，即从系统整体上使用模型直接对系统性金融风险进行测量。① 从度量方法来说，有压力测试模型、网络模型、条件在险价值法（conditional value-at-risk，CoVaR）和联合风险模型（Co-risk）等。概括来说，系统性金融风险的测度主要归纳为三类方法：指标法、模型法和网络分析法，其中，模型法又分为结构模型法和简约模型法。下面对这几种分类方法作简要探讨。②

1. 指标法

指标法是指利用单一指标或者多指标来测度和评估系统性金融风险。国际货币基金组织（IMF）2006年提出的金融稳健指标（financial stability indicators，FSIs），包含核心（core set）和鼓励（encouraged set）两个指标集，共计39项指标，包括资产回报率、监管资本与风险加权资产比例、资本与资产比例等。2011年11月，巴塞尔银行监管委员会发布的《全球系统重要性银行：评估方法及附加资本吸收能力要求》把衡量"全球系统性重要机构"指标法从原来的三类扩展到五类，包括资产规模、关联性、

---

① 参见孙晓云《系统性风险管理和国际金融监管体系改革》，格致出版社、上海人民出版社2014年联合出版，第101页。
② 参见刘锡良、董青马等《防范系统性和区域性金融风险研究——基于金融适度分权的视角》，中国金融出版社2018年版，第206～211页。

可替代性、全球活动以及复杂性。每一类标准都赋予相等的权重,最终五类标准得分的平均值即为该金融机构的综合分数,通过这五类综合指标来识别和评价银行等金融机构的系统性风险及其系统重要程度,进而确定全球系统重要性银行。具有代表性的指标测量法还有金融压力指数①、金融稳定状况指数②等。

指标法的优点在于相对简单,数据容易获得,缺点是未能真正、全面衡量出所有系统性金融风险的问题,风险指标选取、指标权重设置和阈值设定上具有一定的主观性。实证分析发现,指标体系中有些指标对测量结果反应并不明显,单一指标往往不能涵盖整体风险,资本充足率指标在美国次贷危机中的表现足以说明这一点。③

2. 模型法

(1) 结构模型法。结构模型法是指基于严格的理论假设和微观基础建立相应的结构模型对潜在系统性金融风险进行测度的方法。该方法通常利用资产负债表和市场价格等相关信息,运用联合违约概率或组合信用风险等指标来对系统性金融风险进行测度和评估。具代表性的主要有危机联合概率模型(joint probability of distress,JPoD)、系统性或有权益分析方法(systemic contingent claims analysis,SCCA)等。其中,系统性或有权益分析方法将整个金融系统看作单个金融机构或有权益的组合,具有"关注风险而不是回报"和"风险传导过程清晰"等优点,但也有模型的稳健性欠缺等局限性。④

(2) 简约模型法。简约模型法指基于金融市场公开数据建立简式模型来测度和评估金融机构系统性金融风险的方法,主要有边际期望损失法

---

① 参见 M. Illing and Y. Liu, "An Index of Financial Stress for Canada," *Bank of Canada Working Paper*, no. 2003-14, June, 2003; W. Nelson and R. Perli, "Selected Indicators of Financial Stability," *Irving Fisher Committee's Bulletin on Central Bank Statistics* 23 (2005), pp. 92~105; Jerry Caprio and Daniela Klingebiel, "Eopisdes of Systemic and Border-line Financial Crises," in "Managing the Real and Fiscal Effects of Banking Crises," eds. Daniela Klingebiel and Luc Laeven, *World Bank Discussion Paper*, no. 428, 2002。

② 参见 Jan Willem van den End and Mostafa Tabbae, "Measuring Financial Stability: Applying the MfRisk Model to the Netherlands," *De Nederlandsche Bank Working Paper*, no. 30, 2005, pp. 2~18。

③ 参见巴曙松、王凤娇、孔颜《系统性金融风险的测度方法比较》,载《湖北经济学研究》2011 年第 1 期,第 32~39 页。

④ 参见巴曙松《服务实体促进转型是金融改革方向》,载《中国经济导报》2013 年 3 月 2 日。

（marginal expected shortfall，MES）、条件在险价值法（CoVaR）和联合风险模型（Co-risk）等。边际期望损失法（MES）描述的是在市场总体收益率大幅下滑的极端情境下单一金融机构的期望收益水平，度量该金融机构对整体系统性金融风险的边际贡献。[①] 条件在险价值法通过计算某一金融机构陷入财务困境和运转正常两种情况下整个金融系统的 CoVaR 差值，测量单一金融机构的系统性金融风险溢出效应，相较于传统的 VaR 方法更注重对尾部风险的控制。[②]

简约模型法的优点有：市场数据容易获得且具有时效性，方法具有较强的操作性、实用性和前瞻性，[③] 但却忽略了金融风险的整体网络关联性，在识别风险时存在一定的偏差。[④]

3. 网络分析法

网络分析法是基于金融机构间资产与负债的风险敞口等数据运用网络模型来测度和评估系统性金融风险的研究方法。在金融一体化进程中，全球金融市场呈现出显著的网络关联性。金融风险的整体网络关联性受到越来越多学者的关注。代表性的理论研究有 Allen 和 Gale[⑤]、Freixas 等[⑥]、Martinez-Jaramillo 等[⑦]和杨子晖、周颖刚[⑧]的研究。网络分析法可以避免因市场数据质量不高、时间短、样本少导致的一系列问题，可以帮助监管机

[①] 参见 T. Adrian and H. S. Shin, "The Changing Nature of Financial Intermediation and Financial Crisis of 2007—2009," *Annual Review of Economics*, no. 2 (2010), pp. 603~618。

[②] 参见 T. Adrian and M. K. Brunnermeier, "Co-VaR," *American Economic Review* 7 (2016), pp. 1705~1741。

[③] 参见 X. Huang, H. Zhou, and H. Zhu, "A Framework for Assessing the Systemic Risk of Major Financial Institutions," *Journal of Banking & Finance* 33 (2009), pp. 2036~2049；D. Duffie et al., "Frailty Correlated Default," *The Journal of Finance* 64, no. 5 (2009), pp. 2089~2123。

[④] 参见 C. Brownless and R. F. Engle, "SRISK: A Conditional Capital Shortfall Measure of Systemic Risk," *The Review of Financial Studies* 1 (2017), pp. 48~79。

[⑤] F. Allen and D. M. Gale, "Financial Contagion," *Journal of Political Economy* 1 (2000), pp. 1~33。

[⑥] X. Freixas, B. Parigi, and J. Rochet, "Systemic Risk, Interbank Relations and Liquidity Provision by the Central Bank," *Journal of Money, Credit and Banking* 32, no. 3 (2000), pp. 611~638。

[⑦] S. Martinez-Jaramillo et al., "An Empirical Study of the Mexican Banking System's Network and Its Implications for Systemic Risk," *Journal of Economic Dynamics and Control* 40 (2014), pp. 242~265。

[⑧] 杨子晖、周颖刚：《全球系统性金融风险溢出与外部冲击》，载《中国社会科学》2018年第12期，第69~90页、第200~201页。

构更好地监控金融机构与市场的相互关联性,不足之处是缺乏对数据在时间维度上变化的考察。

系统性金融风险的不同测量方法各有优点与缺点。要建立一个全面、准确、及时、具有前瞻性的系统性金融风险监测系统,既需要监管机构根据政策需要和客观经济社会条件,对这些理论模型进行灵活变通和利用,也需要高质量的数据披露等外部条件的支持。

(二) 防范系统性金融风险

1. 维护金融稳定

金融稳定是指金融系统能够对实体经济产生重要影响,推动实体经济稳定增长的状态。当金融系统处于稳定状态时,一个国家或地区的宏观经济运行是稳定的,政策制定者制定的经济政策是有效的,金融市场环境能够得到改善,金融机构、金融市场以及金融工具等能够充分发挥作用以实现资源的有效配置,最为关键的是,当金融体系受到来自外部的冲击时能够继续稳定运行。① 从前面的分析可知,受到宏观经济或微观经济冲击是系统性金融危机的爆发的原因之一。比如引起经济与金融周期性衰退的事件、资产价格突然大幅度变动、货币政策或财政政策的变更等等,都可能会产生系统性的影响。1997—1998 年的亚洲金融危机就是国家货币剧烈动荡和贬值引起的。因此,维护金融稳定是确保一国金融安全的重要基础。英国金融服务机构执行董事 Foot 认为,稳定的金融系统应该具有以下几点特征:①币值稳定;②失业率处于正常水平;③经济中主要金融机构和市场正常运转;④市场参与者信心坚定,币值稳定,就业水平不会受经济中实物资产或金融资产相对价格变化的影响而偏离均衡水平。② 欧洲央行前行长 Trichet 曾指出,金融系统的稳定性取决于三个因素,一是参与者所能获得的信息的质量和数量;二是危机的防范和解决框架是否完备;三是市场的完善程度。要维护金融稳定,就要建立及完善现代金融体系框架,健全和完善市场主体的适格性、市场交易和秩序的稳健性、金融监管和金融效率的协调性等,使金融体系的六大子体系都能平稳运行并发挥作用,推动经济稳定、健康发展。

---

① 中国人民银行 2005 年发布的《中国稳定金融报告》。
② 参见 M. Foot, "WHAT IS 'Finacial Stability' and How Do We Get It?" *The Roy Bridge Memorial Lecture*, 2003。

2. 建立系统性金融风险的预警系统

防患于未然是金融危机最基本、最重要的措施，预防和控制是成本最低、最简便的方法。应对系统性金融风险，主题是防范，关键是主动。政府和监管当局应构建合理的金融风险防范制度，设立专门的部门，负责关键性支付结算体系以及系统重要性金融机构的监管，把主动防范化解系统性金融风险放在更加重要的位置，做到科学防范、早识别、早预警、早发现、早处置，着力防范化解重点领域风险，着力完善金融安全防线和风险应急处置机制。[①] 因此，搭建可行的风险识别与预警系统，对系统性金融风险进行实时监测和及时处置，是防范金融风险的重要措施之一。我们可利用现有系统性金融风险的度量方法，结合有效的数据，及时、准确地判断风险的触发因素及其传染渠道，并基于此搭建起适用于目标金融市场的风险预警系统。

3. 实施有效的监管

系统性金融风险是宏观的，全面性的。应对系统性金融风险的根本措施是有效结合宏观审慎监管和微观审慎监管，完善金融监管协调机制，实施有效监管。

（1）宏观审慎监管与微观审慎监管有效结合。宏观审慎监管是从金融整体角度运用宏观审慎工具来防范系统性金融风险的。根据 IMF 的定义，宏观审慎监管专门为减少时间或横截面维度的系统性金融风险或明确针对系统性金融风险的工具。宏观审慎监管强调整个金融体系的系统性安全，通过制定全面的金融稳定性政策，控制金融体系危机及其对国民经济所造成的损失。微观审慎监管强调的是维护单一金融机构的稳健经营所要遵循的原则和方法，其目标是防范个别机构失败的风险，以保护消费者。宏观审慎监管与微观审慎监管之间是一种互补的关系，可体现在监管目标、风险模型等方面（见表 2-5）。在监管目标上，宏观审慎监管是防范系统性金融风险，减少及避免金融危机带来的经济损失；微观审慎监管是控制或避免单个金融机构危机的发生，保护投资者及储蓄者的利益。在监管对象上，宏观审慎监管集中关注金融体系的整体稳定性和金融体系内重要性金融机构，关注金融机构关联性失败的风险；微观审慎监管关注具体金融机

---

① 习近平 2017 年 7 月 14 日在全国金融工作会议上的重要讲话。（2017 年 8 月《中国金融家》，第 18～19 页）

构风险的暴露情况,而不关注金融体系的整体稳定性。从监管的度量标准上,宏观审慎监管以整个金融体系的风险为单位,自上而下实行;而微观审慎监管度量标准以适用于有代表性的个别机构的统一的偿债水平为单位,自下而上实行。宏观审慎监管认为系统性金融风险是由单个金融机构行为积累及通过金融体系与实体经济间的相互所扩大引起的,即内生的;微观审慎监管不考虑集体行动对个别机构的反馈效应,即外生的。可见,宏观审慎监管和微观审慎监管是金融监管的不同层面,根本目标都是防范金融风险,维护金融机构、金融市场的稳定。要达到有效的监管,就要把两者有机结合起来实现互补性。

表2-5 宏观审慎监管和微观审慎监管的区别

项目	宏观审慎监管	微观审慎监管
直接目标	限制系统性金融危机的发生	限制个别金融机构危机的发生
最终目标	避免产出损失	保护投资者/储蓄者
风险模型	(一定程度上)内生	外生
资产相关性和银行间相互持有头寸	重要	不重要
审慎监管的度量标准	以整个体系的风险为单位,自上而下实行	以个别机构的风险为单位,自下而上实行

(资料来源:转引自范小云《繁荣的背后——金融系统性风险的本质、测度与管理》,中国金融出版社2006年版,第61页。)

欧盟是依靠宏观审慎监管与微观审慎监管相结合的手段来防范与处置金融风险的经济体代表之一。欧盟金融监管体系(European system of financial supervisors, ESFS)分为宏观审慎监管与微观审慎监管两部分(如图2-2所示)。2011年年初成立的欧洲系统性风险委员会(European Systemic Risk Board, ESRB)负责宏观审慎监管,下设欧洲中央银行(European Central Bank, ECB)、欧盟各成员中央银行、欧盟监管局(European Supervisory Authorities, ESAs)和欧盟委员会(European Commission, EC)。微观审慎监管由欧盟监管局负责,其下设欧盟证券和市场管理局(European Securities and Markets Authority, ESMA)、欧盟银行业监管局(European Banking Authority, EBA)及欧盟保险和职业养老金管理局

(European Insurance and Occupational Pensions Authority, EIOPA)。

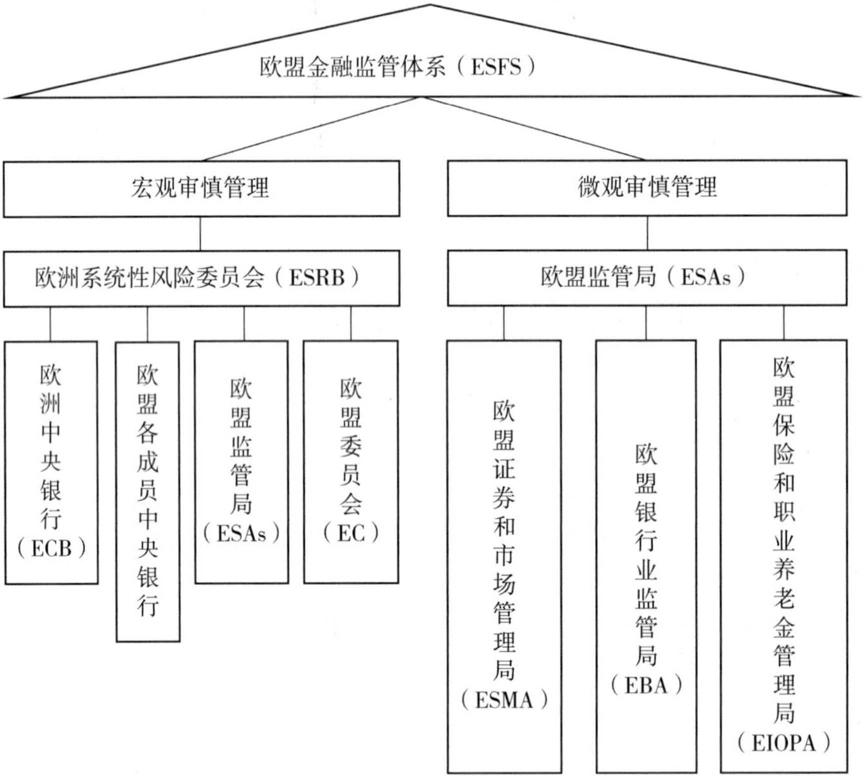

```
                    欧盟金融监管体系（ESFS）
                    ／              ＼
            宏观审慎管理              微观审慎管理
                │                        │
        欧洲系统性风险委员会（ESRB）      欧盟监管局（ESAs）
         │    │    │    │              │      │      │
        欧洲  欧盟  欧盟  欧盟          欧盟    欧盟    欧盟保险和
        中央  各成  监管  委员          证券和  银行业  职业养老金
        银行  员中  局    会            市场    监管局  管理局
        (ECB) 央银 (ESAs)(EC)          管理局  (EBA)   (EIOPA)
              行                        (ESMA)
```

图2-2　欧盟金融监管体系

（2）金融监管协调。在金融业趋于综合经营和混业经营的大趋势下，随着金融不断发展，银行业务范围不断扩大，非银行金融机构等不断增多，金融创新层出不穷，特别是互联网金融创新迭出，市场发展的新动向对金融监管提出了新的监管理念，即开放的、包容的、协调的监管理念。

金融监管协调指多个金融监管主体为了实现对多层次、多领域和多国别金融的整体有效监管，在监管过程中相互配合、相互协调，所表现出的组织形式和关系。金融监管协调作为金融监管体系的重要组成部分，在填补金融监管漏洞、降低监管成本、提高监管效率等方面有着重要作用。

在加强国内金融监管协调的同时，还要加强金融监管国际协调。随着金融市场日趋复杂化和全球化，国际金融体系变得更易动荡，危机频发。一方面，一国的金融危机很容易向全球蔓延，这不仅需要各国做好自身金融监管，也要建立国际的监管协同合作。另一方面，任何一国的监管机构都无法对金融机构所面临的危机进行全面的监管，因此需要各国之间协调与合作。

在监管协调的过程中，金融机构要善于借助监管科技，丰富监管手段，提高监管效率，从而维护金融系统的稳定，防范和化解系统性金融风险。

◆思考讨论题◆

1. 华盛顿共识的内容及其局限性有哪些？我们应该如何吸取华盛顿共识的教训？
2. 简述金融自由化的利弊。
3. "中等收入陷阱"提出的背景是什么？其主要表现有哪些？
4. 什么是系统性金融风险？其主要特点是什么？
5. 为什么要严守不发生系统性金融风险的底线？如何防范系统性金融风险？
6. 简述宏观审慎监管与微观审慎监管的联系与区别。

第三章 "金融压抑"地方不活
——金融发展路径之二分析

"金融压抑"作为一种金融管制方式,是很多国家,尤其是发展中国家金融发展路径的一种选择。实施金融压抑政策的国家,多数处于计划经济时期或改革开放初级阶段。从短期来看,金融压抑政策有助于政府控制金融体系的资金流动和风险,有助于政府的金融监管。现实中,在某些国家的某些阶段,金融压抑能在经济发展和经济稳定方面起到一定的积极作用。但从长期来看,金融压抑严重扭曲了金融市场的价格信号,使之无法准确地反映金融体系中的稀缺资源,降低了国内金融资源的流动性、金融系统的效率,从而影响金融增长和经济的长远发展。可见,实施金融压抑政策是一种缺乏远见的行为。

第一节 地方经济发展需要金融支撑

一、地方金融的定义

目前,学术界对地方金融还没有一个统一的定义,学者从不同角度对地方金融进行了阐述。从经营地域的角度来看,地方金融是指在一定的行政区域内为地方经济服务的金融组织形态,包括国有金融机构服务地方经济工作的职能与业务。[①] 从机构组成的角度来看,地方金融机构是指那些由地方政府及部门或行业协会批准设立或批准从事相关金融活动,并受其

---

① 参见张吉光《地方金融并购重组路径分析》,载《当代金融家》2007年第1期,第107～113页。

管理的机构。地方金融机构具有产权主体的地方性、控制权施行的地方性、经营活动地方性以及相对简单的治理结构的特点。

中国正式的地方金融机构主要为"7+4"类地方金融机构。在第五次全国金融工作会议之后,中央首次明确地方金融监管机构的7类主要负责监管对象和4类重点强化监管对象。其中,7类主要负责监管对象是指地方资产管理公司、小额贷款公司、融资租赁公司、融资担保公司、典当行、商业保理公司、区域性股权市场等机构,4类重点强化监管对象是指农民专业合作社、投资公司、地方各类交易所、社会众筹机构等机构。

二、地方金融与地方经济发展

金融发展与经济增长存在相互影响、相互促进的关系。当前,不管是产业转型升级还是地方经济竞争,世界大多数地区都在为经济发展寻求金融支撑,由此推动地方金融的发展,而地方金融发展又进一步促进了地方经济的发展。[①]

(一)地方金融发展促进地方经济的发展

地方金融对地方经济发展作出重要贡献,主要表现为以下几方面。

第一,地方金融发展对服务地方经济的作用越来越大。例如广东地区生产总值连续30年居全国首位就得益于广东省的金融发展。2018年,广东金融业增加值为7297亿元,占全省GDP的7.5%;新增上市公司18家,境内IPO融资额460亿元;实现保费收入4664亿元。在金融业高速增长的强有力支撑下,广东经济快速增长,2018年广东实现地区生产总值9.73万亿元,按可比价格计算,比2017年增长6.8%。截至2019年4月末,广东省新增贷款投向实体经济占比较2018年同期提升26.2个百分点,民营企业贷款占企业贷款总量50%以上。[②]

第二,地方金融发展在国家(地区)整体金融系统中占比越来越大。以中国为例,2019年,中国的区域性股份制商业银行、城市商业银行、农商银行及其他金融机构等地方金融,在中国银行业金融资产中占比达到了61%左右。

[①] 参见陈云贤《国家金融学(第2版)》,北京大学出版社2021年版,第105~106页。
[②] 参见陈颖、唐柳雯、张艳《广东:金融发力支持实体经济向好》,载《南方日报》2019年6月5日,http://www.gov.cn/xinwen/2019-06/05/content_5397497.htm。

第三，地方金融发展为创业和民生保障提供了多样化、差异化服务。比如中国各地民营银行推出的小额信用贷款、小企业银团贷款、小企业融资租赁等业务，有效地帮助了个人创业和小微企业融资。

当前，地方金融发展表现出以下特点：成长性好、发展速度快、市场化程度高。以中国为例，中国地方金融机构的增长速度普遍比全国性大型银行快，这些金融机构往往更贴近市场，机制灵活，竞争意识强。地方金融蓬勃发展，更好地发挥"金融加速器效应"。

（二）地方经济发展推动地方金融发展

地方金融的蓬勃发展植根于现实的需求，得到地方经济发展的推动，主要体现在以下几方面。

第一，民资倾向于投资金融领域。世界各地大量民间资本越来越倾向于投资金融领域，例如设立地方民营银行、小额贷款公司、融资担保公司、典当行、资金互助社、货币经纪公司等。

第二，实体企业寻求金融配置。实体经济的增长为金融市场交易的活跃提供了坚实的土壤，实体企业在寻求金融配置。世界各国的实体企业通过各类与实业经济密切相关的金融机构设立财务公司、融资租赁公司、汽车金融公司等，以促进资金有效配置，提升企业经营水平。例如，2019年1—4月，广东制造业单位贷款余额同比增长7.6%，比2018年同期提高了5.1个百分点；广东吸收实际外资同比增长16.9%。

第三，地方经济发展需要金融支撑。金融机构和金融市场能有效地促进资源在经济社会中的分配，提高资源的配置效率，促进地方经济可持续发展。各种地方性金融机构，如城市商业银行、小微保险公司、信托投资公司、信用评级机构、产业投资基金、股权投资基金等，通过疏通、引导资金流动，在促进地方经济发展中发挥着重要作用。例如，截至2019年第一季度，广东辖区内已组成150余个银团贷款，支持大湾区"一桥双港三铁四高速"等重大互联互通项目超700个，授信金额超8700亿元。

第四，新的经济发展模式创造新的金融业态。互联网、大数据、云计算等技术的应用创造出了很多新的经济模式，这些新模式与金融结合，不断催生出新的金融业态，比如互联网P2P借贷平台、持牌运营中心、第三方支付机构、网络支付及理财等。这些新的金融业态从不同方面推动着地方经济发展。

可见，地方金融发展的动力源自地方经济的发展，如果地方金融发展受到太多管制，也会抑制地方经济的发展。反之，如果地方政府缺乏相应的金融职能和金融手段，对地方金融服务无法有效供给或供给不足，则不能满足实体经济多层次的发展需求，特别是在小微金融、民生金融等方面。因此，国家政府及金融相关部门必须从实际出发、贴近市场，了解地方经济差异化的发展实际和满足不同层次的金融需求，促进金融体系功能的有效发挥，才能使地方经济与地方金融互相促进、良性发展。①

三、金融发展是地方经济发展之路径

实施金融压抑政策的发展中国家，大多处于计划经济时代或改革开放的初级阶段。在当前全球经济一体化趋势下，大多数发展中国家进入了经济转轨、社会转型的重要阶段，显然，金融压抑已不合时宜。为了推动经济发展，很多发展中国家选择通过发展金融的路径促进区域产业转型升级。下面将以中国广东省佛山市2010年前后探索产业转型升级的案例，分析如何运用金融举措促产业转型升级。②

2009年，佛山市面积3800平方千米，常住人口599.68万人，2009年GDP将近5000亿元，居中国大中城市第11位，人均GDP超1.1万美元，产业发展进入工业化后期和后工业化初期，在呈现工业化转型、城市化加速、国际化提升的新形势下，佛山市如何加快转变经济发展方向显得十分迫切。结合实际，深入调研，先行先试，佛山运用金融手段，促进产业转型升级，探索了以下五种路径。

第一，实施"双转移"和"腾笼换鸟"。佛山市政府积极实施"双转移"（即产业转移和劳动力转移）战略，运用银行贷款、政府贴息、金融担保等政策措施推行"三个一批"政策，实现"腾龙换鸟"，引领产业加快转型升级。

"三个一批"政策

一是关转一批。政府加快淘汰落后产能，关停、整治了污染大、

---

① 参见陈云贤《国家金融学（第2版）》，北京大学出版社2021年版，第106页。
② 参见陈云贤《国家金融学（第2版）》，北京大学出版社2021版，第101～105页。以陈云贤博士在广东省佛山市当市长、书记的经历为例。

能耗高的陶瓷、水泥、漂染、小铝型材熔铸、玻璃等行业累计1200多家企业，其中直接关停高能耗、高污染企业649家。同时，政府引导劳动密集型企业向后发地区转移，佛山市约有460个项目转移到广东省一些山区市的产业园区，既为佛山市产业转型升级腾出了发展空间，又为转入地的经济发展注入了动力。

二是提升一批。政府促进信息化与工业化相融合，服务业与制造业相配套，推动传统产业向重型化、创新化、高端化转型。以陶瓷产业为例，2007年全市有400多家生产企业，经过3年的改造提升，保留的50家企业全部实现清洁生产和生产工艺再造，从生产基地发展为多功能基地，包括总部和会展、研发、物流及信息中心等。在这3年间，佛山市陶瓷产量减少40%，但产值、税收却增长了33%，能耗下降25%，二氧化硫排放量减少20%。

三是培植一批。政府通过招商选资，主攻光电、新材料和现代服务业，培育了新医药、环保、电动汽车产业，促进了新能源（太阳能光伏）、新光源（液晶显示器）等一批新兴产业的迅速成型。这些举措有效降低了传统产业的比重，佛山市也成为国家新型工业化产业示范基地和国家级电子信息（光电显示）产业示范基地。同时，借助"三旧"（旧城镇、旧厂房、旧村居）改造，佛山市发展新城市、新产业、新社区，既提高了土地利用效率，又促进了产业转型、城市转型和环境再造。

第二，引进大项目，促进产业升级。佛山市政府在推进产业转型、城市升级的过程中注重招商引资，采用政策措施推动金融投资（如私募股权投资、风险投资等），重点瞄准战略性新兴产业、先进制造业、现代服务业的龙头项目，通过投资、引进国际水平的大项目，迅速培育新的产业集群，抢占产业发展战略制高点。如通过引进奇美平板显示模组项目，吸引芯片、面板、模具、塑料等上游配套厂商以及下游的电视整机厂商前来投资，形成液晶平板显示器完整产业链，带动佛山市家电产业升级；通过引进彩虹有机液晶显示屏项目，带动第三代显示产业发展；通过引进一汽大众项目，带动整个汽车配件制造业向产业集群和完整产业链条发展。

这一时期，佛山市通过引进世界500强企业47家、投资项目87个，国内500强企业99家、投资项目167个，形成了一批在国内同行业中具备龙头地位的骨干企业,这些企业在技术、标准和品牌上均有引领示范作用,有效提升了佛山市的产业结构和水平。

第三,推动科技进步、自主创新。这一时期,佛山市有工商登记注册企业34.7万多家,其中工业企业超过10万家,但亿元产值以上企业只有2200多家,亿元产值以下的中小企业占了99%以上。鉴于产业结构的这种状况,佛山市政府大力推动金融、科技产业融合发展,不断创新,制定了夯实基础、创造品牌、注册专利、制定标准、输出品牌的激励政策,鼓励和支持企业自主打造行业标准、国家标准乃至国际标准,形成自己的核心技术,以自身的品牌、专利、标准为依托,委托其他企业为佛山企业做贴牌生产。

这一时期,佛山市每年拿出10亿元资金,通过直接奖励的方式引导企业加强科技投入、自主创新,2008年,这一举措带动企业投资超过220亿元,同比增长47%;2009年,在国际金融危机影响下,仍然带动企业投资超过308亿元,同比增长39%。通过这些政策,佛山市政府推动科技进步、自主创新,引领产业转型、城市升级,成为"创新型国家十强市""中国品牌经济城市"和"中国品牌之都"。2010年前后,佛山市成为广东省地级市中唯一一个拥有国家驰名商标和著名品牌示范城市,累计专利申请量达到13万件,专利授权量8.6万件,均居中国地级市第一,拥有中国驰名商标42件、中国名牌产品65个,居中国大中城市第四位。

第四,运用金融政策建设产业高地。佛山市借助资本力量和金融政策手段,促进企业与资本市场有效结合,做大做强。对内,佛山市实施了金融发展三项计划:一是通过推动企业上市的"463"计划①,使佛山的上市企业从2007年持续增加,并形成了一个由102家企业组成的上市梯队。同时支持企业并购也促进了产业转型升级。二是通过培育股权投资基金、中小企业担保基金、人才基金等,推动实业与金融有效对接。这一时期,佛山市共有各类基金15只,股权投资基金规模约12亿元,其中地方政府投入引导资金为1.26亿元,带动民间资本约11亿元,加快了企业在中小板、创业板的上市步伐,彼时准备申报的企业有45家,辅导改制或拟改制的企业有30多家。三是通过金融创新,如发展村镇银行、小额贷款公司等,为产业转型、升级发展提供金融支撑。

---

① "463"计划指从2008年开始,4年内至少推动佛山100家企业实施股份制改造或正式启动上市程序,其中60家企业在境内外成功上市,融资总额力争达到300亿元。

对外，佛山市政府利用联合国工业发展组织把佛山市确定为中国唯一的产业集群与资本市场有效运作示范城市的契机，积极引入外资银行进驻位于佛山市的广东金融高新技术服务区。仅2009年10月开始实施《〈内地与香港关于建立更紧密经贸关系的安排〉补充协议六》[①]，就有4家港资银行进驻佛山市，有力地促进了资本市场与企业转型升级相结合，促进民营企业建立现代企业制度，推动民营企业实现转型发展并形成新的活力。

第五，推动"四化融合，智慧佛山"建设。佛山市紧跟全球信息技术革命和智慧城市的浪潮，采用金融奖励、金融贴息、金融担保、金融投资、金融服务等方式，以"四化融合，智慧佛山"作为引领佛山未来发展、贯穿"十二五"时期转变经济发展方式的战略突破口。

一是促进信息化与工业化相融合，大力培育与信息化相关的光电显示、射频识别技术，以及物联网、工业设计、服务外包等新兴产业，改造、升级传统产业。例如，转型之初，顺德区龙江镇有1700家家具企业，产值超亿元的企业仅几家，其中维尚集团采用三维技术，提供个性化定制，改变了传统家具企业"以货待购"的销售模式，变买方市场为卖方市场，仅两三年时间销售规模就超过3亿元。又如，美的集团用物联网技术将家用电器改造提升为智能家电，取代传统家电，引领了家电产业的新革命。

二是促进信息化与城镇化相融合，积极探索推进电信网、电视网、互联网"三网"融合，发展智能交通、智能治安、智能城管、智能教育、智能医疗、智能文化、智能商务、智能政务等智能服务体系，形成"智慧佛山"，使城市实现从管理到服务、从治理到运营、从局部应用到一体化服务的三大跨越，成为宜居、宜商、宜发展的"智慧家园"。

三是促进信息化与国家化融合。在微观层面，政府引导企业以物联网、互联网和射频识别等信息技术为依托，建立国家化的研发、生产、销售和服务体系，提高开拓国际市场的能力。如依托物联网，把佛山打造成

---

① 《〈内地与香港关于建立更紧密经贸关系的安排〉补充协议六》于2009年5月9日签署，并于当年10月1日正式启动，旨在进一步提高中国内地与香港的经贸交流与合作水平。根据协议，中国内地在法律、建筑、医疗、研究和开发、房地产、人员提供与安排、印刷、会展、公用事业、电信、视听、分销、银行、证券、旅游、文娱、海运、航空运输、铁路运输、个体工商户20个领域进一步放宽市场准入条件，其中很多具体措施在广东省"先试先行"。

为陶瓷、家电国际采购中心。在宏观层面，提高建设跨部门、跨行业、跨地区的"电子口岸"大通关信息平台，提供电子支付、物流配送、电子报关、电子报检等"一站式"通关服务，为企业进入国际市场铺就"高速公路"。

2010年上半年，佛山市GDP达2651亿元，增速13.8%，且先进制造业、高科技新兴产业和现代服务业的比重不断提高，逐渐具备现代产业体系的优良结构，形成向先进城市发展的趋势。佛山市的实证证明，政府有效运用金融手段，以金融发展促进地方经济发展的方式，能够有力地促进区域经济的科学、可持续发展。

第二节 "金融压抑"遏制经济发展

第一章我们分析了金融压抑的概念及其产生的根源，这一节，我们将结合发展中国家实施金融压抑政策的具体内容，进一步探讨其对一国经济发展的影响。

一、金融压抑的表现

（一）金融压抑的手段

在经济落后的国家，由于金融市场和金融体系不完善，政府集资能力普遍较差，金融业远未成熟，不能有效地为经济发展服务，为了获得资金、实现经济发展，政府和金融当局往往对金融活动实行严格的金融管制，使得市场经济机制无法得到充分运行，资源配置不合理，外部融资的功效大打折扣，造成中小企业无法得到金融市场的支持，金融效率低下，处于被抑制的状态，从而影响经济的发展。

金融压抑的手段主要包括以下几个方面。

1. 利率管制

对金融市场上资金的价格——利率的管制是一种最根本的金融抑制工具。发展中国家普遍存在资金稀缺且十分分散的问题，很多发展中国家为了降低公共部门的融资成本，扶持国有经济的发展，通过对存款利率和贷款利率设置上限来压低利率水平。一方面，较低的存款利率使货币持有者的实际收益往往很低甚至为负数,导致国内储蓄减少;而另一方面,较低的贷款利率又刺激了旺盛的投资需求,导致资金需求严重超过资金的供给数量。这样,金融体系中的重要的价格信号"利率"被严重地扭曲了,不能正确反映资金供求市场的信息和资金短缺的现象,导致资金需求远大于供给,资源配置效率低下,金融资产的实际规模也就无从得到发展。

2. 信贷配给

在有限的资金约束下,为解决市场资金供求的失衡,发展中国家金融当局不得不采用"信贷配给"的政策,即由国家作为资源配置的主体对资金按照国家总体的发展进行分配,引导资金流向政府偏好的部门和产业。信贷配给政策的实施导致一些经营好的企业或一些高收益的投资项目无法获得贷款,而获得优惠利率信贷的企业往往不能偿还贷款。贷款不讲经济效益、资金配置不合理和使用效率低下严重抑制一国的金融发展和经济增长。信贷配给是利率管制的必然结果,其反过来又进一步加剧政府对金融的管制,形成恶性循环。

3. 汇率管制

发展中国家为了节约进口机器设备的成本,往往人为高估本币汇率,并且实行严格的汇率管制,使汇率严重偏离均衡的汇率水平。过高的本币汇率导致出口减少,进口需求增加,使本国经济的发展进一步依赖外援与进口,国家陷入更严重的外汇短缺境地。于是,发展中国家不得不实行全面的外汇管制。

4. 对金融机构实施控制

在发展中国家,政府为了便于控制整个经济中资金的筹集和流动方向,会严格管制金融机构的设立、经营范围和经营活动等。现代金融机构不足,商业竞争难以充分展开,金融机构和金融市场的融资功能受阻。政府会干预直接融资和间接融资在国际金融体系中所占的比重,有意识地限制直接融资市场的发展,限制民间私营金融机构的发展,形成金融业的高度垄断。政府还对金融工具进行严格的限制,致使金融工具基本没有创新。这些措施带来的直接后果是金融机构成本高昂、效率低下,金融机构的种类单一、专业化程度低。

(二)发展中国家金融压抑的主要表现

在20世纪80年代之前,几乎所有执行赶超战略的国家都实施了金融压抑政策。① 拉丁美洲国家是比较早实施金融压抑政策的国家,于20世纪60年代开始。20世纪80年代,中国也采用了较强的金融压抑政策。我们以拉丁美洲国家和中国为例,结合前面分析的金融压抑政策的手段,探讨发展中国家实施金融压抑的主要表现。

1. 对利率进行刚性管制

利率限制的一般形式是对商业银行存款和贷款利率规定最高上限。自1949年新中国成立以来,中国的利率基本上属于管制利率类型。国家统一规定银行对企业及个人的存、贷款利率,并根据货币政策变化,频频予以调整,其目的是控制利率的相对价格。在计划经济时代,中国对利率是完全管制,利率基本上处于负数状态。如1991年消费品价格指数为8.3%,高出当时一年定期储蓄存款利率0.74个百分点。1992—1994年的消费品价格指数超过两位数,负利率的情况更加严重。② 对利率的管制使利率不能正确地反映资金价格,扭曲了资金配置,给经济、金融秩序的良性运行造成混乱。

2. 高存款准备金率要求

中央银行可以通过调整对金融机构的存款准备金要求影响金融机构的信贷扩张能力,从而间接调控货币供应量,这是一国政府实施货币政策的主要工具之一。存款准备金率要求金融机构需将存款的一定比率以无息方式存入中央银行,以备客户取款需求。这样做的后果是商业贷款市场上被吸收走了潜在的可贷资金,影响了信贷规模。存款准备金率越高,商业银行可提供放款及创造信用的能力就越低,导致社会信贷规模骤减,阻碍金融中介化,货币长期处于严格的控制中。

在20世纪70年代,拉丁美洲国家普遍提高存款准备金率。从表3-1中可以看出,相对于美国、联邦德国和英国,拉丁美洲国家存款准备金比较高,平均高于30%。墨西哥存款准备金率在1975年高达79.2%。然而这一数据还是大大低估了发展中国家商业银行被迫向各种公共机构发放低息贷款的程度。③

---

① 参见王曙光《进入自由化与经济发展》,北京大学出版社2003年版,第58页。
② 参见王士强《论我国金融压抑与金融深化》,载《南开经济研究》1994年第2期,第17~23页。
③ 参见罗纳德·I.麦金农《经济自由化的顺序:向市场经济过渡中的金融控制》,李若谷、吴红卫译,陈雨露校,中国金融出版社2006年版,第41、51页。

表 3-1　1971—1980 年部分国家银行存款的有效准备金率

单位:%

国家	1971年	1972年	1973年	1974年	1975年	1976年	1977年	1978年	1979年	1980年
美国	7.8	6.7	6.6	6.6	6.7	5.3	5.2	5.4	5.2	4.6
联邦德国	10.3	12.5	12.3	11.8	10.2	10.8	10.2	10.5	10.5	8.7
英国	5.3	6.1	9.6	7.2	6.9	8.4	6.6	5.4	5.4	2.8
智利	52.0	57.1	55.8	37.2	35.9	60.7	54.3	41.3	33.1	28.2
乌拉圭	32.5	30.9	34.9	33.2	35.9	34.5	37.2	29.5	15.3	11.9
墨西哥	20.7	47.8	50.6	65.8	79.2	31.2	52.5	50.0	50.5	51.4
哥伦比亚	33.1	30.4	32.3	29.7	29.3	31.5	31.5	48.6	52.2	45.2
巴西	34.4	28.3	30.2	20.4	28.4	32.7	34.7	32.5	36.2	33.4

（资料来源：[美] 罗纳德·I. 麦金农著《经济自由化的顺序：向市场经济过渡中的金融控制》，李若谷、吴红卫译，陈雨露校，中国金融出版社 2006 年版，第 52 页。）

3. 实施资金配给

由于经营机制缺乏市场属性，很大程度上依赖政府的管制行为，而利率管制必然导致过量的资金需求，国家只能对有限的资金实施配给，这就导致了寻租现象的出现。寻租行为的大量存在，与政府或银行关系更近的企业更容易得到资金，造成了在资金配置上的政策性歧视。利率和汇率的严格管制使经济市场中的价格信号被扭曲，不能准确地反映金融体系中稀缺资源的供求状况，导致资源配置无效、市场竞争不公平。中国目前企业的融资情况中，中小企业融资难，中央企业或垄断企业融资过剩与投资不经济，信贷资源紧张产生的腐败与风险问题日益突出等，正是金融压抑的表现。

二、金融压抑的影响

金融压抑的影响可以从短期和长期效果两方面来评价。从短期效果来看，金融压抑有助于发展中国家实现发展战略目标，实施国家货币政策和进行宏观调控，有助于政府控制金融体系的资金流动和风险，有利于政府对金融进行监管。实行金融压抑的国家曾经出现暂时的经济增长，但从长期效果来看，金融压抑政策削弱了市场机制的作用，使社会生产所需的资金得不到有效满足，扭曲了金融体系结构，降低了整个金融体系的效率，导致金融业与整体经济的运行处于恶性循环中，从而影响了金融增长，难以达到长远的经济发展目标。① 金融压抑政策给经济带来了一系列的负效应和危害。

(一) 金融压抑产生的负效应

(1) 负收入效应。一般来说，公众和企业所持有的实际货币余额越多，储蓄和投资就越多，而储蓄和投资的增加又会带来生产的增长和收入的提高。在金融压抑状况下，因为存款利率被人为压低，加之人们为了逃避通货膨胀，就会减少以货币形式保有的储蓄，从而导致进入金融体系的社会资金减少，投资减少，进而使国民收入的增长受到影响。同时，这又会反过来制约储蓄和投资的增长，形成恶性循环，最终导致收入增长缓慢。

(2) 负储蓄效应。金融压抑使国民收入水平降低，加之经济落后国家市场分割和经济货币化程度低、金融工具单一、规模有限，资产的选择余地就很小。在通货膨胀率很高的情况下，当存款低利率甚至负利率政策无法弥补物价上涨造成的损失时，储蓄就变得很廉价，人们不得不采用购买实物、增加消费支出以及向国外转移资金的方式来回避风险，严重降低了国内储蓄率。

(3) 负投资效应。一方面，负储蓄效应使投资总额减少；另一方面，发展中国家为了实现经济赶超的重工业优先发展战略，常常利用国家集权将有限的资金投向政府偏向发展的产业，但由于条件的限制，这些产业并不能带来较高的投资效率，这样投资的边际生产力大大降低，造成资金浪费。同时，在资金有限的情况下，重工业的投资大，无形中影响到对其他传统产业的投资，尤其是农业和轻工业，从而影响传统行业的发展，这样不但增加了对粮食和原材料的进口需求，而且进一步影响国家出口的增长，最终导致经济发展缺乏必要的投资动力。

(4) 负就业效应。由于缺乏必要的资金投入，传统产业的小规模生产受到限制，劳动密集型产业得不到发展，使得大量农村劳动力涌向城市；而城市中所发展的工业大都是资本密集型产业，其对劳动力的吸纳又是非

---

① 参见王曙光《金融自由化与经济发展》，北京大学出版社 2003 年版，第79～80页。

常有限的。因此缺少专业技术能力的农村劳动力只能寻找更低工资的职业，甚至失业。随着生产的发展和技术的改进，已就业的劳动者也会面临失业的可能性。

（二）利率管制对经济增长的副作用

利率管制是实行金融压抑政策的国家最常用的手段。其通过对存款利率和贷款利率设置上限，扭曲了金融市场的价格信号，对经济体系的效率造成了严重的损害。人为压低利率的消极作用主要表现在五个方面。

（1）低利率使人们更关心现期消费而忽视未来消费，从而导致储蓄率低于社会最优水平。低储蓄影响投资水平，最终损害经济增长。

（2）低利率使潜在的借款人可能直接从事收益相对低的投资，而不是把钱存入正规的金融中介机构，然后由金融中介机构贷放给收益较高的项目，这将降低整个经济体系的效率。

（3）政府严格管制的金融中介在经济中的积极作用可能因地方性的、非正规的、地下的信贷市场的兴起而被大大削弱。

（4）低贷款利率将刺激银行借款人选择投资资本密集的项目，因为资金成本较低，收益较低的项目也会产生利润，这就产生了对贷款的超额需求，导致资金供求不平衡。

（5）为避免信贷扩张产生通货膨胀，政府和银行不得不实行信贷配给。其结果是，一方面，出现大量寻租和腐败行为；另一方面，由于逆向选择的结果，整个银行体系的资产质量会下降，加大了整个金融体系的脆弱性。

三、谨防"金融压抑"地方乏力[①]

虽然金融压抑的现象和发展中国家经济落后的客观现实有关，但也受到发展中国家政府实行金融压抑政策的影响。地方经济与地方金融发展相互影响，相互作用。地方金融发展的动力来源于地方经济的发展。一方面，如果地方金融发展受到的管制太多，地方经济的发展也将受到阻碍。这就要求世界各国抛弃"金融压抑"，以便使金融更好地服务地方经济发展。另一方面，如果各国地方经济发展缺乏相应的金融职能和金融手段，

---

① 参见陈云贤《国家金融学（第2版）》，北京大学出版社2021年版，第106～108页。

使地方金融服务有效供给不足,就不能充分满足实体经济多层次发展的需要。因此,各国政府及金融相关部门必须因地制宜、贴近市场、适应地方经济差异化的发展实际和不同层次的金融需求,使地方经济与地方金融能互相促进、良性发展。

一国金融体系和金融市场的活力和竞争力在很大程度上取决于该国的金融监管制度。不同的金融监管制度决定着不同的金融资源配置水平。完善金融监管制度,一方面要处理好政府和市场的关系,使市场在资源配置中起决定性作用,同时更好地发挥政府作用;另一方面要处理好国家和地方的关系,厘清国家和地方金融监管职责和风险处置责任。过度管制、金融压抑将会造成金融机构单一、金融资产单一、金融环境恶劣、金融市场基础设施落后、金融效率低下等后果,从而抑制创新和地方经济发展。

因此,我们应科学地厘清国家与地方金融的事权,建立分层级监管、"激励相容"的金融监管体制。

第一,鼓励创新,有序竞争,建立创新包容型金融监管制度,调动市场主体的创新活力和地方发展经济的主动性。随着金融全球化的发展,传统的金融分业经营模式已经逐步被综合性的混业经营模式所取代,跨界业务和交叉性金融创新产品不断涌现。当前,美国、英国等金融强国更多地实行创新包容型金融监管,实行"非禁即入"原则和"负面清单制"。另外一些处于金融发展早期的国家,由于其市场主体和地方经济还不具备成熟的风险管理能力,因此采用创新管制型金融监管制度。随着经济社会发展的加速,一些国家的金融市场发展非常快,金融体系市场化、网络化、数字化、创新化和国际化程度日益提高,某些国家的市场经济和治理能力也日渐成熟,但往往因为过度管制而限制了金融创新。金融的创新主要来源于地方,比如网络金融、科技银行、消费金融公司等,因此,地方促进金融创新的主动性和紧迫性更强。

在推动国家与地方金融层级发展的过程中,政府要关注市场发展的新动向,思考如何促进金融监管从创新管制型向创新包容型转变,做到既还权于市场,发挥市场机制的作用,激发市场主体的创新活力;同时又放权于地方,调动地方发展金融的主动性和创造性。英国的"监管沙盒"试验是一个很好的范例——对地方金融发展实行开放、包容、差异化监管,有利于促进金融创新、防范系统性金融风险。

第二,明确地方金融负有防范风险、维护稳定的重要责任,同时赋予地方与经济发展相匹配的金融监管和金融处置权限。放任地方金融发展容易产生大量的风险隐患，地方金融机构就是地方金融风险的源头，尤其地方性的小微金融企业、准金融机构、网络金融等不断涌现，带来了形形色色的新情况、新问题。由于地方金融监管薄弱，一些地方金融机构的非法金融活动（例如非法黄金、非法外汇、非法集资等）往往屡禁不止、层出不穷，带来较大金融风险甚至社会风险。因此，地方应拥有相应的金融监管处置权，以规范、监管和处置这些问题，维护金融的稳定。金融压抑，将会导致国家和地方金融监管权限不清、监管缺失、创新不足、效率不高，也可能造成金融资源配置的"马太效应"，即落后地区、农村基层、小微经济获得金融资源的支持日益不足。

从世界各国来看，金融危机倒逼各国完善金融监管体制，总体趋势是监管范围不断扩大、监管模式日益趋同，分层级监管逐渐成为较为常见的监管模式。因此，统筹调动国家与地方两个积极性，平衡金融创新和金融稳定两个基本点，科学划分、界定扩大地方金融事权，建立适应实体经济和现代金融体系发展需要的分层级、激励相容的金融监管体制，有助于更好地解决当前金融发展中的矛盾，促进地方金融发展和金融稳定，完善发展有序、监管有责的现代金融体系。

第三节　金融服务实体经济发展

一、金融服务实体经济发展的必要性

第一，金融服务实体经济是实现二者良性互动、共同发展的必然要求。金融与实体经济密不可分，金融起源于实体经济，也依赖于和服务实体经济而存在，服务实体经济是对金融的本质要求，实体经济是金融发展的根基，是一国经济的立身之本。只有金融与实体经济良性互动，才能共同推进经济持续、快速、健康、稳定发展。金融与实业的关系如图3-1所示。

金融发展的方向与前景受到实体经济基础与结构的影响，金融健康发展对经济发展亦有促进作用。金融总量失控、结构失衡、管理失效，将危及经济发展。金融是经济发展的核心，随着经济金融体制改革的深入、经

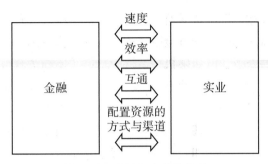

图 3-1 金融与实业的关系

(资料来源：陈云贤著《国家金融学》，北京大学出版社 2021 年版，第 90 页。)

济结构的转变，金融总量控制和结构调整的关系越来越显示出重要性。金融总量的投入是经济增长的重要推动因素，如果金融总量失控，会出现通货膨胀、信用膨胀，信用过度膨胀产生金融泡沫、膨胀虚拟资本、刺激过度投机，从而导致社会总供求失衡，剥离金融与实体经济的联系，造成金融业动荡，阻碍经济发展。例如，2007 年美国次贷危机的一个重要原因就是金融体系的自我膨胀使得其与实体经济的联系越来越模糊。

第二，金融服务实体经济发展是国家宏观政策的要求。对世界各国来说，让金融服务实体是实现金融稳健发展的关键。2008 年国际金融危机后，很多国家提出金融发展要回归实体经济，避免过度投机和过度膨胀。美国加强了对金融服务实体经济的强调和对金融消费者的权益保护。具体体现在：2010 年 7 月，美国政府颁布《多德-弗兰克华尔街改革和消费者保护法案》(*Dodd-Frank Wall Street Reform and Consumer Protection Act*)；2012 年 4 月通过了便利小企业上市融资的《促进创业企业融资法案》(*Jumpstart Our Business Startups Act*, JOBS)；财政部还发布金融监管改革计划，提出了多项改善小企业环境的措施。这些措施对于重建和恢复金融服务实体经济的功能有重大意义。

2017 年 7 月，中国政府在全国金融工作会议上提出"金融要把为实体经济服务作为出发点和落脚点"，"完善金融市场、金融机构、金融产品体系"。

2019 年 2 月 22 日，习近平总书记在主持中共中央政治局以"完善金融服务、防范金融风险"为主题的第十三次集体学习时发表重要讲话并强调，金融要为实体经济服务，满足经济社会发展和人民群众需要。金融活，经济活；金融稳，经济稳。经济兴，金融兴；经济强，金融强。经济是肌体,金融是血脉,两者共生共荣。

金融是现代经济的核心,是国家重要的核心竞争力。金融能助力社会走向前所未有的繁荣,但如果金融运行脱轨,实体经济就得不到高效的金融服务,经济发展也会受到制约,甚至发生金融危机,危及整个社会的发展。

二、金融服务实体经济的标准

金融服务实体经济的价值体现在:一方面,金融业作为服务业的重要组成部分,对实体经济的产出有直接贡献;另一方面,金融业要根据实体经济的发展情况及规律,利用自身优化配置资源和效率的功能,服务于实体经济,促进经济发展。我们评价金融是否服务实体经济要结合金融体系的功能,金融体系任何功能的发挥都是金融服务实体经济的表现。如前所述,金融体系有六大功能:支付和清算功能、资金融通和股权细化功能、资源配置功能、风险管理功能、信息提供功能和激励功能等。

在支付和清算方面,支付清算系统是最重要的金融服务基础设施之一,金融的基础设施是否能有效地支持实体经济的发展,体现在支付清算系统是否安全稳定运行,是否支持小微企业、促进社会消费、便利跨境交易等方面。

在资金融通方面,金融为实体经济服务的标准,可以从这几方面判断:实体经济的融资是否便捷,实体经济的融资规模是否能满足其需要,实体经济的融资成本是否可以承受,实体经济的融资结构是否合理。[①]

在资源配置方面,金融体系最基础的功能是融通社会资金,实现资源在实体经济中的有效配置。判断社会资本的投资配置是否有效,可以从金融机构提供的投资服务的表现判断:是否降低交易费用,是否分散风险,是否提供流动风险管理和进行项目评估。

在提供信息方面,判断标准有:金融服务供求之间的信息渠道是否畅通,是否正确反映利率、汇率、股票价格,使金融体系的不同参与者能获取有效的信息以各自做出决策,等等。

在激励方面,判断标准有:是否有有效的激励机制,管理层的报酬机制、约束机制是否合理等。

---

① 参见刘翔峰《中国金融深化及风险防范》,经济管理出版社2013年版,第69页。

三、中国金融服务实体经济的现状

(一) 中国金融服务实体经济存在的不足

当前,中国金融业对实体经济发展的支撑存在不足,主要表现在以下几方面。

1. 融资结构失衡

资金筹措主要有两种方式:直接融资和间接融资。直接融资是指通过向社会发行股票或债券从资本市场获得资金。股票市场和债券市场交易是资本市场中互为补充、相互促进的两个组成部分,只有两者协调发展,才是资本市场成熟的标志。间接融资是指资金盈余单位与资金短缺单位之间并无直接联系,而是分别通过金融机构进行资金融通。中国资本市场金融结构发展不平衡是一个长期存在的问题,突出表现是实体经济过度依赖间接融资,在金融结构上,直接融资比重较低。2018年、2019年,中国的直接融资比重分别是14%和12%,与资本市场相对成熟的英国、日本和美国的直接融资比重相差甚远(如图3-2所示)。在中国,直接融资体系发展缓慢、渠道单一,直接融资市场发展滞后严重制约了实体经济的发展。

[1]包括表内融资与表外融资。
[2]存量占比,包括企业债券及非金融企业境内股票余额。

图3-2 中国、英国、日本、美国直接融资对比

(资料来源:中国人民银行、世界银行、国际清算银行、Wind、新闻检索、麦肯锡分析。)

2. 中小企业融资难

当前，中国普遍存在中小企业融资难的问题，间接融资仍是中小企业主要的融资渠道，但中小企业在中国的金融体制中处于弱势地位，几乎被排斥在资本市场之外，难以向银行融资。以国有大型商业银行为主导的金融体系，其从紧的银行监管有助于金融系统稳定，但也会使信贷资源向大中型企业倾斜，向低抵押风险的行业和政府项目倾斜。据统计，2018年，民营经济在国民经济中的份额超过60%，而银行业贷款余额中民营企业贷款仅占25%，可见民营企业从银行得到的贷款和它在经济中的比重不相匹配、不相适应。为了筹资，中小企业往往以高出正常利率10%～40%向一些民间"融资组织"求助，这大大增加了企业的筹资成本。

3. "脱实向虚"现象严重

"脱实向虚"指脱离实体经济的投资、生产、流通，转向虚拟经济的投资，如金融业、房地产业等。随着金融和经济市场化程度的不断加深，金融资源面对更为广阔的市场，其资本的本质决定其必然追逐更高收益。伴随着虚拟经济的日渐繁荣，金融资源不可避免地出现了错配的结果。我国"脱实向虚"现象严重，以2016年为例，来源于非金融企业部门等实体经济体的资金达到14万亿元，而运用于非金融企业的资金仅8万亿元；来源于金融企业等经济主体的资金31万亿元，运用与金融企业的资金高达32万亿元。由此可见，实体经济贡献了资本市场上31%的资金来源，却仅仅占用了20%。"脱实向虚"会导致金融业与实体经济相背离，积累金融风险，对经济社会具有很大的潜在危害。据统计，2019年全国共立案打击涉嫌非法集资刑事案件5888起，涉案金额5434.2亿元，同比分别上升3.4%、53.4%。

（二）促进金融为实体经济提供高质量服务

习近平总书记在党的十九大报告中做出明确指示："深化金融体制改革，增强金融服务实体经济能力。"金融与实体经济实现融合发展才能进一步推动实体经济持续稳定发展。党的十九届四中全会《中共中央关于坚持和完善中国特色社会主义制度、推进国家治理体系和治理能力现代化若干重大问题的决定》指出："加强资本市场基础制度建设，健全具有高度适应性、竞争力、普惠性的现代金融体系，有效防范化解金融风险。"在供给侧改革与去杠杆的指导思想下加快金融创新，提升金融业的服务能力，提高金融监管水平，加强现代金融体系建设，使金融更有效、更高质量地服务实体经济发展。

1. 优化融资结构，建设现代化金融体系

我国经济已由高速增长阶段转向高质量发展阶段，正处在转变发展方式、优化经济结构时期，十九大报告提出"建设现代化经济体系是跨越关口的迫切要求和我国发展的战略目标"。而建设现代金融体系是建设现代经济体系的核心。

现代金融市场是现代金融体系建立的基础，中国目前以银行机构为核心、间接融资为主的金融市场体系难以对创新创业和创新驱动发展提供支持。规则统一的金融市场是资源有效配置的条件。建立有效的金融市场，畅通中央银行引导金融支持实体经济政策的传导渠道，实现实体经济在不同经济主体、不同国家和地区、不同时期之间有效配置资源。以服务实体经济为导向，围绕加快建设现代金融体系，深化金融供给侧结构性改革，以促进多层次资本市场健康稳定发展。积极调整、优化金融结构，培育多元的融资渠道，创新融资方式，着力发展直接融资，提高直接融资特别是股权融资的比重。

金融市场基础设施是金融市场稳健高效运行的保障，要保障金融体系功能的正常发挥，完善金融市场基础设施体系至关重要。此外，要完善金融法制体系、金融机构体系、金融监管体系，创造良好的金融市场环境。

2. 加强金融为中小企业服务

中小企业的发展壮大是经济欠发达地区实现经济平稳较快增长的新动力。当前中国的金融体系在服务小微企业等方面离实际需求还有较大的差距。在中国，中小企业产值占全国国内生产总值的60%，就业人口占80%。金融是否支持中小企业是检验其是否支持经济实体的试金石，中央多次强调，要综合采取多种措施支持中小企业发展。金融机构应建立专门为中小企业服务的金融制度，完善中小企业社会服务体系，包括构建中小企业融资信用担保体系以提供信贷扶持，拓展中小企业融资渠道等。金融机构应加大对小微企业、"三农"、扶贫薄弱环节的支持力度，重点满足符合产业和环保政策，有市场、有技术、有发展前景的中小企业的流动资金需求，加快民营资本进入金融业的效率，使其成为为小微企业提供服务的金融机构。积极开发多种金融产品，提升金融服务能力，努力实现基本金融服务全覆盖。此外，政府应从经济、法律、财政税收、担保等方面加大对中小企业融资的政策和服务支持。

3. 加强金融监管协调，防范金融风险

随着金融创新进程的加快，金融业务交叉的增多，金融衍生品层出不穷，不可避免地出现了监管真空和监管空白，因此要完善监管协调机制，防范金融风险。加强金融监管协调，要处理好政府与市场的关系，提高监管效率。同时加强监管统筹协调，加强金融市场基础设施的统筹监管，健全准入管理，完善法律环境和征信环境等。此外，需特别注重加强金融创新中的监管，针对影子银行及金融脱媒现象，引导其符合宏观调控及产业政策的方向和要求，有效防范金融风险，让金融创新推动实体经济发展。

金融服务实体经济是实现金融稳定的根本要求。稳健厚实的实体经济，是世界各国金融稳定最深厚的根基。近年来，世界各国实体经济转型升级加快，为金融创新提供了广阔的天地。国际金融、科技金融、产业金融、农村金融、民生金融有效结合，促进了各国经济社会的转型升级。应紧紧抓住加快转变经济发展方式这一主线，着力解决中小微企业融资难和农村金融服务薄弱、科技产业化金融支撑不足、产业链整合和价值链提升金融服务不足、区域金融发展不平衡的问题，采取切实的措施，促进金融服务实体经济良性发展。

◆思考讨论题◆

1. 请简述地方经济发展的金融要求。
2. 金融压抑的表现是什么？发展中国家为什么要实行金融压抑政策？其实行的金融压抑政策主要有哪些？
3. 请简述金融压抑的利弊。
4. 如何理解金融服务实体经济？金融如何实现服务实体经济？

第四章　规则下促竞争，稳定中求发展

——金融发展路径之三分析

从前两章的分析中我们可以得出这样的认知：完全由自由市场支配人类的经济活动或完全由政府支配人类的经济活动，都必然产生灾难性的后果，极不利于一国乃至全球的经济发展。"金融自由化"和"金融压抑"背后是金融发展的路径选择与制度安排问题，任一条路无止境地走下去，终会影响经济的发展和国家的稳定。市场机制的失灵，使得政府干预和监管具有客观必要性，而政府的失灵，又凸显了市场机制的重要性和必要性。因此，我们必须有效结合市场与政府的作用，加强金融监管，厘清国家与地方金融监管的权力配置与运行，在经济和金融全球化背景下建立既能保证金融稳定又能有效监管金融市场运行的金融监管体制，防范金融风险，优化地方金融环境。在规则下促竞争、稳定中求发展，这是我们探讨金融发展路径之三。

第一节　国家地方责权界定

一个有效的、与时俱进的金融监管体系，必然是与正在运行的金融体系相匹配的监管体系。[1] 要建立有效的金融监管体制，首先要厘清国家与地方、稳定与发展、规则与竞争之间相互联系又相互制约的关系。[2] 我们从图4-1中可以看出，国家稳定和地方发展最好的平衡点是"规则下促竞争，稳定中求发展"，让竞争机制发挥作用，让竞争主体服从市场规则，

---

[1] 参见李华珍《金融体系深化改革的重点》，载《光明日报》2017年4月11日，第11版。
[2] 参见陈云贤《国家金融学（第2版）》，北京大学出版社2021年版，第109页。

遵循市场配置资源原则,实现市场的公开、公平、公正。要达到这种平衡发展的效果,就必须科学地厘清国家与地方金融的事权,建立分级监管、"激励相容"的金融监管体制。

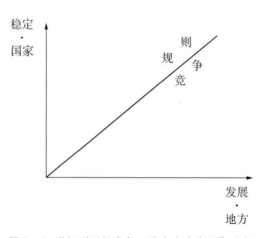

图4-1 "规则下促竞争,稳定中求发展"坐标

(资料来源:陈云贤著《国家金融学》,北京大学出版社2021年版,第109页。)

一、国家与地方金融监管的基础理论

(一) 金融监管的内涵

金融监管有广义和狭义之分,狭义的金融监管是指一个国家或地区的监管主体依据国家法律和法规规定对金融机构和与金融业务相关的活动所实施的监管。广义的金融监管还包括金融机构的自律监管、行业监管和社会监管等。金融监管权是指国家法律赋予金融监管主体规范、限制、监督、管理整个金融体系的强制权力。金融监管权配置的核心问题是金融监管权在国家和地方政府之间是否需要以及如何配置的问题。在任何一个国家,要实施有效的金融监管,维护一国金融体系的稳健运行,都必须对金融监管权进行科学合理的配置,即对金融监管权在不同层级的政府之间以及不同监管主体之间进行科学合理的界定。[①]

金融监管体制是金融监管的职责划分和权力分配的方式和组织制度。

---

① 参见梁枭《中央与地方金融监管权划分问题研究》,安徽大学2016年硕士学位论文。

当前，世界主要的金融监管体制有三种：单一监管体制、多元监管体制和双峰监管体制。

（二）责权分配目标

国家和地方的责权分配目标主要分为手段性目标和终极性目标。其中手段性目标主要是保障组织机构运行的有效性，具体包括确立国家、地方金融监管制度及法律框架，保障责、权、利的均衡配置，实现资源配置的优化和监管的协调性。而终极性目标主要是保证金融监管功能的最终实现。

1. 手段性目标

第一，地方金融监管的赋权与控权。要合理确立地方金融监管权在各国金融监管体系中的合法地位，确保地方金融监管机构和监管权限的依法产生，保证地方金融监管职权的合法和公开。同时要对监管本身采取有效的法律监督，不仅要向地方政府放权，还要保障监管对象、监管内容以及权力执行有法可据。第二，国家与地方金融监管权的协调分配。首先，权力分配应做到主体明确，责、权、利一致，保证相应的权力归属适当的主体，权力的内容与责任、利益保持一致。其次，要做到国家和地方权力边界明晰，避免重复监管和监管空白的情况出现，减少监管摩擦的成本，实现国家和地方金融监管的相互协调。此外，要保证权力配置的有效性，保证地方政府可以最大化发挥手中的监管权力，提高金融监管的效率。

2. 终极性目标

第一，维护金融系统的稳定。金融监管的关键是要最大化兼顾稳定性、效率性以及公平性，其中，稳定性是金融监管的核心。监管部门既要防范个别金融机构倒闭传染至整个金融系统导致的系统性金融风险，又要防范由于金融过度创新、非正规金融机构层出不穷导致的地方性金融风险。第二，实现社会的金融公平，具体体现为对存款人、投资者等金融消费者的利益保护。金融消费者在金融市场中处于弱势地位，在信息、交易、缔约等能力上存在显著劣势，更需要金融机构以及金融监管部门的特殊保护。第三，促进社会经济发展。金融发展要服务于实体经济，所以国家和地方金融监管部门要承担发展与调控市场的双重职责，将发展实体经济、促进产业结构转型作为监管重点。尤其是对于地方政府，经济发展仍然是现阶段的中心任务，地方金融监管更要重视发展与稳定的关系，在发展实体经济的同时注意保护金融消费者以及社会整体的利益，在发展自身的同时坚持金融监管的原则。

（三）责权界定的总体思路和基本原则①

1. 总体思路

从总体思路来说，世界各国应紧紧围绕市场在金融资源配置中起决定性作用这一核心，科学、合理地厘清国家与地方金融监管的职责与权限，构建符合多层次实体经济和金融体系发展需要的金融监管体制，使其有效协调、责任分明、高效运行。这将更好地推动一国金融体系现代化以及金融治理能力现代化，提高金融资源配置效率，增强现代金融体系市场活力和竞争力，进而促进经济发展。

2. 基本原则

在总的思想指导下，界定国家与地方金融发展的责权应遵循以下基本原则。

第一，坚持以市场为导向，充分地发挥市场在资源配置中的决定性作用。从市场需求角度出发，遵循市场的特点，同时发挥好政府作用。第二，坚持责权一致原则，保证国家和地方的责、权、利相一致，科学合理地划分国家与地方监管部门间的责权边界。这不仅保证了国家和地方监管责任、权力内容的一致，防止责权分配不对等的情况，实现"激励相容"；还保证了地方金融监管权的责权一致，遵循"有权必有责，用权受监督"的原则，防止权力的滥用。第三，要以监管效益最大化为标准，实现国家和地方之间的有效协调。要根据监管客体的性质和风险范围、监管机构的能力、不同层级的监管效用，对监管权限进行合理分配。国家主要从整体角度出发，负责对全国性、系统性、跨区域等风险较高的金融事务进行垂直、审慎监管；地方政府主要从区域角度出发，负责对地方性、局部性、细分的金融事务进行分层级监管。第四，坚持"权力法定、依法监管"原则。权力的配置要以法律为载体，国家和地方金融监管部门的监管都应有合法授权，其监管权内容有明确的制度安排，且国家和地方权力可通过合法程序进行动态调整。第五，坚持平衡发展。首先是实现国家风控和地方发展的平衡，在实现中央整体金融风险监管需求的同时兼顾地方经济发

---

① 参见陈云贤《国家金融学（第2版）》，北京大学出版社2021年版，第109～110页。

展，缩小地区间经济发展差异。其次是促进金融创新和保障金融稳定的平衡，既要给金融创新一个充满活力的成长环境，也要关注潜在的地方金融风险，保障金融系统稳定。第六，坚持分类指导、分步推进。国家可根据不同地方、不同领域的金融管理能力和风险控制水平分级分类，进行分类指导，分步推进，逐步界定相关的金融监管权。

二、国家与地方金融监管责权[①]

（一）国家金融监管责权

在责权分配的总体思路和原则下，确定国家金融监管责权主要包括以下几方面内容。

1. 维护国家金融稳定与安全

国家应加强宏观管理，做好统筹协调，维护国家金融稳定与安全。首先，国家要加强宏观审慎和微观审慎监管协调，减少监管中可能存在的空白监管问题，提高金融监管效率，防范处置系统性、全国性金融风险。其次，对国家审批、备案的金融机构，尤其是重要性金融机构及其业务可能出现的风险进行监管。此外，还要防范国际金融风险，确保国家金融稳定和安全。

2. 制定规则

国家应从总体上把握金融监管的方向，出台一系列国家金融工作的方针、政策以及重大举措，推动金融法制建设。同时，国家应制定各类金融机构、金融业务的准入、监管规则，明确国家与地方的责权，对地方金融监管予以法律界定。

3. 机构准入和监管

针对全国性、系统性、跨区域的重要金融机构，以及涉及广泛的公众利益、存在巨大金融风险隐患的金融机构，国家要对其设立、变更、终止、业务范围等进行审批、备案和监管。

4. 金融业务和金融市场监管

国家应对金融业务和金融市场进行统筹监管。一是对经由国家审批、备案的金融机构各项业务，以及其他全国性、跨区域、牵涉面广、功能复

---

① 参见陈云贤《国家金融学（第 2 版）》，北京大学出版社 2021 年版，第 109～112 页。

杂、风险容易外溢的金融业务进行审批、备案和监管。二是对各类全国性金融交易市场进行审批和监管。三是加强全国性金融市场基础设施和市场机制建设。

5. 对地方金融发展和金融监管进行协调、督查与指导

其一，要从宏观上加强对地方金融监管部门工作的指导和监督，以确保地方政府能够贯彻落实国家金融政策。其二，要加强对地方金融监管的具体指导和相关业务的培训，切实提高地方金融监管部门的监管水平。其三，应对中央赋予地方审批与监管的金融机构、业务等进行资格审核或备案及督查。其四，应对地方监管范围内可能出现的金融风险进行预警，并监督地方处置金融风险或金融隐患。其五，应建立国家与地方金融发展监管会商制度。

（二）地方金融监管责权

地方金融监管责权主要受到国家金融监管部门的授权以及地方政府职权层级的限制，既要保证权力内容与监管工作流程相吻合，又要有一些针对自身的特点。地方金融监管责权具体应包括以下五方面的内容。

1. 在有限规则制定权的条件下细化规则

地方金融机构可以根据地方经济发展实际情况，以及金融市场变化中的新问题制订及细化金融监管规则。具体包括：制订地方金融的发展规划和政策，出台贯彻落实国家金融政策的实施细则和操作办法；根据国家法规制定的地方金融监管的具体规则、规范进行金融立法探索，为中央制定全国性金融监管规则积累经验。允许地方政府自定规则也存在诸多弊端。一方面，地方金融监管机构易受地方政府利益导向的影响，在规则制定或行为监督上"睁一只眼，闭一只眼"，从而降低监管规则的质量与效力。另一方面，由于各地方针对自身特点所制定的规则、细则不同，很可能引发监管套利，事实上，已经有个别地方政府制定的监管细则突破了红线。因此，需要对地方金融监管部门的规则制定权进行限制，具体包括范围要求、实体性要求以及程序性要求。

2. 市场准入与监管

金融监管中的市场准入权解决的是准入的原则、标准以及内容等问题，即"谁审批、谁监管、谁负责处置问题"。通常，准入权决定了后续的监管权，准入权的行使对地方金融市场具有重要影响。一般来说，地方金融机构的准入方式要遵循三个原则：第一，准入方式的选择要严格遵守政治体制、市场经济的基本准则，要在准入前端加强审查管理，避免无序竞争和金融风险的累积。第二，监管机构应综合评价金融机构稳健经营的可能性及高层的能力，设置明确、完善的准入条件以及运行规则，确保区域金融资源的高效配置。第三，市场准入应考虑地方实际情况，既要避免大量资本进入导致过度竞争，也要避免通道过严形成垄断经营。同时，还要考虑当地金融需求的满足性，保持金融市场的活力和稳定。

对于具体的责权范围：第一，对于原来就归属地方审批的金融、准金融机构（如小额贷款公司、担保公司、典当行、资金互助社、民间借贷中介机构等），地方监管部门继续予以审批和监管，内容包括设立、变更、终止、确定业务范围等。第二，对于原来准入审批不明确的金融机构，主要是地方的金融新业态（如持牌运营中心、P2P借贷平台等），由地方进行审批、备案和监管。第三，对于原本归属国家审批的地方性中小微金融机构（如地方各类中小民营银行、社区银行、汽车金融公司、财务公司、融资租赁公司、消费金融公司、保理公司、村镇银行、小微保险公司、货币经纪公司、科技银行、信用评级机构、第三方支付机构、信托投资公司、大型产业投资基金等），若其切实促进了地方经济的发展，且没有危害到该地区消费者的利益，则可由国家制定准入规则交由地方金融监管部门进行审批，后报国家金融监管部门（或其派出机构）进行资格审核和备案。

3. 地方金融业务和金融市场平台监管

第一，对地方金融监管部门责权范围内的金融机构的传统金融业务（如存款、贷款、同业、投资、信托、中间业务、股权管理等业务）以及其他地方性、风险不容易外溢的金融业务（如市政债券、中小微企业集合债券等业务）进行审批和监管。第二，对地方金融市场平台（如场外股权交易市场、各类产权交易市场、中小微企业贷款转让平台、地方政府融资平台等）进行审批和监管。

4. 地方金融风险防范和处置

地方金融监管部门应对地方审批监管的金融机构、业务、市场平台可能引发的风险承担防范和处置的职责。地方金融监管部门应与国家监管部门及其派出机构、地方其他相关部门加强合作，提早防范风险，共同打击地方非法金融活动，尽快建立及完善地方金融稳定机制，推进地方金融法制建设，提高对地方金融群体性事件的处理能力，防止违规行为增加，以及阻断可能的风险传染路径。具体体现为强制要求改正、限制金融机构的业务或行为，限制金融机构及业务的市场准入，撤换股东、董事、高级管理层或限制其权力等；实施警告、罚款、取消许可证、责令停业整顿等处罚措施，追究其行政责任等。此外，还要大力加强地方金融信用体系的建设，对失信行为实施非金融性行政处罚，建立金融信息发布、交流平台。

5. 地方金融市场基础设施建设

大力加强地方金融信用体系的建设，完善征信法律制度，对失信行为实施非金融性行政处罚；推进地方金融法制建设，强化互联网金融法治建设，优化地方金融运行环境；建立金融信息发布、交流等平台；等等。

三、国家与地方金融监管的组织架构[①]

一般情况下，国家金融监管组织架构包括三类：一是中央银行；二是国家银行、证券、保险业务监管机构；三是国家金融监管部门派出机构。一国的中央银行主要负责执行国家货币政策、审慎政策和汇率政策等，对金融机构和企业的支付、清算、外汇、资金流动性及货币市场等进行功能监管，并承担最后贷款人的职责。国家银行、证券、保险业务监管机构，根据各国的实际情况安排有所不同。国家金融监管部门派出机构代表国家，在派出区域行使国家金融监管责权，履行国家对地方金融发展的督查、指导、监管等职责，促进地方金融稳定发展。其具体职能包括监管全国性金融机构在该区域的分支机构和业务，审核国家赋予地方审批监管权限的机构及其业务等的资格，并进行备案、督查。

地方金融监管主要由地方金融监管局承担。金融监管局的主要职责包括：①协助国家加强对地方金融的监管和服务，促进地方金融稳定发展，维护地方金融稳定，防范及处置潜在金融风险。②按照规定，对地方金融监管部门责权范围内的金融机构、金融业务、金融平台等进行审批监管，并报送国家监管部门（或其派出机构）进行资格审核、备案。③负责监管地方金融资产，可设立地方金融资产运营公司，比如金融控股公司，对其实行市场化投资运营，从而实现地方金融资产的保值、增值。

国家金融监管组织与地方金融监管局按照法律法规和会商制度，明确

[①] 参见陈云贤《国家金融学（第2版）》，北京大学出版社2021年版，第112～113页。

责权,协调合作,共同促进国家和地方金融发展,维护稳定。

四、中国的金融监管体系

中国金融监管组织架构改革始于1978年。在1978年前,与计划经济体制相适应,中国所有银行都并入财政部,由财政部对中国金融进行统一管理。1978年,中国人民银行从财政部独立出来,既负责承接信贷业务,也制定货币政策和其他宏观金融方面的决策。直到1983年9月国务院颁发《中国人民银行专门行使中央银行职能的决定》,中国人民银行才剥离了对工商企业和个人办理储蓄业务的职能,专门行使中央银行的职能。随后在1986年,国务院发布了《中华人民共和国银行管理暂行条例》,正式规定中国人民银行是管理全国金融事务的国家机关,管理全国银行业务、保险企业,以及企业股票、债券等有价证券,明确了中国人民银行作为金融监管当局的职责。这期间直至20世纪90年代初期,中国金融业处于混业经营、混业监管时期。

在混业经营模式下,大型银行广泛涉足非银业务,如证券、信托和投资业务等,非银金融机构则开展商业贷款业务,存在乱设金融机构、乱办金融业务和乱集资等"三乱"问题。在这一背景下,中国经济体制改革的步伐加快,用分业监管来替代原有的混业监管模式。1992年10月,国务院办公厅下发《关于成立国务院证券委员会的通知》,国务院证券委员会和中国证券监督管理委员会成立,按照法律法规对中国证券业和期货业进行监管。1998年6月,国务院证券委员会从中国人民银行剥离并入证监会,标志着监管证券市场的职能正式从中国人民银行剥离。1998年11月,中国保险监督管理委员会成立,依法对中国保险市场进行监督管理,维护保险业的稳健运行。至此,中国步入银行业、证券业和保险业分业经营,并由中国人民银行、证监会、保监会分业监管的阶段。《中华人民共和国中国人民银行法》(简称《中国人民银行法》)、《商业银行法》、《保险法》、《证券法》等法律的陆续出台,也为分业经营和分业监管提供了法律基础。2003年,国务院下发《国务院关于机构设置的通知》,宣布成立中国银行业监督管理委员会,中国人民银行将监管银行业的职能分离给银监会。至此,中国正式形成由中国人民银行负责货币政策,银监会、证监会和保监会实施分业监管的"一行三会"分业金融监管体制。

然而,随着中国金融业混业经营加速发展,原先的分业监管逐渐显现出弊端，不仅监管效率降低，还可能制约金融业进一步发展。因此，中国政府采取一系列调整举措，以求更好地覆盖监管空白，降低沟通成本，提高监管效率。2013年11月，党的十八届三中全会通过的《中共中央关于全面深化改革若干重大问题的决定》指出，要"落实金融监管改革措施和稳健标准，完善监管协调机制，界定中央和地方金融监管职责和风险处置责任"，在保持分业监管的格局下打破金融监管主要以中央为主的局面，对央地监管责权的界定以及双方的协调机制提出了要求。2015年10月，党的十五届五中全会通过了"十三五"规划建议，规划中提出"加强金融宏观审慎管理制度建设，加强统筹协调，改革并完善适应现代金融市场发展的金融监管框架，健全符合中国国情的国际标准的监管规则，实现金融风险监管全覆盖"。在2017年7月全国金融工作会议中，习近平总书记宣布设立国务院金融稳定发展委员会，旨在加强金融监管协调、补齐当前分业监管以及联席会议协调制度的短板。至此，中国确立金融监管双峰模式。2018年2月，党的十九届三中全会提出，要"理顺中央和地方职责关系，更好发挥中央和地方两个积极性"，要"中央加强宏观事务管理，地方在保证党中央令行禁止前提下管理好本地区事务，赋予省级及以下机构更多自由权"，这体现了中国在中央与地方职权划分方面的总体思路和要求。在混业经营中，银行和保险融合较深，因此在2018年3月，根据《国务院机构改革方案》，银监会和保监会合并组建为中国银行保险监督管理委员会，这一举措将进一步推进行业监管协同，有效避免监管漏洞和监管重叠。至此，"一委一行两会"的国家金融监管框架形成（如图4-2所示）。"一委一行两会"分别指国务院金融稳定发展委员会（金稳委）、中国人民银行（央行）、中国银行保险监督管理委员会（银保监会）、中国证券监督管理委员会（证监会）。

金融稳定发展委员会是重大政策层面的最高权力机构。金融稳定发展委员会作为国务院统筹协调金融稳定和改革发展重大问题的议事协调机构，主要负责落实党中央、国务院关于金融工作的决策部署，负责审议与金融业改革发展相关的重大规划，统筹与金融监管、发展相关的重大事项，协调金融政策与相关财政政策、产业政策等，并通过设立协调机制、召开部际联席会议等方式协调各监管机构之间的职能分工与具体的审慎监管工作。此外，金稳委还需要分析研判国际经济、金融形势，应对国际金融风险，研究系统性金融风险防范处置和维护金融稳定的重大政策。中国

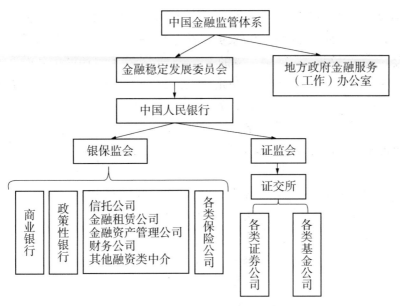

图4-2 中国金融监管体系

人民银行是中国央行,是国务院组成部门,主要负责依法制定和执行货币政策,防范和化解金融风险,维护金融稳定。具体包括承担货币政策职能,负责宏观审慎管理、系统重要性机构监管、金融市场基础设施建设,还需要推进金融法律法规体系的健全以及各类相关数据的统计、分析和运用工作等。银保监会是国务院直属事业单位,由银监会与保监会合并组建而成,目的是解决监管职责不清晰、交叉监管和空白监管等问题。在机构设置方面,在银监会和保监会原有部门的基础上,新设立了重大风险事件和案件处理局,即银行业与保险业安全保卫局。银保监会主要职责是统一监督管理银行业和保险业,维护银行业和保险业稳健运行,防范和化解银行业和保险业的金融风险,保护金融消费者合法权益。银保监会的成立标志着中国银行、保险监管进入新阶段,审慎监管架构确立。证监会是国务院直属正部级事业单位,其依照法律、法规和国务院授权,统一监督管理全国证券期货市场,维护证券期货市场秩序,保障其合法运行。

各地方金融监管局在金稳委和相关监管机构的统一指导下,充分利用信息优势,对区域性、地方性金融机构和业务进行监管,维护区域内金融稳定;同时积极开展跨区域合作,对跨区域机构和业务展开监管。中国中央与地方金融监管部门的职能分工与管理模式见表4-1。

表4-1 中国中央与地方金融监管部门职能分工与管理模式

部门	主要监管职能	机构管理模式
金融稳定发展委员会（2017年成立）	负责统筹金融监管框架的整体改革和顶层设计，协调各监管机构之间的职能分工	统筹协调
中国人民银行（1948年成立，1983年专门行使央行职能）	制定和实施宏观货币政策与宏观信贷指导政策，拟定银行业、保险业重要法律法规和审慎监管基本制度，统一对银行业、保险业进行监管，防范系统性金融风险，监督管理银行间同业拆借市场、银行间债券、纵向垂直管理市场、银行间票据市场、银行间外汇市场和黄金市场，承担反洗钱工作等	纵向垂直管理
银保监会（2018年合并银监会和保监会而建）	审批银行业金融机构的设立、变更、终止、业务范围和保险相关公司的设立，对银行业金融机构的董事、高级管理人员以及各类保险机构高级管理人员实行任职资格管理，负责微观审慎监管和市场行为监管，对违法违规行为进行处罚等	纵向垂直管理
证监会（1992年成立）	监管股票和其他债券、证券的发行、上市、交易，监管上市国债和企业债券的交易活动，监管上市公司及其股东的证券市场行为，管理证券期货交易所、投资基金管理公司等机构，对证券期货违法违规行为进行处罚等	纵向垂直管理
地方金融办（2002年开始陆续成立）	审查批准地方金融机构（小额贷款公司、融资性担保公司等）的设立、变更和终止，对地方准金融机构的董事和高级管理人员实行任职资格管理，对地方准金融机构的业务活动及其风险状况进行监督检查，并对其违规行为实施处罚等	横向块块管理

（资料来源：马向荣著《公共管理视角下中央与地方金融监管权责划分》，载《西南金融》2017年第3期，第51页。）

改革创新是金融业发展的动力，而加强监管以防范和化解金融风险、维护金融安全是金融业发展的前提。过去10余年，中国金融业在改革创新中快速发展，为保持中国经济高速平稳发展做出了重要贡献。当然，不容忽视的是，在金融业高速发展时期，监管职能没有得到足够的重视，埋下了一定的金融风险隐患。如今，国家金融监管机构在正确认识金融发展与金融监管的关系的基础上，通过加强国家层面的监管，促进金融行业健康发展。

第二节　防控金融风险

一、金融风险

金融风险是指金融资产在未来一段时间内的预期收益存在不确定性，包括金融市场风险、金融产品风险、金融机构风险等。金融机构在具体的金融交易活动中出现的风险，可能会导致自身经营不善乃至破产倒闭。而由于金融系统中极强的内部关联性，若一家金融机构发生危机，风险将通过多个渠道快速扩散，传染至整个金融系统，使得市场面临流动性危机，金融体系运转失灵，最终作用于实体经济，导致整个社会秩序混乱，甚至可能会引发严重的政治危机。随着全球经济的快速发展，金融业务、制度以及科技上的不断创新，金融系统与实体经济以及金融系统内部之间的关联性逐渐增强，这使得系统内部金融风险传染性更强、危机范围更广、负面影响更深远。尤其是21世纪以来，金融衍生品的诞生加大了金融系统的非透明性和杠杆性，金融脆弱性大大提高。历史上的金融风险传染事件的发生，主要存在以下两个原因。第一，金融系统脆弱性急剧增加，系统内部高杠杆的负债化经营放大了金融市场的潜在风险。无论是拉丁美洲债务危机、日本房地产泡沫危机、美国次贷危机还是欧洲主权债务危机，都是由过度负债催生的金融风险。一旦经济环境下行或系统内部一家金融机构发生危机，极易引发流动性风险，诱发借债主体的债务违约行为，从而造成债务危机。第二，金融自由化的深化催生了资产价格泡沫。金融自由化首先加强了金融中常见的资金流动。资本逐利，国际资本会出于对高收益的追求而忽略市场中潜在的风险，促进资产价格增长的同时也集聚了金融风险。资产价格的波动会极大地影响市场情绪，导致短期利率下降或资本外逃，外汇储备急剧降低，市场面临流动性压力。

二、金融脆弱性与金融风险

（一）金融脆弱性的概念界定

金融风险总是和金融脆弱性联系在一起。金融脆弱性（financial fragility）有狭义与广义之分，狭义的金融脆弱性主要是指金融业高杠杆的经营特点导致其天生具有高风险的特性；广义的金融脆弱性则是指一切融资领域的风险积聚，包括信贷融资和金融市场融资。也就是说，金融脆弱性是指一种趋于高风险的状态，与稳定、坚固、不易受到破坏、摧毁相对应的"状态"。[①] 目前，学界广泛使用广义的金融脆弱性概念，即认为金融脆弱性是金融体系内在的固定属性，是金融系统内在金融风险不断累积后的外在表现。

早期的金融脆弱性理论主要强调宏观经济对金融脆弱性的影响，认为金融体系的脆弱性是由过度负债后"债务—通货紧缩"引发的。事实上，即使经济周期没到衰退阶段，金融脆弱性也会在内在或外在的偶然事件的影响下增大，最终演化为金融危机。尤其是全球经济迅速发展，金融市场急速膨胀，虚拟经济与实体经济逐渐发生脱节，金融脆弱性就会呈现出自增强的趋势。

金融风险与金融脆弱性意义相近而着眼点不同，金融风险是指潜在的损失的可能性，金融脆弱性不仅包括可能的损失，还包括已经发生的损失。

（二）金融脆弱性的来源

关于金融脆弱性的来源，主要存在三种角度，即企业角度、银行角度和信息经济学角度，因此，金融脆弱性也存在"企业金融脆弱性"与"银行金融脆弱性"之分等。一般认为金融脆弱性涉及两大市场类型：一种是传统信贷市场，另一种是金融市场。这两个市场由于经济活动的不稳定性，产生了无法避免的脆弱性，而且这种脆弱性是内生的、不可忽视的。明斯基（H. P. Minsky）和克瑞格（J. A. Kregel）提出的金融脆弱性假说分别从借贷企业与银行部门两个不同的角度出发，阐述了资金借贷关系

---

① 参见黄达、张杰《金融学》，中国人民大学出版社2016年版，第663页。

与信贷市场中的不稳定性。① 此后，随着经济学内涵不断拓展，信息经济学认为信贷市场和金融市场本身具有"信息不对称"特征，信息不对称是金融脆弱性之源。

1. 企业角度

从企业角度出发，金融脆弱性来源于企业存在内在的财务风险。明斯基认为金融行业的高负债融资是加剧金融系统不稳定的主要原因，对此，他提出相应的模型，创造性地发展了"金融不稳定假说"。依照融资类型，明斯基指出借款的企业可分为三类：第一类是抵补性的借款企业（hedge-financed firm）。此类企业在预期总收益不仅大于到期所要偿付的债务本息，而且每一个时期内其预期收入也大于债务的本金和利息之和，因此，此类企业在金融系统中最为安全。第二类是投机性的借款企业（speculative-financed firm）。此类企业预期收入在总体上大于债务额，但其预期收入在投资周期的前段时期覆盖利息支出，无法支撑债务本金的偿还。此类企业通常会通过债务重组、变卖其资产等方式获取资金，使后期的预期收入足以偿还到期本息，但事实上，这种操作由于市场条件的不确定性，企业将承担不确定性风险，最终导致企业财务恶化，因而此类企业有存在风险的可能。第三类是庞兹企业（Ponzi finance firm）。此类企业的预期收入在总量上可以覆盖债务额，但每一期的预期收入都少于到期需要偿还的债务本息。这类企业通常借款投资的项目回报期很长，他们通常会在长时间内采用滚动融资的方式，不断地增加借款，以实现企业的正常经营。但一旦利率升高，这类企业的财务状况将会更加恶化，面临巨大的风险。因此，这是最为脆弱的一类企业。

由于商业周期的存在，企业会倾向于进行高负债经营。在一个新周期开始时，绝大多数企业都属于抵补性企业。随着经济逐步发展，金融市场逐渐繁荣，市场显现出利好气氛，投资者情绪纷纷上涨，使得企业对自身的预期收益上升，进而纷纷增大借款规模。由此，投机性企业和庞兹企业迅速增多，而且所占比重越来越大，使得整个债务市场的安全性急剧下

---

① H. Minsky, "The Financial Instability Hypothesis: Capitalist Process and the Behavior of the Economy," in *Financial Crisis: Theory, History and Policy*, eds. Charles P. Kindlberger and Jean-Pierre Laffargue (Cambridge: Cambridge University Press, 1982), pp. 13~38; J. A Kregel, "Margins of Safety and Weight of the Argument in Generating Financial Fragility," *Journal of Economics* 31 (1997), pp. 543~548.

降，金融风险逐渐累积，金融脆弱性愈发凸显。一旦风险集中爆发，市场就会面临流动性陷阱，使得信贷资金无法流入生产部门，大量企业面临违约和破产，实体经济遭受重创，反过来又进一步影响金融体系，金融机构的破产迅速扩散，金融资产价格的泡沫也迅速地破灭，金融危机随之爆发。

金融体系的内在脆弱特性使得金融机构必然会经历周期性金融危机和破产浪潮。明斯基提出有两种可能的原因可以解释这种金融体系内在脆弱性特征：一是代际遗忘特征，即贷款人常常会在一些利好事件的影响下忘记前一次金融危机的影响，认为当前资产价格的上涨趋势将持续下去，对眼下利益的贪欲战胜了对过去危机的恐惧，进而一次又一次地重蹈覆辙。而且，银行的道德风险还会将代际遗忘的时间大大缩短。二是竞争压力特征，即贷款人会由于同行的竞争压力而做出许多冲动的贷款决策。经济蓬勃发展，实体经济借款需求巨大，每家银行都向其顾客提供大量贷款来保住自己的顾客和市场，导致金融风险不断累积。由于借款开始高涨到最终的结账日间隔很长，银行无须为自身决策背负直接损失，更促进了银行竞争压力下的不审慎的贷款。

2. 银行角度

从银行角度出发研究金融市场脆弱性，就有了"安全边界"（margins of safety）这个概念。克瑞格的"安全边界"是指借款人的贷款偿还能力，"边界"中包含了银行必要的风险报酬。未来市场难以掌握和预测，因此，银行只能通过评估借款人过去的信用记录来决定是否批准贷款。然而银行对安全边界的衡量方法很可能是不科学的，借款人的历史信用记录和其他银行的行为可能难以准确地计算借款人的安全边界，这种不恰当的评估方法很可能是信贷市场脆弱性的主要原因。

当经济稳定发展，市场呈现繁荣景象时，拥有良好信用记录的借款人的比重会逐渐增大，借款人与银行的信心提升，金融系统的警戒性下降，安全边界随之降低。长此以往，曾经难以获得贷款或安全边界较高的借款人，也能以较低的安全边界获得充足的贷款。由于经济繁荣时期借款人的投资收益高导致的过度自信、过度投资，安全边界逐渐被侵蚀，然而银行和借款人都没有发现信用风险正在扩大，许多错误的投资决策被掩盖。当这些错误决策的安全边界超过一定限度时，就会陷入"债务—紧缩"的恶性循环，供求失衡，债务负担加重，借贷关系紧张，金融脆弱性迅速增大，继而发生金融危机。

3. 信息经济学角度

基于信息经济学的不完全信息假设，信贷市场上的借款人和贷款人间往往会有较为明显的信息不对称问题。为了防止借款人隐瞒自身关于偿付债务的意愿和能力的信息，需要专业的金融机构把关，对资信不佳的借款者进行筛选与淘汰，从而尽可能地避免庞兹型借款者参与到信贷交易中，从根源上杜绝风险的累积。然而，虽然银行等金融机构具有专业的信用评级能力，但由于其自身仍是以负债经营为理念，可能会为了吸收更多存款而进行超出风险承受能力的投资，因此反而进一步扩大了风险，从风险监控的角色转变为风险传染的角色。此外，投资者情绪的波动也进一步加剧了金融市场的不稳定性，投资者信心容易受挤兑效应的影响，导致金融资产价格发生异质性变动，由此催生了金融市场的脆弱性。

理论上，金融市场对于各类金融资产定价的依据主要是相关资产在未来可实现的现金流量与能够影响这一流量规模的多重因素，但由于金融市场具有不完全信息约束，零散且非专业的资产持有者并不能及时了解这些信息。因此，金融资产定价具有不稳定倾向，金融资产价格自身具有波动性。此外，金融资产价格还会受到既定市场内特有因素的影响，例如，汇率价格和股票价格具有异质性波动，且日趋复杂的金融系统将导致波动迅速传导和互相影响。

（三）金融脆弱性与金融市场脆弱性

1. 金融机构脆弱性

金融机构脆弱性来自金融机构高负债经营以及资产负债期限错配等特点导致的不稳定性。以上两种金融机构的内在属性显著加剧了金融机构的经营风险。一方面，银行出于盈利目的而倾向于高杠杆经营并将风险转嫁给其他个体。由于财务杠杆比例越高，企业破产风险越大，这种模式极大地增加了财务风险，引发整个金融系统的脆弱性。另一方面，银行资产负债错配的流动性风险也是金融危机爆发的导火线。历史上的银行危机多数都是由流动性困境引发的银行挤兑以及市场恐慌，流动性危机进一步传染，加剧信用危机。而且，高负债经营和资产负债期限错配作为金融机构的内在属性以及盈利方式，难以通过金融监管完全规避，央行救助又面临着通货膨胀和有限资源的压力，这些都使得高负债经营以及资产负债期限错配引发的金融脆弱性无法根除。

2. 金融市场脆弱性

金融市场上的脆弱性是指由于信息不对称、未来预期不确定性、市场不完全性引发的资产价格的过度波动和汇率的过度波动。金融资产价格的不恰当波动或过度波动是金融体系风险积累的重要来源。资产的波动性来源于市场中的不确定性，市场参与者对于资产未来收益的不确定的、模糊的心理预期会引起资产价格的波动。此外，由于投资者难以通过资产组合规避所有潜在的不确定性，资产价格往往会出现不正常乃至过度的波动，从而使得金融风险大量累积，金融脆弱性增强。汇率的过度波动性，指的是市场汇率的波动幅度超出了真实经济因素所能够解释的范围。面对外部冲击，资产价格和商品价格都可能反应过度，而且资产市场和商品市场的调整速度往往并不一致，从而引起汇率的过度波动。加之金融市场上的主要金融产品价格间存在极强的关联性，固定汇率制也会增加汇率波动问题的复杂性。

（四）金融脆弱性的测度方法

关于金融脆弱性的测度，早在20世纪80年代就已经开始。最早的金融脆弱性假说是从企业角度对银行脆弱性的催生原因进行分析，认为主要是银行信贷风险累积造成了金融脆弱性的急剧上升。后人又提出银行脆弱性的安全边界说，从银行角度研究金融脆弱性的形成原因，认为是审查标准的放宽导致了银行贷款安全边界扩大，从而增大了金融脆弱性。金融脆弱性的测度方法主要包括单一指数法、加权指数法以及因子分析法等方法。[①]

1. 单一指数法

单一指数法是通过选择一个能够反映金融系统脆弱性的单个指标来衡量金融脆弱性，主要选择有银行不良贷款率以及资本充足率。目前较为经典的对银行危机的判定条件包括：第一，政府对银行救助的财政注资要大于国内生产总值的2%；第二，银行体系遭遇大规模挤兑，政府采取了冻结存款等紧急措施；第三，银行大规模国有化；第四，银行体系的不良贷款率占整个银行资产的比重超过2%。Demirguç-Kunt 和 Detragiache 认为发

[①] 参见谢正发、饶勋乾《金融脆弱性指数构建的测度与实证分析》，载《统计与决策》2016年第5期，第152～156页。

生以上四个条件之一时，就可认定银行体系发生危机。① 假设测度金融脆弱性利用单一指标 X_t，首先对该指标进行标准化：

$$CMAX_t = X_t / X_{\max}$$

其中，$CMAX_t$ 为单一指标 X_t 标准化后的值；$X_{\max}$ 指过去十年中的最大值。$CMAX_t$ 计算完毕后要设定指标的警戒线，通常是单一指标平均值减 $1\sim1.5$ 倍标准差。再将 $CMAX_t$ 与警戒值相对比，高于警戒线时表明金融体系具有金融脆弱性，且面临较大的潜在金融风险；当 $CMAX_t$ 低于警戒线时，则表明金融体系是安全的。

2. 加权指数法

加权指数法需要选取可以衡量金融体系风险的相关指标，利用算数平均值或者加权算数平均值对该相关指标进行算数平均，以得出的加权算数平均值作为金融脆弱性的综合测度指数。较为常用的指标为银行对私人部门信贷同比增速、银行存款同比增速和银行未对冲负债同比增速的加权指数。② 具体构建公式为

$$BSF_t = \frac{1}{3}\left(\frac{FL_t - \mu_{FL}}{\sigma_{FL}} + \frac{CPS_t - \mu_{CPS}}{\sigma_{CPS}} + \frac{DEP_t - \mu_{DEP}}{\sigma_{DEP}}\right)$$

其中，FL_t 是私人部门的信贷同比增速；CPS_t 是银行存款的同比增速；DEP_t 是银行未对冲负债的同比增速；μ_x 和 σ_x（$x = CPS$，FL，DEP）分别是变量的均值和标准。

3. 因子分析法

该方法主要使用主成分分析法，对金融风险相关的指标变量提取主成分，然后根据各主成分的相关载荷设定权重系数，最后以各主成分的加权算数平均值作为衡量金融脆弱性的综合指数。因子分析法能比较好地克服模型出现多重共线性的问题，并有效避免加权指数法人为设定权重系数的不准确性，对事实的衡量更为科学。

用数学公式表示因子分析法对原始数据进行线性变换：

---

① A. Demirguç-Kunt and E. Detragiache, "Monitoring Banking Sector Fragility: A Multivariate Logit Approach," *The World Bank Economic Review*, no. 14 (2000); "Deposit Insurance and Moral Hazard Proceedings," Federal Reserve Bank of Chicago, 2001.

② Jerry Caprio and Daniela Klingebiel, "Episodes of Systemic and Borderline Financial Crises," in "Managing the Real and Fiscal Effects of Banking Crises," eds. Daniela Klingebiel and Luc Laeven, *World Bank Discussion Paper*, no. 428, 2002.

$$X = F\beta + \mu$$

其中，X 为 $T \times N$ 维的原始数据矩阵；T 为时间长度，测度样本容量；N 为指标个数；F 为 $T \times p$ 维的因子集，且 $p < N$，对应的每一列为相应的主成分，对应的因子载荷矩阵用 β 表示；μ 为参数矩阵，经标准化处理后值为 0。由公式计算因子集 F 的估计量为

$$F = \frac{1}{\sqrt{T}} M$$

其中，M 表示 $T \times p$ 维的矩阵。根据相关研究，需确定主成分的个数 P。设 λ_i 为第 i 个特征根，第 i 个主成分的贡献度为 $\dfrac{\lambda_i}{\sum_{j=1}^{N} \lambda_j}$。相应地，前 r 个主成分的累积贡献度可表示为 $\dfrac{\sum_{j=1}^{r} \lambda_j}{\sum_{j=1}^{N} \lambda_j}$。通常，按照研究的需要，当累积贡献度达到事前设置的程度时（一般，累积贡献度达 85% 即可），可确定主成分的个数 P。而后对主成分相应权重进行加权，通过公式计算合成指数，即第 i 个主成分的权重表示为

$$v_i = \frac{\lambda_i}{\sum_{j=1}^{P} \lambda_j}$$

$$金融脆弱性指数 = \sum_{j=1}^{N} v_j F_j$$

三、金融脆弱性与金融自由化

从前文的分析中我们知道金融自由化具有二重性，一方面，金融自由化促进了金融发展，金融发展促进了经济增长；但另一方面，金融自由化在相当程度上加剧了金融脆弱性，金融脆弱性引发的危机促使经济衰退。金融自由化变量与金融危机之间存在正相关关系，尤其是一国由金融压抑状态向金融自由化状态转化时，金融脆弱性问题会更加突出。金融自由化主要措施包括利率自由化、业务范围自由化、金融机构准入自由化和资本自由流动。以下我们从金融自由化的主要措施来分析金融自由化如何加剧金融脆弱性。

1. 利率自由化与金融脆弱性的关系

利率自由化是金融自由化的核心内容。利率自由化主要是指要充分发挥利率定价在资源配置中的重要作用，赋予商业银行以利率自主权，随后商业银行就可以以高风险贷款——高利息补偿为筛选原则选择客户。利率自由化加重了金融脆弱性，也突显了利率风险。第一，利率自由化带来阶段性风险，即商业银行在放开利率管制初期难以适应环境所诱发的金融风险。这种风险带有一定的系统性，基本只出现在利率自由化的初期。具体来说，利率水平的显著升高会导致投资规模缩减以及投资效率降低，各家金融机构都倾向于以价格竞争的方式获取业务，银行难以保证自己的基础利润，盈利水平在短期之内受到显著冲击；加之利率自由化后，金融机构和一般经济主体还难以适应长期管制的突然放松，市场稳定性将受到极大影响。利率自由化从利率水平骤然升高和不规则波动性两个方面加剧了银行的脆弱性，从而可直接导致银行危机的发生。第二，利率自由化带来恒久性风险，即来源于市场利率变动的不确定性的利率风险。这种风险的特点是长期性与非系统性。在利率市场化条件下，利率变动的频率和幅度都显著增加，期权机构也会表现出更加复杂的状态，因此，对利率风险的管理是现代商业银行管理的重点。第三，利率自由化带来信用风险。金融机构为应对利率自由化后带来的传统信贷业务的激烈竞争，往往会倾向于发展高收益、高风险的业务，从而增加了信用风险，提高了自身发展的不确定性，甚至可能引发次贷危机。第四，利率自由化带来了汇率风险。利率自由化使得国内利率上升，政府若不采取相应汇率干预措施，将带来巨大的汇率经营风险。

2. 金融机构业务自由化与金融脆弱性关系

放松金融机构业务范围的限制是金融自由化的主要措施。随着金融自由化的兴起和发展，金融业逐渐由分业经营走向混业经营。分业经营源自美国《1933年银行法》（也叫《格拉斯-斯蒂格尔法案》），为了隔离银行业与证券业的风险，该法律禁止金融机构同时兼营这两种金融业务。广义的分业还包括金融业与实体产业之间的分业，即禁止金融业资本进行产业投资，防止金融风险向实体经济领域蔓延。狭义上的混业经营是指一家金融机构可以同时兼营银行、证券、保险及信托等多种金融业务。广义上的混业经营还包括金融机构向非金融领域进行投资。最常见的混业经营是银行业与证券业的融合。

金融机构业务自由化存在消极影响。第一，金融机构业务自由化会降低金融机构的金融服务效率。传统的控制货币的方法是为控制商业银行对存款货币的创造而设计的，而多元化必然会削弱中央银行控制货币的能力。第二，金融机构业务自由化会使金融机构不再受到分业经营监管的限制，其主动通过创新来规避监管的迫切性大为降低。第三，金融机构业务自由化使得金融机构及其客户所面临的系统性金融风险大幅增加。混业经营模式下，银行业参与股票、证券业务运作，股市的波动会导致银行亏损，甚至是巨额亏损，进而致使银行无法应对客户的存款提取。房地产也是典型的高风险行业，在经济复苏时期，房地产业率先繁荣，在经济衰退时期，房地产业率先受到打击，银行对房地产的过量贷款和投资都会引发金融危机。

3. 金融市场自由化与金融脆弱性关系

金融市场自由化包括放宽本国金融机构开业的限制以及允许外资金融机构准入。金融市场自由化降低了银行特许权价值，使银行竞争加剧，削弱银行管理风险的"自我激励"。机构准入自由导致更高的资本充足率和外资银行参与度，以及低的市场集中度和资本收益率，进而有可能升高银行脆弱性。如果在金融自由化过程中缺乏足够的谨慎监管和监督措施，银行通过各种途径从事高风险业务的可能性将增加，导致金融体系的潜在风险加大。

4. 资本自由流动与金融脆弱性关系

促进资本自由流动、积极开放资本项目、优化金融资源在全球的配置是促进一国经济发展、融入国际金融市场的重要政策选择。发展中国家为了加快国内经济的发展，通常都会提高资本市场对外开放的程度，减少对国际资本流动的限制。同时，在外汇方面，在一定程度上放开对汇率的管制。20世纪90年代以来的金融危机大多与国际资本的流动有关。例如，泰国和墨西哥的金融自由化改革使大宗国际资本可以自由进出它们的资本市场。

资本自由流动也会给金融业带来风险，影响经济稳定。以中国为例，资本自由流动带来的冲击主要表现在以下几点：第一，资本自由流动将导致人民币对外币的汇率价格更多地受国际市场中人民币供求状况的影响，汇率波动幅度将大幅增加，跨境套利、套息行为将成为一种常态，汇率风险大幅上升。第二，资本自由流动会造成中国商业银行的货币错配并影响中国商业银行的盈利能力。第三，资本自由流动会使中国企业或个人通过国际市场融资的规模显著扩大，可能会产生过度外债的情况。而且在国际金融市场的激烈竞争下，中国商业银行也会倾向于进行信贷扩张，从而增加中国商业银行的经营风险，造成整个金融体系的不稳定。

四、金融危机含义、类型

（一）金融危机的含义

金融风险在金融系统内部积聚到一定程度，就可能导致金融危机的爆发。《新帕尔格雷夫经济学大辞典》（2008年版）将金融危机定义为全部或大部分金融指标（包括短期利率、资产价格、金融机构倒闭数量等）的急剧、短暂和超周期的恶化。这种恶化是突发性的，容易导致大面积银行挤兑或倒闭，金融资产价格大幅下跌，金融机构倒闭或濒临倒闭，金融业务萎缩不振，金融政策丧失作用。金融危机具有周期性、急剧性、传染性和危害性等特点。

金融危机由突发事件引起，其产生主要有两大根源，一是宏观经济的周期性运动，二是金融系统固有的脆弱性。[①]

（二）金融危机的类型

金融危机有多种表现形式。1998年5月，国际货币基金组织发布的《世界经济展望》中按金融危机的性质和内容提出了四类金融危机，即货币危机、银行业危机、债务危机、系统性金融危机。结合新时代金融业务的最新发展，金融危机可分为五类：货币危机、银行业危机、债务危机、股票危机和全面金融危机。

1. 货币危机

货币危机的概念有狭义和广义之分。狭义的货币危机指实行固定汇率制的国家在非常被动的情况下（比如遭受强大的投机攻击或经济基本面持续恶化）无法维持原有固定汇率，转而实行浮动汇率制，而由市场决定的汇率水平远高于原先刻意维护的水平（即官方汇率），这种汇率变动的影响难以控制、难以容忍的现象。广义的货币危机则泛指汇率的波动幅度过大，超出了一国可承受范围的现象。在广义货币危机的冲击下，一国难以维持正常的经济运行。

---

① 参见范恒森《金融制度学探索》，中国金融出版社2000年版。

2. 银行业危机

银行业危机指在债务到期之日银行无法偿付负债,从而不得不求助政府提供大规模的资金援助以避免违约的现象。银行业危机往往是银行过度参与高风险行业或市场,比如房地产行业、股票等资本市场,或贷款给高风险行业的企业,导致资产负债严重失衡,呆账坏账占比过高,在受到一定外界影响时发生的。由于银行之间、银行与实体经济之间往往存在紧密联系,因此,这一危机很容易溢出至其他银行、其他市场,从而导致更大规模的金融危机。

3. 债务危机

债务危机指的是借款者在国际借贷领域借入了超过自身清偿能力的债务,造成无法按时清偿或者完全无法清偿的现象。在20世纪80年代,诸多发展中国家就曾受到债务的严重困扰。目前,主要使用外债清偿率来衡量一个国家的外债清偿能力,即一国或者地区一年中外债的还本付息额除以当年或上一年出口收汇额。通常而言,这一指标超过20%时被视为外债负担过高。当出现严重的债务危机时,无论是债务国还是发达国家的债权银行乃至整个国际社会,都承受了巨大的压力。

4. 股市危机

股市危机又称证券市场危机,广义上指二级资本市场的金融资产价格在短时间内的跌幅达到一定程度,以致市场产生崩盘的一种危机形式。其具体表现为股票市场、债券市场、基金市场及与之相关的衍生金融产品市场的价格发生急剧、短暂的暴跌。股市脱离了经济的基本面,长时间出现非理性的趋势性暴涨,往往是酿成股市危机的重要原因。

5. 全面金融危机

全面金融危机又称系统性金融危机或并发性危机,指主要的金融领域都出现严重混乱,金融体系陷入严重危险的状况。例如,货币危机、银行危机、债务危机等同时或陆续发生。全面金融危机对金融市场的资金配置能力产生巨大的损害,从而导致金融市场出现严重动荡,无法有效发挥作用,进而对实体经济产生较大的负面影响,对世界经济的发展具有巨大的破坏作用。

(三) 现阶段金融危机的新特点

随着金融全球化和金融创新的发展,金融脆弱性演变为金融危机的速度大大加快,金融危机的形式也发生了颠覆性的变化。在20世纪90年代后，金融危机不再表现为某种单一形式，而是具有明显的综合性。由于金融风险传递网络结构趋于复杂，始于外汇市场的危机能够引起货币危机，接着迅速发展到货币市场、债券市场、股票市场等多种金融领域。金融危机的特点除了不确定性、急剧性、杠杆性与传染性外，现阶段还呈现出下几个方面新的特点。

1. 系统重要性金融机构的影响不断增强

"系统重要性金融机构"概念的提出与2008年的国际金融危机密切相关。系统重要性金融机构是指业务规模较大，业务复杂程度较高，一旦发生风险事件，将给地区或全球金融体系带来冲击的金融机构。与此前的金融危机不同，系统重要性金融机构在2008年的国际金融危机的发生和演进过程中起到了巨大作用。这些金融机构往往具有较大的业务规模和一定的市场重要性，因此，也具有巨大的负外部性、普遍的道德风险、竞争不公平性和成本收益不对称性等特性。

在如今全球金融一体化背景下，各机构交往越来越密切，金融机构运作效率日益提高，形成了以资金联系为基础的相关性。当一家系统重要性金融机构出现风险时，会通过其广泛的债权债务链条很快传递影响到其他金融机构，甚至在不同金融市场和机构间传导，产生"多米诺骨牌"效应，威胁整个国际金融体系。以2007年美国次贷危机为例，首先是房利美（Fannie Mae）和房地美（Freddie Mac）被接管引发债市的恐慌，加之美林和雷曼兄弟等投行资产状况急速恶化并相继破产，导致美国短融市场功能几乎丧失，这一系统性金融风险迅速传染至整个金融体系。该风险还通过贸易、国际金融市场等迅速传染至全球，使危机在全球全面爆发。这场国际金融危机也显示了系统重要性金融机构对金融危机的巨大影响力。

2. 金融市场一体化加快了危机的跨国、跨市场传导

20世纪90年代以来，国际金融日益一体化，各国的投资者可以更加自由地在他国金融市场上从事金融活动，扩展了金融交易的市场空间和规模，加快了金融信息传递的速率和扩大了传递的范围，也有效改善了市场的流动性和效率。然而，金融市场一体化同样也带来了消极的影响，加速了金融危机的跨国、跨市场传染。首先，金融市场一体化在增强市场流动性的同时，也导致金融资本价格容易过度波动，增大了金融风险。资本流动性增强使得虚拟经济相比于实体经济具有更大的吸引力，大量社会投资涌入金融市场，加剧了资产价格的过度波动，增加了国际金融体系的不稳定性。其次,金融市场一体化削弱了货币政策的自主性,降低了金融货币政策的效果。一方面,金融市场一体化提高了不同货币资产的相互替代性,一种资产的价格更容易受到其他资产价格的影响,从而影响货币政策的效果;另一方面,金融市场一体化促使投机性货币需求进一步增加,从而影响货币政策指标的确定性。最后,金融市场一体化增加了市场脆弱性。随着金融市场一体化进程的加快,不同机构之间的关系也日益紧密,加之金融市场一体化提高了信息传播速度,为金融风险提供了更多的跨国、跨市场传导途径,形成连锁反应。1997年7月以来,东南亚各国的金融危机、拉丁美洲金融危机及其在全球金融市场中的影响就是金融市场一体化条件下金融市场脆弱性的最好例证。

3. 金融创新增加了危机传递链条

随着互联网信息技术的发展,金融创新产品和创新服务不断推陈出新,加速了不同金融市场的相互渗透与融合,为金融危机的跨部门、跨市场、跨地区传染提供了更多的传递链条。金融机构为了追求利润,持续进行金融创新,出现大量金融衍生品。债券化过程中的杠杆交易产生风险并传递到整个金融体系,进而传播到世界主要金融市场并波及实体经济,使经济增长遭受负面冲击。

金融创新主要通过以下途径加大金融风险:首先,金融创新会影响货币政策传导的有效性。金融创新加快了货币的流通速度,或通过金融创新工具扩大了货币供给主体,削弱了中央银行对货币供应的控制,放大了货币乘数,增强了货币创造信用的能力,从而加大了中央银行控制货币的供应量、调控信贷规模的难度。其次,金融创新降低了金融体系的稳定性。金融机构的创新使金融机构由分业经营过渡到混业经营,改变了金融组织机构、资产和负债结构,打破了金融结构的传统分工格局,加强了金融机构之间的联系,使局部的金融风险能迅速传递到整个金融体系,传播到世界主要金融市场,形成全球金融风险。最后,金融创新使金融衍生品种类增多、产品复杂,从而增加了金融监管的复杂性和难度,削弱了金融监管的效力,增加了金融风险。

五、重大金融危机回顾

(一) 1929—1933年大萧条

20世纪30年代的大萧条(the Great Depression)是指1929年至1933

第四章 规则下促竞争，稳定中求发展

年之间发源于美国、后来波及整个资本主义世界的经济危机。大萧条期间，经济活动远远低于正常水平，企业和消费者存在严重的悲观情绪并持续了较长时期。大萧条具有持续时间长、范围广、破坏力强的特点，是20世纪全球经济史上最严重的一次金融经济危机。

美国的20世纪20年代被称为"咆哮的二十年代"，在此期间美国商品市场和股票市场一片繁荣。美国的工业生产指数在1921年时平均值仅为67，但在1928年7月时已上升至110，1929年6月更是达到126。社会各界均表示对未来充满信心，认为经济繁荣将会持续下去。

然而在1929年10月24日，美国股票市场暴跌，许多股票在一天之内从巅峰跌入"深渊"，接下来短短两个星期内，约有300亿美元消失在股市中。美国股票市场的暴跌一直持续到1932年中期，道琼斯工业指数从1929年9月3日的相对高点381.17点下跌到1932年7月8日的最低点41.22点，跌幅高达89.19%，此后耗费了25年才重新回到1929年的最高点。美国股票市场崩溃引发了银行疯狂挤兑以及一系列银行倒闭的连锁反应，在1929—1933年间共计11000余家银行倒闭，其中1933年达到高峰，有4000家银行倒闭，占当时银行总数的20%。这一时期资金供应减少了30%，银行信用几乎全部丧失。1929—1933年，美国国民生产总值由2036亿美元降至1415亿美元；实际GDP下降30%，名义GDP下降50%；企业倒闭80000余家，失业率从2.5%上升至25%。危机造成美国经济、金融全面衰退。

美国这次经济危机很快蔓延到英国、法国等其他工业国家，引发了一场世界经济与金融的"大萧条"。"大萧条"对发达国家和发展中国家带来了毁灭性打击，具体表现在对经济、社会、政治和国际关系等方面。

大萧条严重地影响了经济的发展。1929—1932年，美国工业生产下降55.5%，德国工业生产下降52.2%，英国工业生产下降32.0%，法国工业生产下降36.1%（见表4-2）。美国经济在1933年跌入谷底，工业产出下降到衰退前的65%。德国、澳大利亚和加拿大的失业率一度接近30%。各国为维护本国利益，加强了贸易保护的措施和手段，这进一步加剧了世界经济形势的恶化。

表4-2 1929—1932年美国、英国、法国和德国经济指数变化

单位：%

经济指标	美国	英国	法国	德国
工业产值	-46	-23	-24	-41
批发价格	-32	-33	-34	-29
对外贸易	-70	-60	-54	-61
失业率	+607	+129	+214	+232

大萧条造成了严重的社会问题。首先是大规模的失业，继而引发大饥荒，导致大量人口非正常死亡。据保守估计，大萧条期间至少有700万人死亡，约占当时美国人口的7%，还有约200～400万中学生辍学。大规模的经济冲击大大降低了各国的经济水平和生活水平，引发社会动荡，社会治安日益恶化，法西斯主义泛滥，资产阶级民主制度摇摇欲坠。

大萧条还引起了一系列的政治问题，使地方性的经济民族主义发展到妨害国际关系的程度。危机也加速了法西斯主义在德国、意大利和日本的发展，使这些国家走上了对外侵略扩张的道路。

（二）1997年亚洲金融危机

东南亚货币危机是由泰国泰铢下跌引爆的。1997年7月，随着泰国宣布泰铢实行浮动汇率制，货币贬值，随后迅速蔓延至印度尼西亚、菲律宾、马来西亚，并随即波及新加坡、中国台湾和中国香港，后又扩展到东北亚的韩国和日本。这场始于东南亚的金融风暴最终一路传导至东亚，演变成为亚洲金融危机，直至1999年方才结束。

此次危机中，印度尼西亚、泰国和韩国是遭受损失最为严重的国家（见表4-3）。三国国内生产总值在两年内分别缩水83.4%、40%和34.2%。此次亚洲金融危机除对东南亚和全部东亚地区的国家造成影响外，也冲击了俄罗斯和巴西。亚洲金融危机从外汇市场的超常波动开始，由此引起货币危机，进而发展到货币市场和证券市场的动荡，并最终影响到实体经济的正常运行。

表 4-3 亚洲经济危机期间各国受影响程度

单位：%

国家或地区	货币贬值幅度	股价下跌幅度	经济增长率下跌点数
泰国	-55.65	-51.2	-8.2
马来西亚	-45.82	-54.5	-15.0
印度尼西亚	-85.24	-53.1	-18.6
菲律宾	-42.79	-46.0	-5.7
新加坡	-20.21	-47.2	-8.7
韩国	-54.85	-62.4	-10.8
中国台湾	-20.41	-21.5	-2.0
中国香港	-0.04	-50.9	-10.4
中国内地	-0.02	-16.7	-1.0

（资料来源：据公开数据整理。）

亚洲金融危机爆发的原因可以归结为以下几点：①国际金融市场游资冲击。彼时国际市场中约有7万亿美元的流动国际资本，给外汇市场带来了诸多不稳定因素。②不合理的汇率制度。为了吸引外资、追求经济高速增长，东南亚国家长期实行与美元挂钩的联系汇率制。随着美元的升值，这些国家的货币一并跟着升值，增加了国内市场的进口，同时严重抑制了本国货物的出口，使经常项目持续逆差。在贸易赤字激增时，投机者见有利可图，便抛售持有的东南亚国家的货币。当货币贬值压力超出这些东南亚国家平抑汇价的举措的有效范围，国家被迫转而实行浮动汇率制时，便可能形成金融危机。③过早实行资本项目自由化。东南亚国家为了吸引外资，过早地开放了短期资本市场，实行资本项目自由化。然而，当时东南亚各国实行固定汇率，难以起到调节经济活动的作用，而且国内存贷款利率远高于国际货币市场水平，容易受到游资的套汇套利冲击。在这种背景下开放短期资本市场，在国内经济滑坡时，外国短期资本纷纷撤离，使得国内经济环境进一步恶化。此外，东南亚国家长期动用外汇储备弥补逆差，外汇储备远远不能稳定汇率，最终只能任由币值暴跌。

（三）2008年国际金融危机

2008年的国际金融危机首先发生在美国，是由次级抵押贷款机构破产、投资基金被迫关闭、股市剧烈震荡引起的金融风暴。此次危机被认为是大萧条之后最严重的一次金融危机，其持续时间之久、波及范围之广、对实体经济破坏之严重，极为罕见。

"次贷"即次级抵押贷款，指贷款机构向信用程度较低或者收入不高的借款人提供的贷款。借款人信用记录与还款能力不高，因此违约风险较大，与之对应，贷款利率相对较高。随着美国住房市场持续繁荣，次级抵押贷款市场迅速发展，使进行次级抵押贷款业务的商业银行承担着巨大风险，一旦房价下跌，银行将承担巨额亏损。于是商业银行将房贷集中到一起，形成一种按揭证券出售给投资银行。投资银行购买这些按揭证券后，将其打包设计成次级债券——债务抵押债券，出售给全世界投行的客户。为了给予投资者信心，投资银行还设计了次级债的保险——信用违约掉期，将保险公司也纳入这场"次级"游戏中，风险从商业银行扩散到了全世界的金融业。

随着美国住房市场不再火热，且伴随着短期利率提高，次级抵押贷款的还贷利率也大幅上升，购房者还贷压力大幅增加，再加上住房市场降温导致难以通过出售房屋再融资，最终导致大批次级抵押贷款的借款人无法偿还贷款，只能违约，将卖不出高价的房子交给银行，进而导致银行的大规模亏损，金融市场出现了严重的流动性危机。2007年2月，汇丰银行宣布北美住房按揭贷款业务遭受巨额损失，减记108亿美元的资产；4月，美国第二大次级抵押贷款公司——新世纪金融申请破产保护，难以偿还来自华尔街的巨额债务；8月，美国住房抵押贷款投资公司申请破产保护，成为继新世纪金融公司之后第二家申请破产的大型抵押贷款机构；同月，一些买入次级抵押贷款或相关衍生品的欧洲金融投资也受到重创，德国和法国纷纷宣布冻结或预警旗下参与美国次贷证券的基金，导致欧洲股市受到重创。此时，美联储开始向金融体系中注入流动性，以维持市场信心，然而部分金融机构的情况仍在恶化。2008年3月，贝尔斯登因资产损失和流动性不足而被摩根大通收购；7月中旬，美国房贷两大巨头——房利美和房地美被曝面临巨额亏损，随后，美国财政部不得不接管这两家公司；9月，历史悠久的雷曼兄弟控股公司申请破产保护，几天后，美联储宣布将高盛集团和摩根士丹利两家投资银行改为商业银行，次贷危机全面爆发。

由次贷危机引发的2008年国际金融危机对美国及全球经济造成巨大损失。美国道琼斯工业指数跌幅高达50%。各国金融体系受到重创，全球范围内流动资金骤然紧缩，直接影响了实体经济的增长速度，严重影响了世界各国的经济发展。

美国次贷危机的爆发，究其原因，主要有以下几方面。

1. 美国政府货币与住房政策失误

在互联网泡沫破灭和"9·11"恐怖袭击发生后，美国经济面临着增长乏力的窘困局面。为了刺激经济，美国政府采取了积极的货币政策，从2001年开始，美联储连续14次降息，到2003年6月，联邦基金利率已经由6.5%下调至1%，达到历史最低点。宽松的货币政策反映到房地产市场上则表现为房贷利率同样下降，一年可调息按揭贷款利率从2001年年底的7.0%下降到2003年的3.8%。即便在如此低的房贷利率下，美国还持续推动房地产市场，甚至为中低收入购房者提供首付资助。实际上，帮助这些次级贷款者在无首付情况下购房，为之后的次贷危机埋下了隐患。

2. 金融监管存在不足

首先，金融监管缺少统一性和协调性，在分业监管的体制下，缺少一个能够拥有全市场系统性风险消息的机构，加上各个监管机构之间缺少协调机制和协调渠道，最终无法及时阻止局部风险跨市场传导演变成全局性风险。其次，金融监管宽松，分业监管难以应对混业经营和业务，因此，在监管中存在大量重叠和空白。最后，即便功能性监管体系已经在一定程度上弥补了机构性监管的缺陷，却仍然在监管综合经营金融机构时表现出监管不力，这主要是因为缺少一套有效的金融监管协调机制，使得各监管机构对于跨市场业务的监管责权分配不清，难以形成有效的监管。

3. 金融机构推波助澜

首先，贷款机构提供了过度信贷。随着房价的连续上涨，金融机构从供需两个层次参与房地产泡沫的生成。其次，投资银行过度利用次级抵押贷款开发衍生品，衍生品的高杠杆属性使得资产泡沫被进一步扩大。最后，信用评级机构给予投资者极大的误导。受利益驱使或者技术因素等影响，评级机构对次级贷款及以次级抵押贷款创造的衍生品给予了高评级，未能给投资者正确的风险信号，一定程度上推动了市场情绪。

六、金融危机防范与处置

（一）防范与处置金融危机的意义

近年来，金融全球化的趋势逐渐增强，新兴金融市场的快速发展打破了原有的旧格局，国际金融市场逐步扩大，具体表现在国际金融机构大量设立分支机构以及全球业务网络的广泛建立。金融全球化促进了国际金融市场的繁荣，也同时导致金融环境越来越复杂，加速了金融危机的跨国传播。金融危机发生的概率越来越高，频繁爆发的危机对各国的社会、经济稳定发展造成严重的威胁。防控金融危机一方面可以使金融机构得到一个安全稳定的资金筹集环境和良好的经营环境，从而保障金融机构顺利实现经营目标，使得金融机构更加科学、合理地进行资金筹集和经营决策；另一方面可提高社会资源的利用效率，将金融风险控制在社会可承受的范围之内，提高社会发展的稳定性。因此，防范处置金融危机已经成为当前世界的重要话题。防范、化解和处置金融风险应提倡从"大金融"的概念和现代金融体系理论来考虑。[1]

（二）金融危机的防范与处置

金融危机发生频率越来越高，危害也越来越大。"防范"金融危机固然重要，但金融危机发生后，对金融危机的"处置"措施更为重要，它将深刻影响金融危机发生后的经济复苏和经济长期增长的速度。金融危机防范处置的目的就是使短期产出和长期产出损失最小化。从近年来出现的金融危机来看，不同的国家处理危机的对策不完全相同。目前世界范围内，应对金融危机常用的政策工具基本上可以分为两大类：一是危机遏制阶段（containment phase）的相关措施，包括存款冻结、银行休业、一揽子担保计划、流动性支持、降低储备要求等；二是危机处置阶段（resolution phase）的相关措施，主要包括政府干预、国有化、关闭或兼并银行、成立资产管理公司、重新资本化等。[2]

对于我国政府而言，如何全面有效地防范、处置和化解系统性金融风险已经成为国家重点关注的主题。本书将从三个层面和危机的三个阶段探讨如何防范处置金融危机。

1. 宏观层面（国家层面）

首先，要稳定金融市场。中国正处于转型时期，要稳定金融市场，就要稳定经济预期，稳定社会情绪。市场预期稳定可以促进国内外资本对中国经济成长的良好预期，是金融系统稳定的基础。股市方面，要加强资本

---

[1] 参见陈云贤《国家金融学（第2版）》，北京大学出版社2021年版，第289页。
[2] 参见陈雨露、马勇《大金融论纲》，中国人民大学出版社2013年版。

市场预期引导，妥善处置股票质押风险；继续做好科创板的监管工作，助推中国建设富有国际竞争力的中国特色资本市场。汇市方面，在维持人民币汇率稳定的同时，进一步推动金融市场双向开放，深化外汇管理改革。房市方面，不应将房地产作为短期内刺激经济的手段，要贯彻落实中央提出的"坚持房子是用来住的、不是用来炒的"理念，落实房地产长效管理机制，保障中国房地产市场的健康平稳发展。社会融资方面，要更加注重保持平稳且松紧适宜的市场流动性，可采取定向降准、调降贷款市场报价利率等操作，降低民营企业和小微企业融资难度。

其次，要加强逆周期宏观审慎监管。宏观审慎监管是从宏观和逆周期视角制定相关措施，目的是保证国民经济中金融机构运行的稳定和信贷资金的充足，防范周期性波动以及金融网络传染导致的系统性金融风险，防止产生过多的负外部性。对比微观审慎监管，学术界认为宏观审慎监管突破了传统金融监管的范畴，拥有更加宽阔的视野，它更注重的是整个金融体系的稳定。中国目前已经成立了专门的宏观审慎监管机构，能够对系统性金融风险进行全面的监测和预防，可维护金融体系的整体稳定。下一步是结合中国国情，逐步健全中国的宏观审慎政策框架，使宏观审慎监管和微观审慎监管协调配合、互为补充，不断完善相关管理手段。

此外，要加大各个国家之间的金融监管协调与合作力度，建立国家层面的金融监管协调机制和辅助监管机构，以及建立国家间的金融监管协调、信息沟通和联合处置机制，对交叉性金融业务、重大金融风险事件及影响金融稳定的基础性问题实施联合管理；强化国家监管意识和职责，成立具有较强处置力的各国监管机构，加强对准金融机构、场外交易市场的监管；建立金融风险多维监测、评估和预警体系，及时发现和防范风险。

2. 中观层面（金融市场层面）

首先，要积极探索建立中央政府、地方政府监管部门和其他有关部门共同参与的、适合各国实际的市场化风险应急处置机制。这些处置机制具体包括存款保险制度、股东与债权人的风险共担机制、系统重要性金融机构建立恢复和处置计划、政府援助管理和退出机制、高管层承担经营失败责任制度等。高效率、市场化的风险处置机制能够有效降低风险处置成本，最大限度地提高风险处置效率，迅速地将金融创新的风险扼杀在摇篮中。

其次，要加强金融市场监管，完善金融监管体制，保证金融市场稳定运行。一方面，要建立完善的监管组织和长效机制，为金融风险处置工作提供基本保障。对于金融产品和业务上的改革创新，要严格遵守和准确把握相关法律政策，将其置于规范、全面的监管之下。另一方面，要完善金融监管的法律制度建设，保证金融监管有法可依，为金融稳定提供大前提。

最后，对金融市场的开放要循序渐进。一国在开放金融市场的进程中，要逐步地、有计划地推进资本市场开放，在保障国家经济安全的前提下促进与世界经济的融合。同时加强对国际资本流动的控制与引导，优化引进外资尤其是短期资本的结构及投资方向，以防止短期资本大规模撤离的局面发生，防止国际资本流动中的投机性，防止金融危机的发生。

3. 微观层面（公司治理层面）

首先，要注重提高金融市场主体的自我管理能力，使其对风险进行自我监控，从而提高金融主体的创新活力，实现各国金融稳定和谐发展。一方面，要大力鼓励金融系统中具有重要性的金融机构提升自身实力，包括完善公司治理结构、开展金融改革创新、增强内部管理控制、开展差异化经营等方式，从而提高自身的行业竞争力以及金融风险管理能力。另一方面，应注重培育有利于细化分工、增强功能的创新型金融机构，让他们来增强市场的创新能力和抵御风险能力。此外，要尽量减少中央及地方金融监管部门对金融机构的不当干预和过度干预，让市场充分发挥其调节作用，让金融机构发挥市场主体作用，在市场竞争中逐步发展壮大。

其次，要注重保护中小投资者等金融消费者的合法利益。地方开展金融业态、金融产品的改革创新，须平衡、协调好金融行业发展与中小投资者利益保护的关系，要尊重保护中小投资者的利益，不可以牺牲中小投资者利益来谋取短期的金融发展。加强金融行业自律，提高金融产品和金融服务的规范性和透明度；完善相关投诉反馈机制，使金融消费者解决纠纷的渠道畅通无阻。

最后，金融机构应当改善内部治理。第一，加强内控，预防股东侵占的情况发生。防止股东与商业银行进行不当的关联交易。第二，加大对问题股东的监管处罚力度，包括依法整治违规行为、清退问题股东、没收违法所得。第三，金融机构建立中长期激励机制，提供更大的空间，以确保业务发展与金融机构及利益相关者的长期利益保持一致，避免因短视行为导致金融风险积累，为金融市场长期可持续发展提供坚实基础。

第四章 规则下促竞争，稳定中求发展

金融危机的处置大致可分三个阶段：危机阶段、稳定阶段和恢复阶段。下面将以美国处置次贷危机为例，探讨随着危机的演进，美国如何从货币、财政、监管、经济振兴计划和法制保障等方面出台各种政策，处置危机。

第一，危机阶段，处置重点是制止动荡和稳定金融体系。在危机发生之时迅速启用应急系统及采用稳定措施，及时制止危机的进一步扩散和蔓延，尽快稳定金融体系。以美国处置次贷危机为例，在危机发生时，美国采用货币政策（包括传统的激进货币政策和非传统的货币政策）和财政政策，结合市场化手段处置金融危机，稳定金融市场。2007年8月17日与9月18日，美联储2次下调美联储基金基本利率，到2008年年底，美联储基金基本利率已从5.25%迅速降至零。同时，调整准备金率，向发生危机的非银行机构提供紧急贷款。这些措施直接增加了流动性，间接提高了个人消费能力并降低了企业经营成本，刺激了消费，提升了就业率。

第二，稳定阶段，处置重点是重组金融体系。在此阶段进行金融重组，解决金融部门的不良资产。例如，在货币政策上，2008年3月，美联储向摩根大通银行提供290亿美元贷款，协助其收购因次贷危机而濒临倒闭的美国第五大投资银行贝尔斯登，有效地稳定了直接参与资本市场体系运作的证券机构。美联储还注资1800多亿美元给濒临破产的美国国际集团（American International Group，AIG）。在财政政策上，美国国会通过《2008年紧急经济稳定法案》，开始实施预算总额高达7000亿美元的不良资产救助计划。

第三，恢复阶段，以规范金融体系为重点工作。在此阶段进行宏观及结构性调整，优化经济结构，重塑公司治理机制。为了促进就业、消费和投资，美国政府从长远角度调整联邦预算，谨慎制定税收和联邦政府预算政策，投资必要的公共基础设施。美国政府还大幅度减税，2010年12月出台了8580亿美元的减税计划，继续扩大赤字化开支规模，实行一揽子经济振兴计划，带动经济发展。美国还进行了监管改革，加强金融监管。2010年设立金融稳定监督委员会，出台衍生品监管措施，实施《多德－弗兰克华尔街改革和消费者保护法案》，旨在加强对国际金融体系的监管，保护消费者、稳定金融市场。危机后，美国政府提出加强短期、中期和长期监管，对银行业、证券业、期货业和保险业分别规划新的监管措施，计划创建一个现代监管体系。

第三节　优化金融发展环境

金融是现代经济的血脉,是优化资源的重要途径和手段,也是推动经济转型和升级的重要保障。要实现金融发展"规则下促竞争,稳定中求发展",良好的金融环境是重要支撑和保障。创造良好的金融发展环境,不仅是金融良性健康运行的内在需求,也是实体经济稳定协调发展的必然选择。

金融服务实体经济,是实现金融稳定的根本要求。稳健厚实的实体经济,是金融稳定发展最深厚的根基。近年来,实体经济加快转型升级,为金融创新提供了广阔的天地。金融改革和创新,又促进了一国的经济和社会转型升级。各国政府应紧紧围绕加快转变经济发展方式这一主线,提高金融效率,着力降低中小微企业融资成本,解决中小微企业融资难和农村金融服务薄弱问题,采取切实措施解决科技产业化金融支撑不强、产业链整合和价值链提升金融服务不足、区域金融发展不平衡的问题,促进金融在服务、助力实体经济高质量发展的过程中发挥更大的作用。

实体经济的发展离不开金融环境的安全稳定。稳定金融市场,防止金融与实体经济发展脱节,避免出现脱实向虚的现象。通过多种途径支持金融市场和实体经济的发展,促进金融市场长期稳定健康发展、实体经济良性发展。

优化金融发展环境,一定要把握住金融服务实体经济这一本质要求,不断进行金融改革和创新,实现金融业与实体经济的均衡发展、共同繁荣。要不断完善政策,健全机制,从多方面采取措施提升金融服务水平,确保主要资金投向实体经济尤其是中小企业,防止金融脱实向虚,从而有效防范金融风险发生。具体而言,需要做好以下几个方面的工作。

一、完善金融市场基础设施

金融市场基础设施涉及金融稳定运行的各个方面,主要包括支付清算体系、金融法律法规、会计制度、征信系统等。金融市场基础设施是金融市场稳健、高效运行的重要保障,因此,要形成布局合理、治理有效、先进可靠、富有弹性的金融市场基础设施,从而为金融业高质量发展提供支撑。首先，优化金融组织机构，加强非公司制机构改革，促进金融基础设施市场化，加强基础设施的服务建设，拓展金融服务功能。其次，金融市场基础设施须有稳健、清晰、透明、可执行的法律基础，因此，需针对金融市场基础设施制定相关法律法规，促进金融信息标准化。此外，加强社会信用体系建设，以法律制度规范约束金融信托关系、信用工具、信用中介和其他相关信用要素，以及完善金融市场信用保证机制为起到奖励金融信用治理机制；建立良好的行业信用体系，完善行业信息统计制度，有效规避风险，让金融创新成为实体经济发展的动力，为金融更好服务实体经济创造良好的社会环境。

二、建全金融监管体系

金融环境受多种因素影响，这些复杂的因素往往会使金融环境对实体经济发展的影响力难以按预期发挥。① 为此，需要强有力的完善的监管体系作为保障。防范系统性金融风险、维持行业稳定健康发展是监管的重要内容。健全的监管组织形式和长效机制，是做好金融风险处置工作的基本保障。

开展金融改革创新，必须注重完善国家金融监管体制，把创新置于全面、规范、合理的监管之下，各国可探索建立国家层面的金融协调机制和辅助监管机构，建立金融稳定工作协调、信息共享和联合处置机制，对交叉性金融业务、重大金融风险事件及影响金融稳定的基础性问题实施联合管理；强化各国监管意识和职责，成立具有较强处置力的联合监管机构，加强对准金融机构、场外交易市场的监管；建立金融风险多维监测、评估和预警体系，及时发现和防范风险。

三、完善法律法规

夯实金融稳定的法制基础。完善的法律法规是金融稳定的基本前提，在现代金融业治理体系中发挥着越来越重要的作用。在发展普惠金融的过程中，金融标准能够约束与激励金融服务者提升相关服务水平，为弱势金融需求者提供适当、有效的金融服务。在消费者权益保护方面，金融标准

---

① 参见黄娟《金融环境对实体经济发展的影响力研究》，载《现代经济信息》2019年第10期，第5～6页。

能够为金融消费者提供法律保护，消费者可以在获取金融产品和服务时有效识别侵害自身合法权益的行为并依法维权。在金融科技发展方面，金融标准为技术与金融的深度融合提供基础。金融标准需与时俱进，覆盖金融科技领域，保障金融科技的健康快速发展，让金融科技能够为投资者提供更高效、更便捷、更安全的金融服务。在金融风险防控方面，金融标准是保证金融安全、降低金融风险的有效工具。金融安全关系到整个金融体系的稳定，关系到经济运行的可持续性，是金融发展、经济发展的基础。金融安全监管高度依赖金融标准，金融标准为金融信息、金融产品、金融服务划定安全底线，保证金融监管有法可依。

开展金融改革，需要在严格遵守和准确把握相关法律政策的前提下，探索开展符合各国实际的金融创新实践。目前，世界各国正在开展金融机构监管与规范、打击非法金融活动和建立征信等建章立制工作，以为各国金融试验提供坚实的制度保障。

四、保护中小投资者的利益

保护中小投资者的利益，是保持金融市场健康可持续发展的基本要求，也是防范和化解金融风险的关键所在。对金融消费者权益的保护能够反映金融服务机构内控制度的执行情况以及相关金融监管政策的实施情况，对金融体系的稳定发展具有积极的影响。开展金融改革创新，必须处理好促进行业发展与保护中小投资者利益的关系，决不能牺牲中小投资者的利益来获取短期虚假繁荣。各国应探索建立政府和监管部门牵头参与的新金融产品和服务的投资者保护监察措施，探索建立专门的金融消费者维权组织，加强金融行业自律，完善投诉、监督和金融纠纷仲裁等机制，畅通金融消费者化解纠纷的渠道；开展金融行业评议活动，提高金融产品和服务的规范性和透明度。①

此外，我们还要积极应对未来金融领域可能会出现的一些新情况新变化，提高宏观调控的前瞻性和有效性，健全和完善现代金融系统，不断深化金融体制改革，促进宏观经济稳定，进一步优化金融发展环境，推进实体经济健康、有序、稳健发展。

---

① 参见陈云贤《国家金融学（第2版）》，北京大学出版社2018年版，第190～192页。

◆思考讨论题◆

1. 如何界定国家与地方金融责权？
2. 如何理顺和处理国家与地方金融稳定发展的关系？
3. 金融脆弱性的表现有哪些？试分析我国当前金融脆弱性的表现。
4. 如何理解金融脆弱性与金融风险、金融自由化三者之间的关系？
5. 什么是金融危机？传统金融危机如何进行分类？
6. 在现代金融体系背景下，金融危机的新特征体现在哪几个方面？
7. 优化金融发展环境的作用体现在哪些方面？如何优化金融发展环境？

第五章 金融发展与弯道超车

现代金融的发展，必然由一国走向国际。当前，金融全球化在发达国家和发展中国家的互动中获得了空前发展。

改革开放40多年来，中国经济实力显著提升，开放型经济新体制逐步健全，中国在全球经济中扮演着日益重要的角色。随着中国对外开放程度的不断提高，中国经济与金融全面融入世界经济体系。经济的增长、现代金融体系的初步建立、金融科技的发展等为中国金融的发展提供了难得的机遇，国内外经济、金融运行环境的复杂化和不确定性又为金融发展带来挑战。一国政治、经济和军事崛起的结果必然伴随着货币不断走强的过程。随着中国国力的增强、国际格局的变化及国际货币体系的发展，人民币崛起成为国际货币遇到了空前的机遇，但也面临着巨大的挑战。人民币国际化是继续深化中国对外开放和提升国际地位的重要战略。如何加快推进人民币国际化进程，进一步提升人民币在国际的支付结算、计价和储备职能，如何抓住机遇实现人民币国际化的弯道超车，是当前需要探索的战略问题。

第一节 金融发展与机遇挑战

经过40多年的改革开放，中国社会发生了翻天覆地的变化，经济社会发展取得了举世瞩目的成就。中国金融从改革开放之初的计划金融转变成为初具现代金融特征的市场化金融，无论是金融市场、金融结构、金融业态、金融监管、金融国际化还是金融竞争力，都发生了深刻的变革。中国的金融体系立足于国情，广泛借鉴国际经验，逐步朝着专业化、市场化和国际化方向发展。在当前全球经济一体化、政治经济局势错综复杂的环境下，中国的金融发展充满着机遇与挑战。

一、中国金融发展的主要成就

改革开放40多年，中国金融业取得了长足发展，并推动着中国经济增长。表5-1显示，中国的国内生产总值（GDP）从679.1亿元增加到900309亿元，增幅达1324.7倍，流通中的货币（M0）从27.5亿元增加到73208.4亿元，增幅是2661.1倍，各项贷款余额从108亿元增加到约133万亿元，达12356倍。可见，经济的增长得益于金融的有效支持，而国民经济的快速发展又支持着金融体系的快速健康发展。①

表5-1 中国经济发展的部分主要经济指标（1952—2018年）

年份	GDP总额/亿元	人均GDP/元	CPI增长率/%	零售商品总额/亿元	职工工资总额/亿元	流通中的货币（M0）/亿元	储藏存款余额/亿元	各项贷款余额/亿元
1952	679.1	119	102.7	276.8	68.3	27.5	8.6	108.00
1960	1470.1	220	102.5	696.9	296.7	95.9	66.3	983.90
1970	2279.7	279	100	858	334.3	123.60	79.5	1047.95
1980	4587.6	468	107.5	2140	772.4	346.2	395.8	2478.08
1990	18872.9	1663	103.1	8300.1	2951.1	4557.9	7119.6	17511.02
2000	100280.1	7942	100.4	39105.7	10954.7	14652.65	64332.38	99371.07
2010	422119.3	30808	103.3	158008	47269.9	44628.17	303302.49	479195.555
2018	900309	64644	102.1	380987	129889.1	73208.40	697170.65	1334507.89

（资料来源：王国刚著《中国金融70年：简要历程、辉煌成就和历史经验》，载《经济理论与经济管理》2019年第7期，第4~28页。）

经过改革开放40多年，中国初步建立了现代金融体系。1978年，中国人民银行从财政部分离，标志着现代中国金融体系建设的开始。1983年9月，国务院做出决定，由中国人民银行专门行使中央银行职能，并具体规定了中国人民银行10项目职责。目前，中国已构建出一套相对完备的金融机构和市场体系，金融机构门类比较齐全、金融市场层次比较清

---

① 参见王国刚《中国金融70年：简要历程、辉煌成就和历史经验》，载《经济理论与经济管理》2019年第7期，第4~28页。

晰，建立起与中国国情相适应的、以机构和分业监管为主的监管框架和以数量调控为主的货币调控体系，初步搭建了宏观金融风险防范和应对体系。① 中国金融体系发展的成就主要表现在以下几方面。

（一）建立了门类比较齐全的金融机构

金融机构门类比较齐全，体现在：一是区域性覆盖广，既有全国性的金融机构，又有区域性的金融机构。二是业务活动范围广，包括中央银行、政策性银行、商业银行以及非银行金融机构。三是所有制形式多样，既有国有金融机构，又有股份制、合作金融组织及外资金融机构。四是融资形式包括间接融资机构和直接融资机构，保险组织体系也不断发展。截至 2018 年年底，中国银行业金融机构达到 4588 家。2019 年，中国金融业总资产近 300 万亿元，其中银行业总资产 268 万亿元，居全球第一，全球银行业排名前 20 的银行中有 7 家中国银行。

（二）逐步建立了层次较分明的金融市场体系

（1）证券市场方面。1990 年上海证券交易所、深圳证券交易所成立，中国证券市场正式诞生。2005 年的股权分置改革后，资本市场的资源配置功能被激活，中国资本市场市值大幅增长，流通市值比例大幅提高，从 25% 逐步上升到 2018 的 90% 左右，基本实现全流通。② 近年来，中小板、创业板、新三板和科创版先后设立，逐步形成了多层次的股权市场体系。在对外开放方面，截至 2017 年 9 月底，先后有 18 家合资证券公司、45 家合资基金管理公司、2 家合资期货公司获批；中资证券基金机构在境外设立了 57 家子公司，期货公司设立了 21 家境外子公司，全球网络布局逐步建立。2019 年，证券业总收入为人民币 3605 亿元，沪、深两市上市公司近 3700 家，总市值 54 万亿，成为全球第二大股票市场；2020 年，证券公司、基金管理公司、期货公司外资股比限制取消。

（2）保险市场方面。自 1979 年恢复国内保险业务以来，保险市场不断发展壮大，保险体系不断健全。由保险公司、保险中介机构、再保险公

---

① 参见陈道富《金融改革的反思与探索》，载《中国城乡金融报》2018 年 11 月 2 日，第 A07 版。
② 参见吴晓求《改革开放四十年：中国金融的变革与发展》，载《经济理论与经济管理》2018 年第 11 期，第 5～30 页。

司、保险资产管理公司等市场主体组成的保险市场体系逐步建立，产品覆盖人寿保险、财产保险、医疗保险、再保险、农业保险等多领域，在风险保障、服务民生、服务国家治理能力现代化方面发挥着重要作用。保险市场逐步开放，截至2017年年末，外资保险业营业性机构增加到71家（外资保险公司56家、保险中介机构14家、资管子公司1家），外资保险公司总资产人民币1.03万亿元；2019年，中国原保险保费收入高达人民币4.3万亿元，继续保持在全球第二大保险市场地位。

（3）货币市场方面。货币市场交易品种逐年丰富，目前有债券回购、拆借、商业票据贴现、同业存单等多个品种。中国的同业拆借市场从1986年开始发展起来，广州、武汉、上海等大城市率先建立起同业拆借中介机构，随后形成各地的同业拆借市场。1994年，为适应市场经济发展的需要，中国建立了全国统一的同业拆借市场，初步形成了全国统一的同业拆借利率（CHIBOR），不断扩大同业拆借市场参与主体。同业拆借市场成为金融机构调剂头寸余缺、中央银行实施公开市场操作的重要场所。① 同时，票据市场从无到有，迅速扩大，逐渐形成了一定的市场规模。2016年，全国统一的票据交易平台——上海票据交易所建立。2018年，同业拆借业务、票据业务交易规模分别是139万亿元和150万亿元。

（4）外汇市场方面。中国的外汇制度经历了从官方管制汇率到外汇双轨制，再到参考篮子货币的浮动汇率制的历程。外汇市场的交易产品构成也进一步接近全球外汇市场状况。2018年，各类外汇交易产品累计成交29万亿美元。2019年8月末，外汇储备余额3.1万亿美元，多年位居全球第一。②

（三）金融市场基础设施不断完善

中国支付清算从手工操作、手工联行到电子支付、电子联行，逐步建成现代化支付系统。金融市场的登记、托管、清算、结算、征信、评级体系基本健全，基础金融服务基本实现全覆盖。金融科技的应用推进了中国及全球支付清算系统的建立，中国的核心支付系统建设已经达到世界先进水平。中国移动支付的业务量、处理效率、覆盖面均居世界领先水平。

---

①② 参见金融界网站《易纲在〈中国金融〉刊发署名文章：新中国成立70年金融事业取得辉煌成就》，2019年9月30日，https：//baijiahao.baidu.com/s? id =1646079916180874755&wfr =spider&for =pc。

2018年，银行机构、支付机构共发生移动支付业务约5224亿笔，金额约445万亿元，其中，以支付宝、微信支付为代表的非银行支付呈现爆发式增长，极大地满足了人民群众的小额资金支付汇划需求，为中国各类共享经济发展提供了技术支撑。

征信系统方面，征信覆盖广规模大。目前经备案的信用评级机构97家、企业征信机构133家、个人征信机构1家，80%以上为民营企业。[①] 截至2018年8月，中国人民银行管理下的全国金融信用信息基础数据库已建立9.7亿个自然人信用档案，收集信贷信息33亿多条，累计公开信息65亿多条。[②] 行业信用管理综合文件不断问世，征信法规体系逐步建立，企业征信市场稳步发展。

（四）建立了较为有效的金融监管体系

中国金融监管体系是从计划经济时代的"大统一"建立起来的。1979年，中国银行从中国人民银行中分列出来，作为外汇专业银行，实现财政和金融的分离。20世纪80年代，中央银行和专业银行分离，中国人民银行在专职行使银行职能的同时，负责监管境内所有金融机构。在金融机构体系加大改革力度的同时，金融业进一步实行对外开放，允许部分合格的营业性外资金融机构在中国开业，使中国金融机构体系从封闭走向开放，多样化的金融机构体系初具规模。90年代，中国实现专业银行向商业银行转变，将政策性银行独立出来，逐步设立政策性金融机构，负责管理外汇资金并经营对外金融业务。在金融监管上，中国从"大一统"进入"分业经营、分业监管"时代。随着金融业的发展，中国金融体制从逐步分离出各类专业机构分业经营后，又在实践中实现混业经营；监管机构从中央银行一家到"一行三会"，再到"一委一行两会"。当前中国金融监管进入"双柱"监管时代，宏观调控和监管协调加强，初步建立了市场化的风险处置机制和符合中国国情的金融安全网，有效防范系统性金融风险。同时，与国际金融监管部门、发达国家金融监管部门实行协同监管。

---

① 参见王国刚《中国金融70年：简要历程、辉煌成就和历史经验》，载《经济理论与经济管理》2019年第7期，第4~28页。

② 参见王利民、王涛主编《中国金融发展报告（2019）》，社会科学文献出版社2019年版，第21页。

（五）建立了比较完整的现代金融法制体系

为了适应金融业的快速发展，中国不断改进和优化金融法制体系。1995 年后，中国建立了以《中国人民银行法》《商业银行法》《证券法》《保险法》《银行业监督管理法》等一系列基础金融法律为核心，相关行政法规、部门规章及规范性文件为重要内容的金融法律制度框架，主要的金融活动均被纳入"有法可依、依法办事"格局。中国还陆续出台了《中华人民共和国票据法》《金融统计管理规定》《中华人民共和国反洗钱法》《征信业管理条例》《存款保险条例》等法律法规。近年，先后颁布了《中华人民共和国民法典》《中华人民共和国刑法（2020 年修正）》；2021 年 4 月，十三届全国人大第二十八次会议首次审议了《中华人民共和国期货法（草案）》，10 月 19 日，二审根据部分常委和有关方面的建议，将本法名称改为"期货和衍生品法"。此外，会计、税收和交易等配套制度不断完善，反洗钱和反恐怖融资监管取得重要进展，有效遏制了金融领域洗钱与恐怖融资风险。①

（六）不断拓展金融业对外开放

改革开放以来，中国金融业对外开放不断拓展，国际影响力明显提升。在金融机构准入方面，1979—1981 年，中国集中批准了 31 家外资金融机构在华设立代表处，拉开了中国金融业对外开放的序幕。2001 年中国加入世贸组织后的首轮开放以全资法人银行、保险及非银金融机构非控股合资为主线，比如提高境外金融机构入股中资银行的比例，对外资保险公司开放全部地域和绝大部分保险业务等。同时，中国还根据经济发展和金融改革需要，积极实施了一系列自主开放措施。

2018 年 4 月，习近平主席在博鳌亚洲论坛上宣布：要进一步放宽银行、证券、保险行业外资持股比例，放宽外资金融机构设立限制，扩大外资金融机构在华业务范围，拓宽中外金融合作领域。中国人民银行随即宣布了 11 条对外开放举措，银保监会、证监会随后陆续推出 40 条具体开放措施。中国大幅、加速扩大对外开放。当前，中国金融业对内外资已按照同等条件批设金融牌照，共有涵盖证券、银行、保险、资管、

---

① 参见金融界网站《易纲在〈中国金融〉刊发署名文章：新中国成立 70 年金融事业取得辉煌成就》，2019 年 9 月 30 日，https：//baijiahao.baidu.com/s? id =1646079916180874755&wfr = spider&for = pc。

支付和信评等30余种金融牌照,各类外资金融机构业务范围大幅扩大。粤港澳、长三角和京津冀区域金融支持政策密集落地,为外资开放提供了额外的政策优惠和便利条件。资本市场双向开放加速推进,沪港通、深港通、沪伦通、债券通相继开通。机构化、国际化投资者占比持续提高。截至2018年年底,外资银行在华机构989家,外资证券公司13家,外资保险公司57家。2018年6月,A股被正式纳入MSCI新兴市场指数。2019年4月,中国债券市场纳入彭博巴克莱全球综合债券指数。根据麦肯锡分析,目前中国金融业制度性改革效果向好,机构化、国际化投资者占比持续提高。图5-1为A股投资者持股市值占比。

图5-1 A股投资者持股市值占比(自由流通市值)
(资料来源:中国人民银行,新闻检索,Wind,麦肯锡分析。)

人民币国际化也取得了明显的进展。2001年中国加入世贸组织后,人民币资本项目可兑换加速推进。从国际货币基金组织资本项目交易分类标准下的40个子项来看,可兑换和部分可兑换的项目37项,占92.5%。2016年人民币加入IMF特别提款权货币篮子。人民币汇率制度经过多次改革后,形成了目前主要由市场供求决定,参考一篮子货币进行调节、有管理的浮动汇率制。自2010年以来,人民币跨境使用大幅增长,越来越多境外贸易企业与机构正将人民币作为重要的保证增值资产与国际贸易结算储备货币。人民币已成为全球第五大支付货币。2020年,人民币国际化指数(RMB internationalization index,RII)达到5.02。

此外，随着科技注入传统金融体系，金融业态开始发生重大变化，经历了从单一向多元化的发展过程，出现了新的业态——金融科技。金融科技创新对中国整个金融体系产生有着深远的影响。

近年来，中国金融体系与科技的融合持续深化（如图5-2所示）。互联网企业和其他技术企业不断将人工智能、云计算、区块链和互联网技术等应用到支付清算系统、财富管理、风险管理、金融监管等金融服务领域。麦肯锡的分析报告指出，中国在金融科技应用领域的突破创新正在引领全球，在一些最重要的新生代技术领域内，中国企业不断创新，得到全球各领域金融机构的关注并成为他们的学习榜样。①

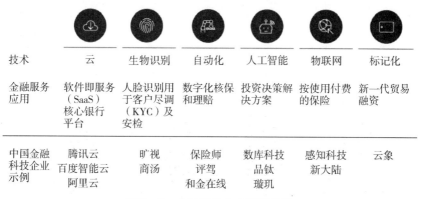

图5-2 金融科技在中国的应用

（资料来源：《中国金融开放新机遇》，麦肯锡中国区金融研究中心，2020年10月。）

金融科技创新与业务拓展相辅相成，大数据、人工智能、云计算、区块链等技术在金融业务和金融服务中的应用，不仅驱动了金融产品和服务的创新，而且有效地节省了金融机构的成本，提高了金融运行效率，提升了金融服务水平和质量，使金融功能变得更加强大。

二、中国金融发展的机遇

改革开放使中国金融彻底完成了从计划性金融到市场化金融的转型，初步建立了基于发达市场基础的现代金融体系。随着中国进一步的深化改

---

① 参见麦肯锡中国区金融研究中心《中国金融开放新机遇》，2020年10月。

革开放,中国金融业的发展迎来了历史好机遇。

(一) 金融进一步开放带来的机遇

2001年中国加入WTO之后,中国金融市场迎来了首轮开放。2013年,中国提出"一带一路"倡议(Belt and Road Initiative,BAR)。一带一路是"丝绸之路经济带"和"21世纪海上丝绸之路"的简称,旨在积极主动地发展与沿线国家的经济合作伙伴关系,共同打造政治互信、经济融合、文化包容的利益共同体、命运共同体和责任共同体。"一带一路"倡议坚持市场运作、充分发挥市场在资源配置中的决定作用的同时,强调政府的引导和支持,重视政府间合作。可以说,"一带一路"是中国对国际制度的创新,其对推动金融市场基础设施建设、金融风险管理能力,提高国际竞争力等都有很重要的意义。

随着中国经济从高速扩张向高质量发展转型,金融体系的结构性改革与深化对外开放同步启动。自2018年起,中国实行新一轮金融对外开放,主要金融行业均开启了力度空前的结构性改革,规模大、成长性好的金融市场孕育着全新的业务机遇和增长逻辑。[①] 中国金融市场与金融机构的进一步对外开放,在宏观上协助了中国金融体系的发展,如促进金融监管与法制体系的健全、促进金融市场基础设施的完善、提高金融风险防范处置的能力等;在微观上促进了金融机构的高质量发展,如提升管理的专业化与精细化、注重产品创新和科技赋能、推动金融支持实体经济、优化资源配置、加强人才融合。

十九届五中全会做出"加快构建以国内大循环为主体、国内国际双循环相互促进的新发展格局"的重大部署。双循环新发展格局的形成,需要金融业全方位支持,这既给金融业如何更好地服务实体经济提出了新要求,也给金融行业创造了新的业务发展空间和机遇。双循环格局为金融机构立足长远,把握契机,制定有力策略,加快战略转型提供了重要机遇。国内大循环形成过程中消费扩量升级,为零售转型提供了机遇。经济结构优化调整,新基建、产业技术升级,以数字经济为代表的新产业、新动能逆势增长、蓬勃发展,为数字化转型提供了机遇。国内资本市场深化改

---

① 参见麦肯锡中国区金融研究中心《中国金融开放新机遇》,2020年10月。

革,产业资本证券化、社会财富金融化,为综合化转型提供了机遇。① 金融体系是构建中国经济"双循环"的战略重器,通过深化金融供给侧结构性改革,逐步构建金融机构功能更加齐备、金融产品更加丰富、金融市场更加开放、融资渠道更为畅通、金融科技更为先进、数据共享更为广泛、人才队伍更加优秀、监管更加高效透明、金融环境更加健康良好的现代金融体系,为实体经济提供高质量金融服务,并有效防范化解系统性金融风险。

2020年11月,中国、日本、澳大利亚和东盟十国等共十五个国家共同签署了《区域全面经济伙伴关系协定》(*Regional Comprehensive Economic Partnership*, RCEP)。RCEP是全球最大的自由贸易协定,涵盖人口超过35亿,占全球47.4%,国内生产总值占全球32.2%,外贸总额占全球29.1%。RCEP的签署使中国对外签署的自贸协定达到19个,自贸伙伴达到26个。RCEP缔约的15国均做出了高于各自自贸协定水平的开放承诺。中国承诺开放的服务部门数量,在加入WTO时的约100个部门基础上,新增了研发、管理咨询、制造业相关服务、空运等22个部门,并提高了对于金融、法律、建筑、海运等37个部门的承诺水平。这是中国首次在金融服务附件中引入新金融服务、自律组织、金融信息转移和处理等规则。这些规则在预留监管空间、维护金融体系稳定、防范金融风险的前提下,为各方金融服务提供者创造了更加公平、开放、稳定和透明的竞争环境。

在"以改革促开放"思路的指引下,新一轮开放将进一步推动中国金融行业改革深化,促进金融行业迈向高质量发展之路。

(二) 人民币国际化的契机

货币国际化体现了以经济为主的一国综合国力的竞争,经济强,则货币强。中国已成为世界第二大经济体和第一贸易大国,利用外资规模稳居世界前三,对外投资规模跃居世界第二。随着中国经济的持续发展,人民币国际化迎来了千载难逢的历史机遇。一方面,人民币国际化是国际货币体系发展和国际金融危机条件下境外特别是周边地区需求。2008年由美国次贷危机引发的全球金融危机,对经济和金融市场造成了巨大冲击,暴

---

① 参见中宏国研《构建促进"双循环"格局的金融服务支撑体系》,载《中宏国研决策要参》第8-3号,2020年9月21日,http://www.china-cer.com.cn/lundao/20201022149.html。

露了现行国际货币体系和金融监管体系存在的诸多缺陷。当前,世界经济发生巨大变化,但"特里芬难题"仍未解决,各国政府、金融组织和金融机构对改革国际货币体系的必要性达成了共识。国际货币体系进入多元化阶段,中国作为全球经济的重要组成部分和全球经济增长的重要动力之一,在世界经济中扮演着越来越重要的角色,赢得了世界性大国的地位,中国有能力也有责任积极参与并推进国际货币体系改革、推动人民币国际化。另一方面,人民币国际化也是中国改革开放进一步深化的具体要求。人民币国际化有利于提高中国经济与金融的国际竞争力,有利于实现中国经济的稳定、可持续增长,并能够对世界经济的稳定发展与良性循环做出必要的贡献。人民币国际化将推进国内各项制度的改革和金融市场的开放,改善经济结构、提高经济增长效率。从更微观的层面而言,人民币国际化有利于中国居民在境内合理分配和利用资产。中国人民银行原行长周小川在2019年8月10日举办的第三届中国金融四十人伊春论坛上强调,只有持续推进人民币国际化,才能抵御以美元储备货币为基础的国际货币体系在全球所制造的诸多扭曲现象,从而维持中国所主张的全球化、贸易自由化、投资便利化、多边主义,最终实现人类命运共同体等愿景。可见,人民币国际化是国内外政治经济形势发展的必然要求,也是市场驱动的市场化过程。

近十年来,人民币国际化稳步发展。自2009年以来,中国政府积极采取措施推进跨境贸易人民币结算试点、中央银行之间货币互换协定、香港离岸金融市场发展。2016年10月1日,人民币正式加入特别提款权货币篮子,这是国际货币基金组织首次将发展中国家的主权货币纳入货币篮子,是人民币国际化的里程碑,将会对国际货币体系和中国产生深远的影响。中国—东盟自贸区、"一带一路"倡议和RCEP的签定推动了中国对外投资、促进了金融业机构的结构性改革与发展,进一步增强了人民币作为区域内交易货币的可行性,是人民币国际化的重要契机和新动力。

此外,随着区块链等数字货币技术的发展成熟,法定数字货币即央行数字货币(central bank digital currencies)是货币发展的新趋势,也是必然趋势。中国应加大对央行数字货币的研发、推行阶段性试点和跨境使用,提高中国在国际数字化改革中的影响力和话语权,以促进人民币的国际化和超主权化。

三、中国金融发展的挑战

目前,中国经济发展处于重大转型时期,中国金融的现状和中国经济发展的要求之间的不协调变得更加突出。此外,与经济影响力相比较,中国金融的国际影响力相对不足。无论是人民币国际化方面还是中国市场外国投资者的结构和比例方面,中国金融与国际化的金融还有差距。目前,中国面临的主要挑战是金融深化改革和人民币国际化。

(一)金融深化改革

40多年的改革开放推动中国金融业发展方面成绩斐然,取得历史性成就,但其中也存在着一些问题。

资源配置是金融业最核心的功能,但目前中国金融体系的资源优化配置仍存在一系列与经济发展不协调或不完全协调的问题,金融效率和管理能力还有待提高。金融要根据实体经济发出的信号来提供服务并实现自身运转,但这两个过程在当下均有所扭曲:金融实现资源优化配置的基础——信号——出现了问题。实体经济给金融体系发出的风险收益特征信号因受到干预而不能真实反映实体经济的风险收益特征;金融体系内部的信号也被扭曲,金融出现"脱实向虚",无法很好地服务实体经济。因此,需要修正这两重扭曲,使信号准确及时,这是实体经济和金融业实现良性循环的关键。①

资本市场是金融市场的重要组成部分,中国资本市场仍不够成熟,还需发展,市场化的金融运行逻辑有待建立和完善。中国金融体系的信任基础和稳定体系仍是以政府为主,尚未建立起以市场为主的信任基础和稳定体系,更缺乏必要的分层。② 强大的资本市场需要强有力的产权保护、有效的监管、良好的会计准则和公司治理、健康的金融机构、客观的金融分析、健全的信息披露机制以及独立的信用评级机构等。而中国金融业的市场结构、经营理念、微观治理、金融监管和宏观调控等尚不适应经济高质量发展的要求,还存在诸多矛盾和问题。

金融科技打破了金融机构的传统生态体系,科技进步给金融业带来了

---

① 参见陈道富《脱虚向实,构建金融与实体经济的良性循环》,搜狐网,https://www.sohu.com/a/241509737_100188883。

② 参见陈道富《金融改革的思考与探索》,载《中国城乡金融报》2018年11月2日。

新的发展。新的科技与新的商业模式对传统实体经济往往有着颠覆性的影响，对现有产业体系造成巨大冲击。金融科技的快速发展在促进金融产品和服务不断创新的同时，也使金融风险的隐蔽性和复杂性更强，增加了金融风险监管的难度。

随着中国金融业的进一步对外开放，中国与国际经济联系增多，涉及金融机构、金融市场、金融法制、金融环境、金融基础设施、金融监管等的国际化，以及在开放情境下的宏观调控、金融管理、金融服务、风险防范等问题，这些都给中国金融发展及现有金融管理框架带来了新的挑战，中国金融体系现代化的发展还任重道远。

（二）人民币国际化的挑战

经过10年的发展，虽然人民币国际化取得重要进展，但是就人民币国际化和与中国的政治经济地位的匹配而言，二者仍存在很大的差距。目前，人民币虽为全球第六大支付货币，但市场占有率仅1.68%。且人民币在储备货币中排名第七，占比为1.39%，远低于日元（4.81%）和英镑（4.81%），而美元和欧元在储备货币中的份额分别高达62.48%和20.39%。如今的国际货币体系仍然建立在世界大战之后的美元霸权之下。

人民币国际化是大势所趋，但人民币国际化之路不会一帆风顺。在复杂的国际政治经济环境下，尤其是在中美竞争加剧的背景下，人民币国际化面临着来自内、外部的挑战。

1. 内部挑战

随着人民币国际化进程的加速，境内金融系统将更多地与国际金融系统实现对接，两者的互动程度将越来越强。但目前中国金融体制和境外离岸市场体系还不成熟、不完善。中国金融资本市场与货币体系不完善，利率、汇率尚未完全市场化。中国境内银行大而不强，业务范围大部分局限于境内业务，缺乏国际金融业务经验。同时，中国外汇市场不发达，境内金融业目前处理国际人民币业务的能力不足。中国目前还未形成一套成熟的宏观经济调控手段来应对人民币国际化发展带来的经济冲击，缺乏风控经验，金融机构与企业等应对风险的能力也有待提升。人民币离岸市场日益成长，目前在中国香港、中国台湾、新加坡等地均有设置，但离岸市场的发展还是滞后的，在岸市场与离岸市场也没能有效对接。人民币资本项目可兑换是实现人民币国际化的重要条件,但人民币资本项目在国际上还难以自由兑换,且中国仍不具备资本项目完全开放的条件。若实现资本项目完全开放,则会使国内金融风险提高,短期资本流动冲击易导致人民币汇率失衡,影响中国国际收支平衡。因此,人民币国际化需要审慎推进资本项目开放。

2. 外部挑战

人民币的崛起必然会挑战美元的"强币"地位,美国为维持及巩固美元的霸主地位,必然会在政治、外交、经济、金融、军事等方面推出一系列措施,以打击人民币。人民币国际化将增强中国在亚洲的影响力,因而也必然会受到亚洲主要世界货币——日元的抵制。另外,新兴经济体俄罗斯及印度的货币也会与人民币展开激烈竞争。可见,人民币国际化的外部形势非常严峻,激烈的国际货币竞争环境,使得人民币国际化的推进难度加剧。同时,传统国际贸易结算准则在一定程度上也阻碍了人民币结算的开展。

因此,在此背景下,探索人民币成为国际货币甚至关键货币的"弯道超车"路径就非常有意义。

第二节　弯道超车金融历史案例

回顾历史,我们不难发现,一国货币成为国际货币甚至关键货币,往往伴随着该国成为国际贸易中心和金融中心的过程。在国际贸易活动和金融发展中,一国经济活动与能源贸易的结合度是决定该国货币地位的重要因素,而一国货币崛起的起点又往往是与国际大宗商品,尤其是能源的支付、结算定价权或绑定权的结合直接相关。如英国在成为世界霸权国家的历史时期,就一直是煤炭的重要出口国,英镑借助与煤炭能源交易绑定成为国际贸易中的关键货币;又如美国借助"石油—美元"造就现在的美元霸权地位。

一、案例 1:煤炭—英镑

18 世纪最后 25 年,英国逐步取代荷兰成为世界领先的贸易强国,伦敦成为世界最重要的金融中心。蒸汽机的问世引起系列技术革命并实现从手工劳动向动力机器生产的飞跃。工业革命及机器大工业的产生、发展，促使能源需求急剧增长，煤炭成为近代工业的主要"食粮"。英国是最早完成工业革命的国家，也是最先将煤炭作为主体能源的国家。19 世纪 40 年代以后，欧洲国家先后完成了工业革命，重工业迅猛发展，对英国煤炭的需求猛增。到 19 世纪中叶，英国的煤炭产量约占到世界总产量的 2/3，英国成为世界煤炭的主要供给来源地，完全掌握了世界煤炭市场。英国发达的工业制造水平使英国在国际贸易中具有强大的竞争力，英镑也随着英国商品的出口走向了全球。到 20 世纪初，以煤炭为主的能源贸易量仅次于棉花、小麦，位居第三，"一战"时期位居第二，能源贸易在总贸易中所占比例非常高。"煤炭交易"捆绑"英镑结算"的举措，使英镑成为国际贸易中的关键货币。1816 年，英国最早以法律形式确立了金本位的货币制度，1821 年开始实行金本位制，1 英镑兑换 7.3 克纯金。英镑纸币（包括英国各类银行发行的银行券）可自由兑换成金条或金币，且黄金进出口不受限制，这使得英镑享有良好的信誉基础。英镑在当时金本位制下的地位显赫，全球超过 60% 的国际贸易都以英镑作为计价和结算货币，许多国家的中央银行储备也选择了英镑，而非黄金。英国在当时是最大的贸易国和资本输出国，金本位制的实施也使英镑价值保持了长期的稳定。

当然，英镑的国际化进程还有很多其他因素的共同作用，比如英国政府信用和国债的发行与管理、英国强大的海权等。但是，不可否认，大宗商品英镑计价、结算是英镑国际化的强力助催剂。"煤炭—英镑"的绑定，是英镑成为国际货币的重要因素之一，是一国货币国际化可借鉴的经验。

二、案例2：石油—美元

美元成为国际货币，也是受益于两次世界大战伴随的石油取代煤炭引起的核心能源的更迭。19 世纪后半叶，内燃机革命促使石油成为工业革命新高潮的"血液"。20 世纪 20 年代，内燃机普及，石油需求及其贸易迅速扩大。第二次世界大战期间，美国成为盟国的主要能源（石油）供应者。第二次世界大战后，美国几乎掌握了世界原油产量的 2/3。根据高盛所编制的 24 种大宗商品指数（Goldman Sachs commodities index），能源（包括原油、布伦特原油、RBOB 汽油、燃料油、瓦斯油和天然气等）占所有大宗商品美元权重达64.51%。① 美国以石油为"货币锚",美元开始崛起,并在美国强势霸权的助推下发展成为国际货币。1944年布雷顿森林体系确立了美元作为干预和交易的本位货币的地位,美元和黄金可兑换性的维持决定了其对通货膨胀的调控能力。1947—1951年美国实施的马歇尔计划为欧洲国家提供的美元援助和信贷几乎成为欧各国外汇储备的唯一来源,因此给美国带来了大规模的商品和资本输出,极大提升了美国在国际贸易中的市场份额和美元在国际贸易中交易媒介的地位。马歇尔计划通过在欧洲建立多边支付体系和将汇兑结算与马歇尔计划的"有条件援助"相结合的政策,使得美元得以全面介入欧洲的国际结算环节。美元的输出增强了美元在国际结算、外汇储备等方面的国际地位。

20世纪70年代,美国与沙特达成"不可动摇协议",将美元确立为石油唯一计价货币。由此,美元在国际石油贸易计价中获得垄断地位。在此基础上,美国在其他大宗商品交易中也逐渐获得主导地位,美元国际地位得到进一步稳固。目前,全球最主要的大宗商品现货交易市场都是以美元作为支付、结算货币,包括世界两大石油期货市场——芝加哥期货交易所和伦敦国际石油交易所都以美元作为计价、支付和结算的货币,这使得世界很多国家和地区把美元作为官方储备货币。美国运用美元对石油大宗商品的国际定价权,在国际货币格局中建立起美元本位制。

可见,美元取代英镑成为国际货币甚至关键货币,是美国实体经济牢固支撑、布雷顿森林体系、马歇尔计划、牙买加体系、石油贸易与美元绑定等多方面因素共同作用的结果。其中,美元与国际大宗商品交易,尤其是与石油能源贸易计价、支付和结算权的绑定,对美元国际化起到重要的推动作用。

以上"煤炭—英镑"和"石油—美元"两个历史案例展示了一条国际货币崛起之路:将本国货币与大宗商品贸易计价、支付与结算权捆绑在一起。中国在推动国际货币体系改革的过程中,如能将大宗商品贸易尤其是大宗能源贸易与人民币计价、支付和结算绑定,必将助推人民币国际化。

---

① 参见王颖、管清友《碳交易计价结算货币:理论、现实与选择》,载《当代亚太》2009年第1期,第109~128页。

第三节　一国货币成为国际货币的基本路径

国际货币制度（international monetary institution），亦称"国际货币体系"（international monetary system），是指在国际经济活动中为了适应国际贸易和国际支付的需要，使货币在国际范围内发挥世界货币的职能，各国政府都共同遵守的有关政策规定和制度安排。国际货币制度是人类社会国际经济活动的规则，影响着各国国际经济活动，进而对各国国内经济活动产生重大的影响。

国际货币制度主要包括三个方面的内容：一是货币本位，即在国际经济活动中以什么作为计价单位、交换媒介、支付手段和储备手段，简单来说就是以什么作为国际货币。货币本位为全球贸易提供了必要的清偿手段，保障了各国正常的对外经济活动。二是汇率制度，包括各国货币与国际货币之间如何进行兑换，以及各国货币相互之间如何进行兑换。汇率制度的建构，促使各国、各地区就货币汇率的安排达成共识，防止不必要的竞争性贬值。三是国家收支调节机制，即在某个国家发生国际收支失衡时如何进行调节。通过有效的调节机制，纠正各国国际收支的不平衡，降低由国内或国外因素造成的外部失衡的程度。

一、国际货币体系的演变

国际货币制度源于国际经济活动，而国际经济活动的最初形式是国际贸易。随着人类社会发展，国家与国家之间需要进行商品交换，国际贸易活动的发生需要有各国认可的交换手段，于是产生了国际货币。国际货币体系成为一种各国政府所共同遵守的正式制度，是一个不断演进的过程。国际货币体系大致经历了金本位制、金块与金本位制、布雷顿森林体系和牙买加体系几个演进阶段。

（一）金本位制（1870—1914年）

国际货币体系始于以金本位为基础的固定汇率制。金本位是以黄金为本位币的货币制度。在金本位制下，每单位的货币价值等同于若干重量的黄金（即货币含金量）。从19世纪开始，各主要国家陆续正式建立金本位制。

1. 金本位制的形成和发展

1821年，英国率先实行金本位制，英镑可以兑换为黄金。1840年，英国工业革命的成功，使得英国成为世界上最重要的经济大国、贸易大国和金融大国，伦敦成为国际金融中心。英国成为全球经济的主导和各国融资借贷的主要来源，使得与英国经贸和金融联系密切的国家和地区选择金本位制。随后，1854年，葡萄牙实行金本位制；1871年，德国实行金本位制；1873年，丹麦、瑞典、挪威等国也相继实行金本位制。19世纪后期，金本位制传入了亚洲。日本于1897年实行金本位制，印度于1937年实行金本位制。发展中国家中，墨西哥于1904年实行黄金可兑性，阿根廷、秘鲁、乌拉圭等拉丁美洲国家最后也实行了金本位制。至此，国际金本位制基本实现全球性的覆盖。各国政府宣布本国货币的含金量，并承诺按照固定价格实现本国货币与黄金之间的自由兑换。各主要国家相互之间根据黄金平价建立彼此的固定兑换比率。

英国经济、金融发展及英国霸权将金本位和英镑推上历史的巅峰。在金本位制下，金币可以自由铸造、自由流动，纸币可以不受限制地兑换为金币。由于各国实力不同，实行金本位制国家的货币制度安排有一定的差异，但央行保留一定的黄金储备（见表5-2）。英国无论是储备还是国内流通货币，主要是金币并主导全球货币。

表5-2 1880年后国际金本位制的运作方式

储备的形式	国内货币形式	
	主要为金币	金、银、纸币及符号硬币
黄金	英国、美国、法国、德国等	—
主要为外汇	俄罗斯、澳大利亚、南非、埃及等	奥匈帝国、日本、芬兰、斯堪的纳维亚、其他英联邦国家
完全为外汇	—	菲律宾、印度、拉丁美洲国家

（资料来源：巴里·艾肯格林著《资本全球化：国际货币体系史》，彭兴韵译，上海人民出版社2009年版，转引自徐飞彪著《新视野下的国际货币体系变迁及中国货币战略》，时事出版社2016年版，第159页。）

2. 以金本位为基础的固定汇率制的特点

金本位制是历史发展的产物。金本位制的国际收支和国际货币供求模式是以市场为基础、自发调节的过程。

以金本位为基础的固定汇率制有以下几个特点：第一，黄金充当国际货币职能。在各主要国家内，黄金可以作为货币流通，同时在这些国家的国际贸易中，黄金可以作为支付手段。第二，黄金可以自由流动，人们自由地按照官方价格进行黄金与货币的交换，形成一种自行保持各国纸币汇率的机制，从而形成了固定的汇率制度。这一阶段的汇率由金平价决定，即由两种货币分别包括的含金量之比决定基本汇率，黄金的输入点和输出点则构成汇率波动的上下限。由于汇率相当稳定，国际贸易和国际投资进展顺利。第三，在金本位制下，形成了国际货币中的国际收支调节机制。休谟认为，在金本位制下，当某国出现国际收支逆差时，该国黄金将流向国外，这将导致国内价格水平下降，进而导致出口增加；当该国国际收支状况改善，黄金将流向该国，最终达到新的国际收支平衡。①

3. 金本位制的优点和缺点

金本位制的优点包括：①各主要国家通过宣布各国货币的含金量，即通过钉住黄金，实现了彼此之间的固定汇率，保证了货币流通中对本位货币黄金不发生贬值，各国货币汇率保持稳定。在纸币的自由兑换和黄金自由流动的制度安排下，形成了国际货币制度中的汇率自行稳定机制。②由于各主要国家承诺实现黄金和货币之间的完全可自由兑换性，各国政府过度发行货币的能力受到限制，从而实现了全球范围内物价的稳定。

金本位制的缺点包括：①在金本位制下，各国政府的黄金储备不仅要应付国际货币流通的需求，还要应付国内货币流通的需求，随着时间的推移、经济活动规模的扩大，出现了黄金存量的增长不能适应国际经济活动发展需求的难题，即全球黄金存量的增长速度远低于世界经济的增长速度，这意味着金本位制具有内在通缩倾向。②一旦某些成员国具有较强的出口竞争力，甚至使得黄金流入造成的物价上涨不足以完全抵消出口商品的竞争力，那么黄金将持续由其他国家流入，加剧全球黄金分布的不平衡。

4. 金本位制的瓦解

1914年第一次世界大战爆发，各参战国纷纷增加纸币的发行量，停止纸币兑换黄金。另外，各参战国为了能够掌握更多的黄金，禁止黄金输

---

① 物价—现金流动机制（price specie - flow mechanism）是由英国经济学家大卫·休谟（David Hume）在1752年提出的，故又称"休谟机制"。

出，使黄金的自由流动受到破坏。在国内金本位制遭到破坏后，以金本位为基础的固定货币汇率制受到严重的破坏。在1929—1933年的经济大萧条冲击下，各国政府相继放弃金本位制，国际金本位制彻底被瓦解。随后，国际货币制度一片混乱，直至1944年重建新的国际货币制度——布雷顿森林体系。

（二）金块本位制与金汇兑本位制（1922—1933年）

金块本位制亦称"生金本位制"，是以黄金作为准备金，以有法定含金量的价值符号作为流通手段的一种货币制度。金汇兑本位制又称"虚金本位制"，指该国货币一般与另一个实行金本位制或金块本位制国家的货币保持固定的比价，并在后者存放外汇或黄金作为平准基金，从而间接实行金本位制。

1. 金块与金汇兑本位制的形成与发展

第一次世界大战的爆发直接导致国际金本位制崩溃，国际货币制度无法正常运转。战后，一些国家无力或不愿意恢复金本位制，甚至利用货币贬值实行外汇倾销，国际贸易只能求助于黄金。为了改善国际货币环境，1922年欧洲主要国家在意大利热那亚城召开了世界货币会议，讨论重建货币体系。会议建议采取金块本位制与金汇兑本位制，以节约黄金的使用。美国和英国先后放弃了金本位制，分别于1933年和1939年建立了美元集团和英镑区；第二次世界大战期间，法郎集团成立。从而形成了以美元、英镑、法郎为中心货币的货币体系。这三个集团内成员国把黄金分别集中于美国、英国和法国，对汇率、兑换、资金流动以及黄金储备等都有明确规定。

2. 金块与金汇兑本位制的特点

金块本位制的特征：①规定本位货币的含金量，但不铸造金币；②市场不流通金币和使用金币，只发行代表一定重量黄金的银行券流通；③银行券不能自由兑换金币，仅能有限制地兑换金块；④国家储存金块，作为储备。

金汇兑本位制的特征：①国家无须规定货币的含金量，市场上不流动金币，只流通银行券；②银行券在国内不能兑换黄金和金币；③银行券可以兑换实行金币或金块本位制国家的货币，居民可按法定兑换比率用本国货币兑换外汇，再用外汇向该国兑换黄金，国家通过无限制兑换外汇来维持本国货币的稳定;④实行金汇兑本位制的国家将其货币与另一实行金币或金块本位制国家的货币挂钩,实行固定汇率,并在该国存放外汇准备金。

3. 金块与金汇兑本位制的优点和缺点

优点:①在金块与金汇兑本位制下,金块不流通,银行券不能自由兑换金币,这样可以部分解决黄金产量不足的问题和磨损所带来的消耗;②实行金块与金汇兑本位制的国际货币通过钉住黄金或中心国货币①,间接实现固定汇率。

缺点:金块与金汇兑本位制都是残缺不全的、不稳定的金本位制。①在金块与金汇兑本位制下,黄金不能发挥自发调节货币流通的作用,导致货币流通失去了调节机制和稳定的基础,从而削弱了货币制度的稳定性;②因金币的铸造和流通受到限制,黄金产量显著低于世界经济的增长速度,导致出现货币紧缩的倾向。

(三) 布雷顿森林体系 (1944—1973 年)

1. 布雷顿森林体系的形成与发展

20 世纪 30 年代,金本位制崩溃至第二次世界大战结束前,国际货币体系的混乱和动荡不安严重损害了世界各国的利益。为尽早结束此局面,在美、英等国的推动下,1944 年 7 月,44 个国家代表在美国布雷顿森林举行国际金融会议,商讨重建国际货币秩序的问题,并签订了《布雷顿森林协议》,从而形成了以美元为中心的国际货币体系——布雷顿森林体系。布雷顿森林体系是人类社会第一个通过政府之间的合作建立起来的国际货币制度。

2. 布雷顿森林体系的特征

布雷顿森林体系的特征包括:①美元与黄金挂钩。美元按照 1 盎司黄金等于 35 美元的比率建立与黄金的平价,美国承担以官价兑换黄金的义务。②各国货币与美元挂钩。各国货币按照一定比率建立与美元的固定汇率。③实现可调节的固定汇率。各国货币对美元的汇率波动幅度不得超过该固定汇率的 ±1%。如果超过这个变化幅度,除美国以外,各成员方中

---

① "中心国"指通过输出通货获得实体资源的注入、得到铸币税好处的国家;"外围国"指通过输出实体资源获得国际流动性和金融资产的国家。参见高洪深《区域经济学》,中国人民大学出版社 2013 年版,第 222 页。

央银行都有责任采取措施以保持本国货币与美元汇率的稳定。但是，如果成员方的国际收支出现基本失衡而无法稳定该国货币与美元的汇率，经过国际货币基金组织的批准可以调整汇率。④美元成为主权货币，起到国际货币的作用。各国可以同时用黄金和美元进行国际债权和债务关系的清算。这样，主权货币美元取得了等同于黄金的地位，与黄金一起成为国际清偿手段。

布雷顿森林体系实际上是以金汇兑本位为基础的钉住汇率制。在布雷顿森林体系下，各国货币不能直接兑换黄金，但可以通过美元间接兑换黄金。当时，金本位制已被取消，美国政府仅仅承诺各国政府可以用美元兑换黄金，黄金仍然发挥着最终国际货币的职能，这意味着这种国际货币本位是一种国际金汇兑本位。另外，各国政府有责任稳定本国货币兑换美元的汇率，经批准汇率可调整，这意味着这种汇率制度属于钉住汇率制。美元钉住黄金，其他货币钉住美元。布雷顿森林体系是混合本位制，即"黄金—美元本位制"，黄金是一种超主权货币，美元是一种主权货币。

3. 布雷顿森林体系的优点与缺点

布雷顿森林体系的优点包括：①布雷顿森林体系缓解了金本位制存在的黄金不足的问题，结束了金本位制瓦解后国际货币制度混乱的局面。由于布雷顿森林体系不是建立在国内金本位制基础上的，各国政府的黄金储备只需要应付国际货币的流通需要，美元的发行并没有受到美国黄金储备的制约，因此黄金不足的严重问题可以得到一定程度的缓解。②黄金和美元的双挂钩制使得各国货币以固定汇率相连接，消除了汇率风险，促进了全球贸易和投资的发展。③布雷顿森林体系起到货币调节功能。在布雷顿森林体系下，如果某国中央银行发行货币超量，必然会导致国内信贷增加、利率下降，该国货币对美元汇率存在贬值的压力，为了维持本国货币与美元汇率的稳定，该国中央银行不得不在外汇市场上卖出美元，买进本国货币，从而使该国货币的数量有可能回到合理的水平。

布雷顿森林体系的缺点主要包括：①缺乏有效的国际收支调节机制。在布雷顿森林体系下，在各国国际收支出现失衡的情况下，可以通过国际货币基金组织的批准调整汇率，或者选择采用宏观经济政策收缩本国经济。显然，各国更愿意采用调整汇率的方法，这样就会在外汇市场上出现投机热潮。各国可以采用扩张性的宏观货币政策刺激经济，若由此产生国际收支逆差,则再要求本国货币对美元汇率贬值。②布雷顿森林体系存在一个内在的缺陷,也就是"特里芬难题"①。"特里芬难题"是指各国要取得美元以作为结算和储备货币,就要有足够的美元流出美国,也就是要求美国发生长期国际收支逆差;而美元是国际货币,作为国际货币的前提则是必须保持美元币值的稳定和坚挺,这又要求美国必须保持长期的国际收支顺差。这两个要求相互矛盾,形成了一个悖论。

4. 布雷顿森林体系的瓦解

布雷顿森林体系内在的"特里芬难题"、美国放纵其货币政策以及世界主要国家国际收支的不平衡,决定了布雷顿森林体系的必然崩溃。1971年,尼克松实行的新经济政策引起美元法定贬值,美联储拒绝向国外中央银行出售黄金。至此,美元与黄金挂钩的体制名存实亡。1973 年 2 月,美国政府宣布美元对黄金再次贬值,美元兑换黄金的官方价格从 38 美元/盎司上升到 42.22 美元/盎司。1973 年 3 月,欧洲经济共同体国家宣布彼此稳定成员国货币的汇率,对美元共同浮动。其他主要国家遂放弃固定汇率制,转而实行浮动汇率制,布雷顿森林体系宣告崩溃。

(四) 牙买加体系 (1976 年至今)

1. 牙买加体系的形成与发展

布雷顿森林体系瓦解以后,国际金融秩序再度陷入动荡不安的局面,国际货币体系改革步入漫漫长途。国际货币基金组织(IMF)于 1972 年 7 月成立了一个专门委员会,负责具体研究国际货币制度的改革问题。1974 年 6 月,委员会提出一份"国际货币体系改革纲要",对黄金、汇率、储备资产、国际收支调节等问题提出了一些原则性的建议,为以后的货币改革奠定了基础。1976 年 1 月,IMF 在牙买加首都金斯顿举行会议,并达成了《牙买加协议》。协议规定:取消平价和中心汇率,允许成员自由选择汇率制度;废除黄金条款,取消黄金官方价格,成员中央银行可按市场价自由交易;减少黄金的货币市场,使特别提款权成为主要国际储备资产;扩大发展中国家资金融通;等等。同年 4 月,IFM 理事会通过了《国际货币基金协定第二修正案》,确认了布雷顿森林体系崩溃后浮动汇率制的合法性,继续维持全球多边自由支付原则,

---

① Robert Triffen, *Gold and Dollar Crisis* (New Haven: Yale University Press, 1960).

从而形成了新的国际货币体系——牙买加体系。虽然美元的国际本位和国际储备货币地位遭到削弱,但其在国际货币体系中的领导地位和国际储备货币职能仍得以延续,IMF 原组织机构和职能也得以存续。很多学者把现存国际货币体系称为"无体系的体系"。

2. 牙买加体系的特征

牙买加体系是以主权货币为基础的浮动汇率制,主要特征包括:①黄金非货币化,协议做出了逐步让黄金退出国际货币的决定。②以美元为主导的多元化国际储备体系。③多样化的汇率制度安排。协议承认固定汇率制与浮动汇率制并存的局面,成员可自由选择汇率制度。各国货币之间的汇率随着外汇市场需求和供给的变化自由浮动。④国际收支通过灵活的汇率变动来调节。

3. 牙买加体系的优点与缺点

牙买加体系的优点主要包括:①货币发行与黄金彻底脱钩,使得全球经济增长不再受通货膨胀的困扰。②美联储的货币政策信誉成为货币锚,使得汇率变动和支付调节更灵活。③浮动汇率制的广泛实施对国际收支的调节更为有效、及时。④实施浮动汇率制的成员获得了货币政策的独立性,实施固定汇率制的成员获得了快速的出口增长。

牙买加体系的缺点主要包括:①作为全球储备货币的美元依然无法克服广义的特里芬难题。②国际收支调节机制不健全,国际收支的必要调整屡屡被推迟,导致全球经常账户失衡愈演愈烈。③由于美元彻底与黄金脱钩,美元发行缺乏外在硬约束,而仅有美联储货币政策信誉的内在约束。[①]以国家信用为支撑的关键货币一般都面临着国家信用严重不足的情况,因此必然导致其对应的货币信用的缺失。

二、汇率制度选择

汇率制度又称"汇率安排"(exchange rate arrangement),指各国或国际社会对于确定、维持、调整与管理汇率的原则、方法、方式和机构等做出的系统规定。随着各国经济状况的变化,汇率制度也在不断地调整。20世纪国际汇率制度的演变总结归纳于表 5–3。

---

① 参见陈云贤《国家金融学(第 2 版)》,北京大学出版社 2021 版,第 178～179 页。

表 5-3　20 世纪国际汇率制度的演进

类别	古典金本位时期	两次世界大战之间的动荡时期			布雷顿森林体系时期	牙买加体系时期
时期	1914 年前	1919—1925 年	1926—1931 年	1932—1939 年	1944—1973 年	1976 年后
汇率制度	固定制度	自由浮动汇率制	金汇兑本位制	管理浮动汇率制	可调整的固定汇率制	以浮动汇率为主的混合汇率制

（资料来源：唐建华著《汇率制度选择：理论争论、发展趋势及其经济绩效比较》，载《金融研究》2003 年第 3 期，第 72 页。）

（一）汇率制度分类

汇率制度分类是研究汇率制度选择和汇率制度对宏观经济影响的基础。对于汇率制度的分类有多种，目前比较普遍的、公认的汇率制度类别有 IMF 分类法、LYS 分类法和 RR 分类法。

1. IMF 分类法

国际货币基金组织（IMF）根据成员报告的汇率制度对汇率进行分类。IMF 汇率制度分类随时间进行了多次的调整。1974—1982 年，IMF 把汇率制度定义为两类，1983—1998 年定义为四类，1999—2008 年定义为八类，2009 年至今为四大类、十小类（见表 5-4）。从 2001 年开始，IMF 把汇率制度分类与货币政策框架联系在一起。

表 5-4　IMF 汇率分类（2017）

大类	小类	国家/个
硬钉住（hard pegs）	无独立法定货币的汇率安排（exchange arrangement with no separate legal tender）	13
	货币局安排（currency board arrangement）	11
软钉住（soft pegs）	传统的钉住汇率安排（conventional pegged arrangement）	43
	在水平区间内钉住汇率安排（pegged exchange rate within horizontal bands）	1
	稳定的汇率安排（stabilized arrangement）	24
	爬行钉住汇率安排（crawling peg）	3
	类爬行钉住汇率安排（crawl-like arrangement）	10

续表 5-4

大类	小类	国家/个
浮动汇率安排（floating regimes/market-determined rates）	浮动汇率安排（floating）	38
	自由浮动汇率安排（free floating）	31
其他（residual）	其他类型的管理汇率安排（other managed arrangement）	18

（资料来源：据 IMF "Annual report on exchange arrangement and exchange restrictions 2019," https://www.imf.org/等文献资料整理。）

IMF 的汇率制度分类能反映成员汇报的汇率制度，却无法真正反映一国事实上的汇率制度安排。一些学者发现许多国家声明的汇率制度表现出明显的名实不符，因此开始转向根据汇率的实际表现对汇率制度进行分类，从而形成了事实的汇率制度分类方法。LYS 分类和 RR 分类法就是根据事实的汇率制度进行分类的。

2. LYS 分类法

Levy-Yeyati 和 Sturzeneger 使用聚类分析方法计算了 1974—2000 年向 IMF 报告的 183 个国家的数据，以汇率波动率、汇率变动的标准差以及外汇储备的波动率为宏观经济变量，将汇率制度分为五类：浮动汇率（flexible）、爬行钉住（crawling peg）、固定汇率（fixed）、肮脏浮动（dirty float）和无法确定（inconclusive），该分类方法简记为"LYS 分类法"。

3. RR 分类法

Reinhart 和 Rogoffi 使用 1946—2001 年 153 个国家外汇市场状况的数据和过去汇率制度的历史记录，通过描述性统计方法对汇率制度进行了分类，称为"RR 分类法"。RR 分类法根据定性信息对汇率制度进行分类，无法划分的时候再根据定量方法对汇率制度进行分类。该法对汇率制度的分类随着时间的推移不断地进行更新。根据 2016 年更新的数据，RR 分类下汇率制度可细分成 6 大类和 15 小类，见表 5-5。

表5-5 RR分类法对汇率制度的划分

大类	小类	国家（地区）/个
固定汇率制（fixed exchange rate system）	无独立的法定货币（no separate legal tender）	53
	事先宣布的钉住或货币局安排（pre announced peg or currency board arrangement）	27
	事先宣布的波幅小于或等于±2%的水平带（pre announced horizontal band that is narrower than or equal to +/-2%）	0
	事实上的钉住（de facto peg）	16
爬行钉住（crawling peg）	事先宣布的爬行钉住（pre announced crawling peg）	1
	事先宣布的幅度小于或等于±2%的爬行带（pre announced crawling band that is narrower than equal to +/-2%）	4
	事实上的爬行钉住（de factor crawling peg）	17
	事实上的幅度小于或等于±2%的爬行带（de facto crawling band that is narrower than or equal to +/-2%）	19
事实上的爬行（de facto crawling）	事先宣布的幅度大于或等于±2%的爬行带（pre announced crawling band that is wider than or equal to +/-2%）	0
	事实上的幅度小于或等于±5%的爬行带（de facto crawling band that is narrower than or equal to +/-5%）	16
	移动区间幅度小于或等于±2%（moving band that is narrower than or equal to +/-2%）	7
	管理浮动（managed floating）	9
自由浮动（freely floating）	自由浮动（freely floating）	6

第五章 金融发展与弯道超车

续表 5-5

大类	小类	国家（地区）/个
自由落体（freely falling）	自由落体（freely falling）	12
存在两个汇率市场，但是黑市数据缺失（dual market in which parallel market data is missing）	存在两个汇率市场，但是黑市数据缺失（dual market in which parallel market data is missing）	0

（资料来源：据相关文献资料整理。）

对于以上三种汇率制度分类方法，IMF 法和 LYS 分类法都是依赖于官方汇率的分类，而 RR 分类法是采用了市场表现出来平行市场汇率和双重市场汇率的数据作为事实的汇率制度进行分类。

三、一国货币成为国际货币的基本路径

根据 Gerald P. Dwyer Jr. 和 James R. Lothian 的比较研究发现，早期国际货币具有以下四个共同点[①]：①具有高度一致的价值（high unitary value）；②在其全盛期呈现内在稳定性（intrinsic stability）；③均由实力强大的经济体发行并活跃于国际贸易；④自然进化而成而非人为设计。他们认为，近现代的三种国际货币——荷兰盾、英镑以及美元——都毫无例外地在当时国际金融领域占主导地位，并由拥有相对自由的市场的国家发行。

一般来说，一国货币要成为国际货币甚至关键货币，通常要遵循支付、结算货币—储备货币—锚货币的基本路径。

（一）国际货币的基本职能

国际货币的三大主要职能为支付货币、计价货币和储备货币。支付货币，即在国家贸易、资本等往来中作为交易媒介。一国货币要成为国际货币甚至关键货币，一般从支付、结算开始。国际贸易对货币国际化的进程有着巨大的促进作用，国际货币始于在国际贸易中的跨境货币结算，在国际贸易中充当支付、结算的职能。因此，一国货币用于国际贸易支付、结

---

① 参见施珝娅《关于货币国际化问题的研究趋势》，载《新金融》2009 年第 3 期，第 38~41 页。

算是货币国际化的初级阶段,也是一国货币国际化的关键所在。计价货币是货币的价值尺度职能。储备货币是指一国中央银行准备长期持有的作为国际清偿力的货币。随着跨境结算规模的不断扩大,世界对一国货币的认可度越来越高,该货币在金融市场上的交易也越来越活跃,货币的职能逐渐拓展到金融市场,并逐渐成为国际储备货币。

因此,一国货币成为国际货币尤其是关键货币的基本路径是:该国货币与全球的商品和服务交易捆绑在一起,特别是与国际大宗商品的计价、支付、结算绑定,从而由计价、支付货币逐渐演进为国际储备货币,再晋级成为其他国家或地区货币当局调剂外汇市场的锚货币。[①]

(二) 国际货币体系进入多元化时代

布雷顿森林体系崩溃后,国际货币体系进入了多元储备货币时代。在现行国际货币体系下,国际货币主要包括美元、欧元、日元和英镑,美元仍是主导国际货币。

国际货币体系多元化是国际货币史发展的必然结果,也是市场选择的结果。一方面,国际货币总是处于循环往复的周期运动之中,从硬通货到软通货、从通货膨胀到货币稳定、从浮动汇率体系到与某种稳定货币挂钩的固定汇率体系等。[②]世界经济全球化的发展增加了美元标价资产的需求,但是美国财政能力相对下降,随着世界经济格局的不断发展和变化,美国将不可避免地失去其储备货币的绝对垄断权。因此,国际货币多元化将成为必然。另一方面,国际货币多元化选择有利于分散风险。2008年美国次贷危机引发的全球金融危机,对经济和金融市场造成巨大冲击,暴露了现行国际货币体系和金融监管体系存在的诸多缺陷。不同储备货币间可相互竞争与制衡,从而形成市场约束。因此,国际货币和金融体系的改革势在必行。

(三) 能源绑定成为一国货币演进为国际货币的助推剂

如前面一节案例中提到的,英镑、美元的崛起是由多种因素决定的,但其中一个很重要的原因是该国货币绑定了大宗商品,尤其是与能源贸易的计价、支付和结算绑定在一起。"煤炭—英镑"和"石油—美元"的崛起展示了一条简单而明晰的国际货币演进之路:能源绑定往往成为国家崛

[①] 参见陈云贤《国家金融学(第2版)》,北京大学出版社2021年版,第176页。
[②] 参见蒙代尔《蒙代尔经济学文集》第四卷,向松祚译,中国金融出版社2003年版,第19页。

起和本国货币演进为国际货币的助推剂。中国在参与和推动国际货币和金融体系改革中，如能将人民币与大宗商品贸易，特别是大宗能源贸易绑定，以人民币计价、支付、结算，必将推动人民币国际化。

以低碳经济为各国经济增长主要驱动力的发展模式，伴随着清洁能源技术的新突破、新利用和新组合，以及以低碳为特征的新能源的运用及贸易——碳信用、碳商品、碳排放权交易等蓬勃兴起。2020 年，全球碳市场交易规模达 2290 亿欧元，碳交易总量达 103 亿吨，创纪录新高。中国是全球第二温室气体排放量国家，也被世界各国认为是最优潜力的排放市场，中国越来越多的企业参与碳排放权交易。在国际货币先后经历了"煤炭—英镑""石油—美元"的背景下，中国抢占先机以"碳交易—人民币"结算为载体，建立与东南亚国家和地区的低碳经济发展金融体系，或可演绎一条人民币国际化在能源贸易中崛起的"弯道超车"新路径。

四、人民币国际化现状

经过 10 年的努力，人民币的国际地位不断上升，人民币国际化取得了阶段性的成果。人民币已连续多年成为中国第二大国际收付货币，全球第五支付货币、第三贸易融资货币、第八外汇交易货币和第六储备货币。但人民币的国际影响力与美元、欧元等主要国际货币相比仍存在较大的差异。过去一轮的人民币国际化以跨境贸易结算和离岸人民币市场发展为重点，在实际中取得了显著的成果，然而人民币计价和价值储备职能的发展被忽视了。新一轮人民币国际化需抓住机遇，围绕国际货币的三大职能和路径，重点推进大宗商品领域人民币计价，加强金融市场基础设施建设，促进在岸与离岸市场的良性互动。[①]

（一）人民币国际地位不断上升

1. 贸易项下的人民币国际化情况

2009 年至今，从国家层面，密集出台和实施各项助推人民币跨境结算、人民币国际化的政策。2009 年 4 月，国务院常务会议正式决定在上海市和广东省广州、深圳、珠海、东莞四城市开展跨境贸易人民币结算试点，同时规定境外访问主要为东盟 10 国；6 月，香港也被列入。同年 7

---

① 参见张明《一带一路中的人民币国际化：进展、问题与可行路径》，新浪财经，https://mbd. baidu. com/newspage/data/landingsuper? context ＝％ 7B％ 22nid％ 22％ 3A％ 22news＿9859896545269378410％22％7D&n_type ＝ －1&p_from ＝ －1。

月,《跨境贸易人民币结算试点管理办法》出台,管理办法从贸易便利化角度,对跨境贸易人民币结算的结算方式、监管模式、出口货物退税办法进行了详细的说明。这一办法的出台具有里程碑的意义,是中国在促进国家贸易中人民币载体货币功能发挥的制度支持。2010 年 6 月,中国人民银行等六部委联合将试点地区扩大到北京、天津等 20 个省(自治区、直辖市),对境外地域范围不再限制,试点业务范围涵盖跨境货物贸易、服务贸易和其他经常项目结算。2011 年 8 月,国务院发布了《关于扩大跨境贸易人民币结算地区的通知》,跨境贸易人民币结算境内地域范围扩大至全国。中国跨境贸易人民币结算从纵深发展进入全面发展时期。2012 年 3 月 2 日,中国人民银行与多部委共同发布《关于出口货物贸易人民币结算企业管理有关问题的通知》,不再对出口试点企业进行限制,任何拥有进出口经营许可的企业都能够用人民币进行结算。至此,人民币跨境结算业务中的相关贸易部分,从贸易的地域范围到业务范围都已经解除限制,全面放开。

跨境贸易人民币结算规模增长迅速。跨境贸易人民币结算金额从 2009 年不到 36 亿元,到 2018 年的 5.11 万亿元,增长了 1418 倍。2018 年,跨境货物贸易为 3.66 万亿元,服务贸易及其他经常项为 1.45 万亿元(如图 5-3 所示)。

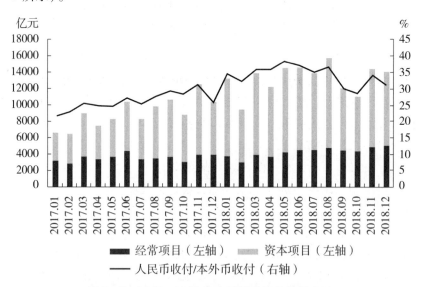

图 5-3 2017—2018 年人民币跨境收费月度图

(资料来源:中国人民银行《2019 年人民币国际化报告》。)

人民币作为国际货币的计价、支付和储备的功能特性不断增强。至今，已有242个国家和地区与中国发生跨境人民币收付业务。2018年，人民币跨境收付金额合计15.85万亿元，同比增长46.3%（如图5-4所示）。其中，收款8万亿元，同比增长51.6%，付款7.85万亿元，同比增长41.3%，收付比为1:0.98。

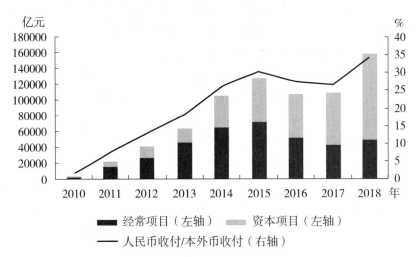

图5-4 2010—2018年人民币占本外币跨境收付比例

（资料来源：中国人民银行《2019年人民币国际化报告》。）

继人民币跨境支付系统（Cross-border Interbank Payment System, CIPS）之后，中国人民银行推出人民币跨境收付信息管理系统，专门对人民币跨境流动进行检测，跨境现钞调运稳步增长。中国人民银行已在25个国家和地区建立人民币清算机制，共授权25家银行担任清算行，其中中资银行24家、外资银行1家。

离岸人民币市场也在不断壮大。截至2018年年底，全球共有11家交易所提供离岸人民币期货和期权产品交易。至2017年年底，人民币境外存款余额为10467亿元，同比增速为20.4%；人民币境外贷款余额为4421亿元，同比增速为1.1%。绝大部分离岸人民币资金聚集于中国香港，人民币存款规模为5505亿元，紧随其后的是中国台湾和新加坡，人民币存款规模分别是3199亿元和1520亿元。最近两年伦敦发展最为迅速，成为亚洲之外最大的人民币离岸市场（如图5-5所示）。

同时，中国与"一带一路"沿线国家合作取得显著的成绩。中国鼓励

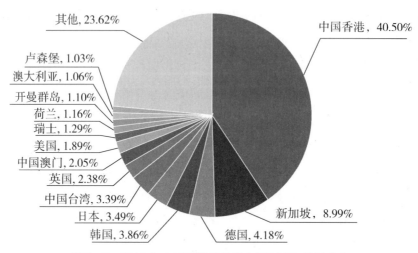

图5-5　2018年人民币跨境收付金额国别和地区分布

（资料来源：中国人民银行《2019年人民币国际化报告》。）

在"一带一路"沿线的经贸、基础设施投资、产业园建设中使用人民币计价与结算，以及扩大自贸区人民币跨境使用业务范围等。2018年，中国与沿线国家人民币跨境收付金额超过2.07万亿元，占同期人民币跨境收付总额的13.1%，其中货物贸易收付金额6134亿元；与周边国家跨境结算金额约为3.1万亿元，同比增长46.3%，高于同期全国结算增幅。

2. 资本项下的人民币国际化情况

随着跨境贸易人民币结算试点的深入开展，境内外机构使用人民币进行直接投资的需求日益增长。2011年1月6日，中国人民银行出台《跨境直接投资人民币结算试点管理办法》，境外直接投资人民币结算试点正式启动，凡获准开展境外直接投资的境内企业均可以人民币进行境外直接投资。同年8月，跨境贸易人民币结算试点范围扩大到全国，人民币对外直接投资业务也扩大至全国范围。同年10月，外商直接投资业务政策出台。当前，境内投资者可以通过合格境内机构投资者（QDⅡ）、沪港通、深港通等渠道投资境外金融市场；境外投资者可以通过人民币合格境外机构投资者（RQFⅡ）、沪港通、深港通、沪伦通、债券通等多种渠道投资中国金融市场。对外直接投资和外商直接投资人民币跨境结算从无到有，在直接投资跨境收付中的份额不断扩大，由2010年的不到5%逐年上升至2018年的超过50%。2018年，资本项目下人民币跨境收付金额合计10.75万亿元，同比增长65%，其中收入5.94万亿元，支出4.81万亿元,净收入 1.13 万亿元,直接投资、证券投资、跨境融资净流入分别占资本项目净流入的 21.7%、69.3% 和 7.6%。人民币跨境贸易融资、境外项目人民币贷款、境内企业境外放款、跨境人民币资金池业务等政策也陆续推出并不断完善(如图 5-4 所示)。

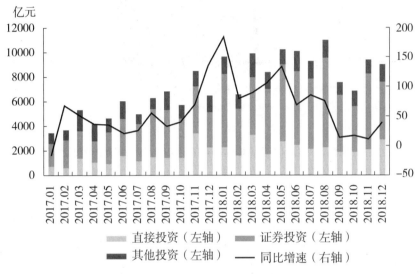

图 5-6　2017—2018 年资本项目人民币跨境收付

(资料来源:中国人民银行《2019 年人民币国际化报告》。)

2018 年,直接投资项下人民币跨境收付金额合计 2.66 万亿元,同比增长 61.1%,占本外币跨境收付的比重为 59.5%,同比提高 10.2 个百分点,净流入 2464 亿元,同比增长 51%。2018 年,对外直接投资人民币跨境收付金额 8048 亿元,同比增长 76.2%,全年资本金流出 530 亿元,流入 118 亿元,净流出 412 亿元。外商直接投资人民币跨境收付金额 1.86 万亿元,同比增长 57.5%,全年资本金流入 2874 亿元,流出 1316 亿元,净流入 1558 亿元。截至 2016 年年末,共有 18 个国家和地区获得 RQFⅡ额度,合计人民币 1.51 万亿元;共有 407 家境外机构获准进入银行间债券市场,入市总投资备案规模为 1.97 万亿元。证券投资项下人民币收付业务从 2011 年的 1000 亿元增长至 2018 年的 6467 万亿元,2018 年增速超过 83.6%。

人民币资本项目可兑换继续稳步推进。目前,人民币在 7 大类共 40

项资本项目交易中,已实现可兑换、基本可兑换、部分可兑换的项目共计37项,占全部交易项目的92.5%。

中国与"一带一路"沿线国家合作中,资本项目下人民币跨境收付金额合计10.75万亿元,同比增长65%,净流入1.13万亿元,主要集中在证券投资、直接投资和跨境融资项目。

3. 人民币加入SDR,国际货币地位初步奠定

2016年10月1日,人民币正式纳入国际货币基金组织(IMF)特别提款权(SDR)货币篮子,成为继美元、欧元、日元、英镑后的第五种货币,其中人民币权重为10.92%,位列第三。2016年第四季度,IMF官方外汇储备货币构成(Currency Conposition of Offercial Foreign Exchange Reserves,COFER)中人民币储备规模为907.8亿美元。截至2018年第四季度末,COFER中人民币储备规模为2027.9亿美元,占比1.89%,在主要储备货币中排名第6。据不完全统计,已有60多个国家将人民币纳入官方储备。人民币"入篮"体现了国际社会对于中国综合国力和改革开放成效,特别是人民币国际使用功能的认可,是人民币国际化的重要里程碑。

(二)人民币计价大宗商品

1. 石油人民币

扩大对国际原油等大宗商品交易定价的影响力,也是人民币国际化的重要目标。2017年8月,委内瑞拉与中国在双边石油贸易中采用人民币计价。同年10月,中国外汇交易中心推出人民币对卢布交易同步交收业务,标志着中国与俄罗斯的"石油人民币"双边基础设施进一步完善。2018年3月26日,以人民币计价、结算的原油期货在上海国际能源交易中心挂牌交易,此为中国首个国际化期货品种,直接引入境外投资者参与。中国"石油人民币"基础设施不断完善,大宗商品定价权不断提升。

2. 铁矿石期货

铁矿石是继原油之后世界第二大贸易额、中国第一大进口量商品。2013年10月,中国铁矿石期货上市,参与者为境内交易者,以人民币计价、结算。目前,大连商品交易所的铁矿石期货市场已发展成为全球最大的铁矿石期货市场。2018年5月4日,大连商品交易所铁矿石期货引入境外交易者成功启动。至此,全球三家最大的铁矿石供应商中,有两家对人民币敞开了大门。这意味着铁矿石的议价权已经开始向中国倾斜,人民币

的国际化又向前迈进了一步。

3. PTA 期货

精对苯二甲酸（PTA）是重要的大宗纺织原料，中国是全球最大的 PTA 生产国和消费国，也是 PTA 上下游产品的主要贸易国。2006 年 12 月，PTA 期货上市，参与者为境内交易者，2018 年 11 月，PTA 期货正式引入境外交易者。境外交易者的交易机制参照原油期货。

原油、铁矿石和 PTA 等大宗商品期货交易引入境外交易者是中国扩大对外金融开放的重要举措，有利于提升期货市场服务实体经济的功能，推动人民币成为大宗商品的计价、结算货币。截至 2019 年 2 月末，折算成人民币计算，境外交易者共汇入保证金 57.1 亿元，汇出 36.9 亿元，其中人民币占比分别为 59.2% 和 75.5%，体现了境外交易者对人民币的偏好。

◆思考讨论题◆

1. 一国货币成为国际货币的基本路径是什么？
2. 国际货币体系的演进经过了哪些历程？
3. 人民币国际化所面临的机遇和挑战是什么？

第六章 "煤炭—英镑"崛起

18世纪60年代开始的第一次工业革命,是一场生产与科技革命,实现了机器取代人力,以大规模工厂化生产取代了个体工场手工生产,对生产方式、世界格局等方面产生了深远的影响。随着第一次工业革命的兴起和传播,人类对煤炭的需求量急剧增加,煤炭贸易量快速增长。作为最早开始第一次工业革命的国家,英国拥有丰富的煤炭资源,成为国际上煤炭的主要出口国,煤炭交易成功捆绑英镑结算,并形成"煤炭—英镑"结算体系,英镑成为国际贸易关键货币。

第一节 "煤炭—英镑"崛起背景

16世纪的国际贸易中心历经多次转移,先从地中海地区和意大利城市转到比利时的安特卫普,然后又转到荷兰,并在一个世纪的时间里掌控了世界贸易霸权。荷兰盾成为国际交易中的关键货币,并延续到18世纪。由于在第一次工业革命之前,人类的生产活动以手工作坊为主,生产过程中主要使用薪柴,对能源的需求量很小,基本上没有发生能源国际贸易,因此,能源与货币之间的绑定关系还不明显。17世纪,荷兰经济已显现出衰退的迹象,但是英国经济开始加速,这与英国发起的第一次工业革命密不可分。到了17世纪中期,英国的资产阶级革命成功推翻了其封建专制制度,逐渐建成君主立宪制。在该制度下,英国资产阶级利用国家政权积极实施了一系列政策和措施,推动资本主义的快速发展,工业革命的兴起创造了各种前提条件。例如,对内施行国债制度、消费税政策,对外进行大规模掠夺,使英国迅速积累了巨额财富,为工业革命的发生提供了资金支持;通过大规模的圈地运动,英国释放了大量的劳动力,为工业革命的发生提供了劳动力支持。此外,牛顿力学和数学等自然科学的发展和获

第六章 "煤炭—英镑"崛起

得的成就，工场手工业的长期发展所培养出的大量实践经验丰富的熟练工人，为机器的发明和应用奠定了牢固的基础。彼时工场手工业虽然蓬勃发展，但是依然跟不上市场需求，工业革命应运而生。工业革命首先出现在棉纺织业。凯伊于1733年发明了飞梭，极大地提升了织布的速度，使得市场出现棉纱供不应求的局面。随后哈格里夫斯于1765年发明了"珍妮纺纱机"，大大提高了棉纱的供应速度，缓解了棉纱供不应求的矛盾。后来，棉纺织业中又出现了骡机（走锭精纺机）、水力织布机等，采煤业、冶金业等越来越多的工业部门也相继出现机器生产。然而，随着机器生产的应用领域越来越大，畜力、水力和风力等动力已无法跟上机器生产的步伐。1785年，经瓦特改良后的蒸汽机又投入生产过程中。该蒸汽机凭借便利的动力来源被迅速推广到各工业生产部门，扩大了机器生产的应用范围，人类自此进入"蒸汽时代"。在1840年左右，英国基本完成了工业革命，工场手工业基本被机器取代，英国率先成为工业国家。第一次工业革命大大提高了英国的生产力，丰富了市场上的商品类别，奠定了资产阶级的统治地位。传统的生产方式被彻底改变，美国、俄国、德国、意大利等国也相继开启工业革命，促使欧美国家进入工业化进程，资本主义世界体系的雏形开始显现。①

第一次工业革命前后，各国使用的能源有着显著差异。在第一次工业革命前，人类的主要能源是薪柴，需求量很小，能源贸易的地理范围狭小，基本没有发生能源的国际贸易。从人类的发展历程看，第一次工业革命具有划时代的历史意义。尤其是第一次工业革命中产生的各种革新，极大地推动了全球工业化的进程。第一次工业革命推动了生产方式的革新，机器和工业生产随处可见，改变了能源需求格局。蒸汽机的出现具有划时代的意义，标志着人类进入第一次工业革命时代。由于可作为动力源的蒸汽不能由自然界直接产生，需要从其他能源转换，因此其并不是第一次工业革命的直接生产能源。实际上，煤炭是才第一次工业革命的直接能源，而且地球上储量丰富，通过开采就可以得到。将煤炭充分燃烧后，就可以为蒸汽机提供动力。② 第一次工业革命的产生和发展，刺激了煤炭的需求

---

① 参见《第一次工业革命》，豆丁网，https://www.docin.com/p-457062547.html。
② 参见《18世纪工业革命的出现》，百度文库，https://wenku.baidu.com/view/64a00d5f32d4b14e852458fb770bf78a65293ae7.html。

165

总量，为发展煤炭工业提供了条件，煤炭的供销呈现区域集中和生产规模扩大趋势。世界各国开始工业革命的时间存在差异，先完成工业革命的国家往往是煤炭的主要生产国，后完成工业革命的国家则往往煤炭供不应求，需要从先完成工业革命的国家进口。这样就产生了国际能源贸易，形成了早期的国际能源市场。

  18世纪的最后25年，英国成为世界上实力最强的贸易国家，伦敦也相应成为全球第一的国际金融中心。随着蒸汽机的问世，一系列技术革命涌现，促进生产方式由手工劳动转向机器生产，煤炭也成为近代工业的重要能源。英国最早将煤炭作为主要能源，其在煤炭的开采中充分应用了机械，大大提高了煤炭的产量。在19世纪中叶，英国煤炭产量占世界煤炭总产量的2/3，成为全球煤炭市场的主宰。随着欧洲国家陆续完成第一次工业革命，这些后发国家的重工业迅速发展，对英国煤炭的需求量也大大增加。1815年法国煤炭产量仅88万吨，到1848年法国煤炭产量猛增到400万吨，但其煤炭供应量依然存在缺口，每年有1/3的缺口需要从国外进口。1840年，法国和德国的煤炭总量仅占英国煤炭产量的15%，英国煤炭出口量为200万吨，占其产量的5.9%。1869年，英国煤炭出口量达1300万吨，占其产量的11.8%。1887年，英国煤炭出口量更是达3300万吨，占其产量的20%。1913年，英国煤炭出口量便迅速上升到9400万吨，占其产量的32.8%。由此可见，该时期英国开采的煤炭在很大程度上满足了国外需求。① 第一次工业革命能在英国发起并蓬勃发展，很大程度上源于英国极为丰富的煤炭储藏量所带来的能源控制力。

第二节 "煤炭—英镑"结算体系形成

  英镑的历史可追溯至盎格鲁-撒克逊时代，彼时默西亚王国的奥发国王在英格兰引入了银便士，其式样和成色逐渐成为英格兰货币的标准。在此后超过1000年的时间里，英镑不仅在英格兰本土流通，还通过国际贸易或货币投机进入其他地区，特别是西欧地区。然而，此时英镑还不具备

---

① 参见谢文捷、于友伟《国际能源贸易的形成和发展研究》，载《对外经济贸易大学学报（国际商务版）》2005年第3期，第10～14页。

现代意义上的国际货币。根据 Cohen 等从货币功能角度的定义,一国货币需要具备交换媒介、价值尺度和贮藏手段等基本职能,才能成为国际货币。通过私人领域和官方层面的相互交叉,又可以表现为以下三个方面:作为交换媒介,国际货币被用于国家间贸易结算和干预外汇市场;作为价值尺度,国际货币被用于国际贸易定价和本国货币钉住的"名义锚";作为贮藏手段,国际货币被用于私人投资和作为官方储备货币。按照该定义,早期的英镑还不是国际货币,其真正成为国际货币是在 19 世纪,尤其是国际金本位制确立之后。①

1880—1914 年,金本位制盛行,其主要内容包括以下四个方面:第一,各国货币所代表的价值用黄金来规定,彼此的比价按他们法定的含金量确定;第二,任何人都能自由地按本位货币的含金量将金块交给国家铸币厂铸造金币;第三,金币是无限清偿货币,拥有最后支付手段的地位;第四,黄金是各国的货币储备,经常在国际结算中使用,可以自由输出或输入。②

1816 年,英国最早以法律形式确立了金本位(古典金币本位)的货币制度,1821 年开始实行金本位制,1 英镑兑换 7.3 克纯金。英镑纸币(包括英国各类银行发行的银行券)能够自由兑换成金条或金币,并且黄金的进出口也不受任何限制,这使得英镑纸币在英国内外均享有良好的信誉。1844 年《银行特许法案》颁布后,英格兰银行逐渐垄断了英格兰和威尔士银行券的发行权,英格兰银行券渐渐垄断英国流通中的纸币。而且,英格兰银行券也是唯一具备"无限法偿"资格的银行券,相当于法定货币,强制流通,不得拒收。自英国确立金本位制后,许多欧洲国家、美国、日本、俄罗斯等实施金银复本位制的国家效仿英国采用金本位制。从 19 世纪六七十年代开始,法国、德国、丹麦、瑞典、挪威等国家纷纷实施金本位制;19 世纪 80 年代左右,俄国和日本开始实行黄金兑换;1900 年,美国的金本位条例取得通过。虽然意大利和奥匈帝国没有以法律形式确定货币兑换黄金,不过在世纪交替时也开始实行货币钉住黄金;南非、印度、澳大利亚和埃及等国也陆续过渡到金本位制或钉住英镑。到了 20

---

① 参见杨玲《英镑国际化的历程与历史经验》,载《南京政治学院学报》2017 年第 2 期,第 76~82 页。

② 参见张新颖《英国霸权下的国际金本位制——从霸权稳定论看 1870~1914 年的国际货币体系》,载《山东财政学院学报》2009 年第 4 期,第 66~68 页。

世纪70年代末,真正具有国际性规模的货币制度——国际金本位制在全球形成,这是人类历史上最早统一成型的国际货币体系。①

图6-1展示了"一战"前金字塔式的国际金本位制。在该国际金本位制下,国际货币体系呈现出一种金字塔式的运行模式。英国处于金字塔的顶端,成为全球霸主(最强军事实力国、最强工业国、最大殖民帝国、最大贸易国、最大资本输出国)。当时伦敦是全球金融中心,聚集着各家跨国银行,国际各种贸易结算项目大多在伦敦进行,而且伦敦拥有当时全球主要的短期和长期资本市场、黄金市场和商品市场。英国政府和英格兰银行是全球货币金融体系的管理者。在国际金本位制的统一货币体系框架下,以及在英国的军事和经济霸权庇护下,英镑成为纸币之王,和黄金享有同样的世界货币地位。同样实行完全金本位制的德国和法国,与英国共同构成当时国际货币体系的中心区。比利时、瑞士等欧洲国家,美国、澳大利亚、南非、阿根廷等新兴国家实行不完全的金本位制国家,则在国际货币体系中充当配角,殖民地、半殖民地地区以及非洲、拉丁美洲、印度等一些边缘国家,则是被迫实行金本位制,位于国际货币体系的边缘区域。处于中心区的英格兰银行发行的英镑可以通过伦敦全球金融中心向德国、法国等其他中心区国家、外围区和边缘区国家提供资本,同时,作为

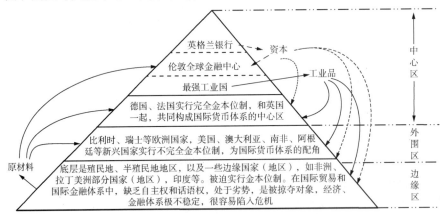

图6-1 "一战"前金字塔式的国际金本位制

(资料来源:参考格物资本《英国货币史:大英帝国下英镑霸权形成记》, https://baijiahao.baidu.com/s?id=1635691994059683418&wfr=spider&for=pc 修改。)

---

① 参见张新颖《英国霸权下的国际金本位制——从霸权稳定论看1870~1914年的国际货币体系》,载《山东财政学院学报》2009年第4期,第66~68页。

当时最强的工业国家，英国也向其他中心区国家、外围区和边缘区国家出口工业品，而作为边缘区的国家则向中心区和外围区的国家提供原材料等。

在资本市场层面，英国完善的国债制度以及伦敦金融市场的成熟，吸引了众多国外投资者，形成了以伦敦为中心的国际资本市场，进一步推动了英镑的国际化进程。18世纪中期以后，英国的银行业得到迅速发展，伦敦的证券市场、国债市场和黄金交易市场也日渐成熟。从19世纪20年代起，伦敦金融市场就受到国际投资者的青睐，英镑越来越成为国际资本市场上的重要交易手段。英国国债是当时世界上信用度最高的国债，其吸引力来自英国强盛的经济、军事实力，稳定的社会和政治环境，成熟的金融市场。此外，19世纪中期以后，英国海外银行业的扩张、对外资本的输出以及航运业和保险业的发展，使伦敦的金融影响力扩大到全球，更多的国家开始接受和使用英镑，包括各国央行在内的银行机构也愿意储备英镑纸币。

在英镑走向世界货币的过程中，伦敦金融中心的地位也不断得到增强，两者相互强化。伴随着英镑成为国际货币，英国成为一个金融帝国和投资大国，伦敦也成为国际上无可匹敌的金融中心。在多种因素的综合驱动下，英镑纸币变成了黄金的代用品，享有"纸质黄金"的称号，是人类历史上首个国际化的纸质主权货币。英镑纸币的国家主权属性让英镑具备了"称霸"的可能。

第三节　英镑成为国际贸易关键货币

伴随一国发展成为国际贸易中心和金融中心的往往是其货币成为国际关键货币。特别地，在贸易和金融活动中，决定一国货币地位的重要因素就包括该国经济活动和能源贸易的结合度，如该国是否在最重要能源的国际交易中取得定价权。因此，一旦一国货币绑定了能源，往往可以推动该国崛起和该国货币成为国际货币。例如，英国在崛起过程中，就一直是煤炭出口国，这使英镑成为国际贸易中的关键货币。在这个过程中，煤炭发挥了不可或缺的作用。在当时金本位制下，英镑拥有显赫的地位，成为国际贸易中大多数商品的计价单位，以及众多国家的中央银行国际储备。

由于菲律宾、印度和许多拉丁美洲国家采取了金汇兑本位制,因此这些国家的国际储备都是可兑换成黄金的外汇,其中,英镑就是最主要的储备。日本、俄罗斯、荷兰、奥匈帝国、斯堪的纳维亚和英联邦国家的国际储备中,有一部分就是英国财政部的债券或者在伦敦的银行存款,此时国际储备依然主要是外汇。当存款或债券需要兑换成黄金时,他们的政府或中央银行就会将英镑兑换成英格兰银行的黄金。[①] 表6-1比较了1899年年末与1913年年末外汇储备资产增长与构成情况。在这些年间,在官方机构的外汇储备中,英镑从1.051亿美元增加到4.254亿美元,法郎从0.272亿美元增加到2.751亿美元,马克从0.242亿美元增加到1.369亿美元,英镑的规模远大于法郎和马克;在私人机构的外汇储备中,英镑从0.159亿美元增加到0.16亿美元。在所有机构的外汇储备中,英镑从1.21亿美元增加到4.414亿美元,增加了3.204亿美元,法郎从0.272亿美元增加到2.751亿美元,马克从0.714亿美元增加到1.369亿美元。因此,到1913年年末,英镑在外汇储备中的占比达40%,法郎和马克加起来大约占40%,法郎、克朗、美元以及其他货币占20%。

表6-1 1899年年末与1913年年末外汇储备资产增长及其构成

单位:百万美元

外汇储备	1899年年末	1913年年末	变化
官方机构	246.6	1124.7	878.1
英镑	105.1	425.4	320.3
法郎	27.2	275.1	247.9
马克	24.2	136.9	112.7
其他货币(瑞士法郎、克朗、美元)	9.4	55.3	45.9
未知的货币	80.7	232	151.3
私人机构	157.6	479.8	340.2
英镑	15.9	16	0.1
其他货币(瑞士法郎、克朗、美元)	62	156.7	94.7

① 参见裴毅菲《英国金融霸权问题研究1816—1914》,河北大学2013年硕士学位论文。

续表 6-1

外汇储备	1899 年年末	1913 年年末	变化
未知的货币	79.7	325.1	245.4
所有机构	404.2	1622.5	1218.3
英镑	121	441.4	320.4
法郎	27.2	275.1	247.9
马克	71.4	136.9	65.5
其他货币（瑞士法郎、克朗、美元）	160.4	212	51.6
未知的货币	—	557.1	557.1

（资料来源：裴毅菲著《英国金融霸权问题研究 1816—1914》，河北大学 2013 年硕士学位论文。）

在确立国际金本位制后，黄金在国际支付工具和结算工具中的地位有所下降，英镑的使用最为广泛，其具有的优势是其他货币无法比拟的。第一，英国在整个 19 世纪中都是世界上最重要的贸易伙伴，并且在与他们的贸易中保持顺差状况。19 世纪中期以后，英国积极开拓海外市场，再加上欧美国家积极推进第一次工业革命，英国对外贸易的增长速度快于其工业的增长速度。具体而言，1850 年英国棉纺织品的出口额为 2826 万英镑，钢、铁的出口额为 540 万英镑，煤、焦炭的出口额为 130 万英镑，机器的出口额为 100 万英镑。到 1870 年，英国棉纺织品的出口额增加到 7142 万英镑，钢、铁的出口额增加到 2350 万英镑，煤、焦炭的出口额增加到 560 万英镑，机器的出口额增加到 530 万英镑。在同一时期，英国棉纺织业的出口额增长了 1.5 倍，工业原料的出口额增长了 3.4 倍，机器的出口额增长了 4.3 倍，英国在世界贸易总额中的占比从 22% 增加到 25%，与德国、法国和美国的贸易总额持平。1876—1885 年，工业品的出口贸易还是英国经济的重要内容，其出口额占全球出口总额的 38%。尽管这一比重于 1899 年降至 33%，但英国的出口额与美国、日本、加拿大、西欧和印度的出口总额基本相等，英国依旧是工业出口额最大的国家。第二，作为主要资本输出国家的货币，人们普遍认可了英镑作为一种国际通货的能力。由于在国际经济中，英国处于支配地位，英镑可以补充原本在国际结算中频繁使用的黄金，甚至替代黄金。而且，在伦敦的银行开设英镑账户后，不仅可以获得相应的存款利息，还可以使得交易支付更加便利，而储存黄金不仅得不到利息收入，还要支付保管费。另外，英格兰银行在外汇储备管理和贴现操作方面具有丰富的经验，再加上英镑在国际上的良好信誉，使英镑成为国际社会普遍接受的国际货币。因此，在国际贸易的支付和结算中，各国既可以运用账户的信贷资金或英镑票据，也可以买卖应付外汇票据。如此一来，黄金在国际结算中的地位越来越低，而英镑在国际结算中深受欢迎，成为国际贸易融资的重要工具，也成功取代黄金以发挥国际货币的职能。①

需要注意的是，煤炭绑定英镑作为交易结算货币，是英镑作为国际化货币的重要因素之一，但并不是唯一因素。"国际化的英镑"至少经过"贸易—英镑"（煤炭作为当时工业革命的主要"食粮"，在其中占据重要角色）、"政府信用—国债发行与管理"、英格兰银行诞生、"英镑—黄金"本位制和"海域强权"等几个重要节点，英镑成为国际货币是英国政治、经济、文化等的影响力发展的结果。②

◆思考讨论题◆

1. 第一次工业革命兴起的主要原因有哪些？
2. 第一次工业革命是如何促使能源的需求种类发生质的变化？
3. 英镑如何成功绑定煤炭？
4. "一战"前的国际金本位制体系是如何运行的？
5. 英镑如何成为国际贸易关键货币？

---

① 参见裴毅菲《英国金融霸权问题研究 1816—1914》，河北大学 2013 年硕士学位论文。
② 参见陈云贤《国家金融学（第 2 版）》，北京大学出版社 2021 年版。

第七章 "石油—美元"崛起

19世纪中期,欧洲国家、美国和日本分别完成了资产阶级革命或改革,促进了经济的发展。19世纪60年代后期,几个先进的资本主义国家几乎同时兴起了第二次工业革命,人类迎来了电气时代。在第二次工业革命中,电力和石油替代煤炭,成为国际能源贸易中的主要能源。美国凭借对石油强有力的控制权,成功地将石油与美元绑定在一起,并逐渐形成"石油—美元"结算体系,美元成为国际上的重要货币。

第一节 "石油—美元"崛起背景

19世纪,伴随资本主义经济的发展,自然科学研究取得了不少成就。19世纪70年代以后,自然科学研究中产生的新技术、新发明层出不穷,并被应用于各种工业生产领域,带动了经济的快速发展,第二次工业革命蓬勃兴起。其中,电器的广泛应用最为显著。19世纪60年代开始,国际上出现了一系列重大发明。如1866年,西门子制成世界上第一台发电机,实际可用的发电机则于19世纪70年代诞生,后来,一系列的电气产品相继问世,人类从蒸汽时代进入电气时代。其中,内燃机具有突出的贡献。19世纪70—80年代,以煤气为燃料的内燃机和以汽油为燃料的内燃机相继面世,为交通工具提供了动力源。19世纪80年代开始,内燃机被运用于汽车、远洋轮船、飞机等,促进了这些行业的迅速发展。第二次工业革命中,随着煤气和汽油为燃料的内燃机以及柴油机的出现,石油开采业也得到了发展,石油化工工业也由此产生。[①] 在这些基础之上,电力和石油

---

① 参见MBA智库·百科"第二次工业革命"词条,https://wiki.mbalib.com/wiki/%E7%AC%AC%E4%BA%8C%E6%AC%A1%E5%B7%A5%E4%B8%9A%E9%9D%A9%E5%91%BD。

取代了煤炭的能源地位，一跃成为人类社会的主要能源。

两次世界大战期间，石油取代煤炭的核心地位，为美元取代英镑的国际货币地位创造了有利条件。在国际能源市场上，能源贸易和所占比重的增长速度均较快。1913—1937年，燃料的出口量增长了0.71%，出口额更是翻倍，增长速度远远高于其他初级产品和矿产品以及制成品。从产品结构看，煤炭渐渐被石油取代。从20世纪20年代开始，内燃机的发明将石油变成动力能源。尽管煤炭的贸易额下降了，但是石油贸易增长较快。截至1929年，石油贸易额已高达11.7亿美元。在这一时期，美国和委内瑞拉是国际石油的主要供应国，西欧等国则是国际石油的需求国，苏联的石油也快速恢复和发展起来。到20世纪30年代末，美国和苏联还是国际石油的主要供应国。石油贸易推动了国际能源贸易的快速增长，在国际能源贸易中的地位越来越高，动摇了煤炭在国际能源贸易以及国际能源市场中的地位。[1]

在第二次世界大战中，美国是盟国的主要能源（石油）的供应者。第二次世界大战结束后，各国对煤炭的需求下降，转而增加对石油的需求，使得煤炭的贸易额在全球矿物能源贸易总额中的比重不断下降。石油和煤炭在国际能源贸易结构中的占比出现了巨大的变化，石油取代煤炭成为国际能源市场的主体，使得国际能源贸易开启了新的时代。其中，美国成为全球的主要产油国，掌握了全球原油产量的2/3。20世纪70年代，美国与沙特阿拉伯成功签订"不可动摇协议"。按照这个协议，只有美元才能成为沙特阿拉伯石油出口的计价货币。而且，欧佩克一篮子平均价所监督的7种原油也将美元确立为计价货币。美元与石油的绑定成为世界各国的共识，想要从事石油贸易的国家必须储备美元。此外，美元作为计价货币几乎覆盖了全球最重要的石油现货交易市场，如纽约商品交易所、伦敦国际石油交易所。这些做法为美国获得石油的国际定价权提供了强有力的保障。尽管后来出现了一些不利的重要事件，如美元贬值、伊朗改用欧元计价、俄罗斯成立卢布计价的石油交易所等，但是它们对全球石油贸易的影响微乎其微。凭借第二次世界大战期间大量向盟国出口石油，强力控制中东原油，以及控制国际石油期货市场的定价权，美元得以长期垄断大宗石

---

[1] 参见张宇燕、管清友《世界能源格局与中国的能源安全》，载《世界经济》2007年第30卷第9期，第17～30页。

油贸易的计价货币地位①，确保了美国运用美元对石油大宗商品的国际定价权和国际货币格局中的美元本位制。

第二节 "石油—美元"结算体系形成

一、布雷顿森林体系的建立与崩溃

（一）布雷顿森林体系的建立

布雷顿森林体系指的是"二战"后以美元为中心的国际货币体系。"二战"结束后，美国的黄金储备占到全球的3/4，军事实力上升，成为"超级大国"，凭借强大的经济实力和军事实力后盾，美国财政部前助理部长哈里·怀特提出的"怀特计划"力压英国代表团团长凯恩斯提出的"凯恩斯计划"，于1944年7月在美国新罕布什尔州布雷顿森林镇举行的联合国国际货币金融会议上获得通过，西方主要国家共同确立了布雷顿森林体系。该体系包括关税与贸易总协定以及布雷顿森林会议通过的各项协定，其实质是巩固美元的地位，建立以美元为中心的国际货币体系。该体系主要确定了六项内容，包括美元与黄金挂钩、其他国家货币与美元挂钩、实行可调整的固定汇率、各国货币的兑换性与国际支付结算原则、确定国际储备资产以及国际收支的调节。② 其中，美元与黄金挂钩、其他国家货币与美元挂钩是布雷顿森林体系的两大支柱。

布雷顿森林体系在战后的相当一段时间内对于世界经济复苏具有重要意义，主要体现在以下五个方面。一是稳定了"二战"后的国际货币体系。1929—1933年，资本主义国家爆发的经济危机导致了货币制度危机，威胁到金本位制的稳定，国际货币金融关系混乱。但是，布雷顿森林体系以美元为中心，各国货币之间建立了统一的标准和基础，有助于稳定原先的混乱局面。二是促进了各国经济的发展。在布雷顿森林体系建立之前，各国往往紧缩国内经济，更加注重外部平衡，但是在布雷顿森林体系下，

---

① 参见王颖、管清友《碳交易计价结算货币：理论、现实与选择》，载《当代亚太》2009年第1期，第109~128页。

② 参见 YIFU_APS《布雷顿森林体系》，360个人图书馆，2014年5月2日，http://www.360doc.com/content/14/0502/19/13253171_374013729.shtml。

各国的重心转向内部平衡,在一定程度上缓解了经济危机和失业情形。三是扩大了国际贸易规模。通过进口国外商品和劳务、信贷等方式,美国向世界提供了大量美元,有利于增强世界购买力,加快国际贸易的发展。四是有利于全球经济的恢复和发展。国际货币基金组织提供的短期贷款业务的重心从欧洲转向亚洲、非洲、拉丁美洲第三世界国家,暂时缓解了"二战"后多数国家的收支危机,世界银行提供的长期贷款和投资解决了"二战"后成员的资金问题,对全球经济的恢复和发展发挥了重要作用。五是为生产和资本的国际化创造了不错的条件。布雷顿森林体系下相对稳定的汇率制度可以避免汇率风险,为国际融资提供了良好环境,有助于加深生产和资本的国际化。[①]

(二) 布雷顿森林体系的崩溃

随着资本主义国家的相对经济实力不断发生变化,布雷顿森林体系固有的矛盾和缺陷渐渐显露出来。一是金汇兑制存在的缺陷。美元与黄金挂钩使得美国无须运用黄金,仅通过印发美元就可以购买产品和投资,这加快了美国的对外扩张的步伐和对他国掠夺的速度。同时,由于美国负有维持金汇兑平价的责任,因此人们对美元的态度会影响到金汇兑平价的稳定。如果人们对美元充满信心,美元就会相对短缺,这有利于金汇兑平价的稳定。但是,如果人们对美元失去信心,美元就会相对过剩,金汇兑平价难以被维持。二是储备制度不稳定。布雷顿森林体系无法提供被各国普遍接受的充足的储备货币,以满足国际贸易和全球经济发展的需要。20世纪60年代,"特里芬难题"就明确指出,与国际贸易发展相比,如果美国的国际收支不断出现顺差,国际储备资产就会出现短缺;如果美国的国际收支不断出现逆差,国际储备资产又会过剩,进而危及国际货币制度。三是国际收支调节机制存在的缺陷。布雷顿森林体系下汇率变动要保持在1%上下,汇率波动范围有限,汇率对国际收支能发挥的调节作用不明显。四是难以统一内外平衡。布雷顿森林体系下各国只能牺牲内部平衡以实现外部平衡。如果美国国际收支出现逆差,就会导致美元汇率下跌。在固定汇率制下,其他国家会干预外汇市场,导致这些国家出现通货膨胀,但是

---

① 参见百度百科"布雷顿森林体系"词条,https://baike.baidu.com/item/布雷顿森林体系/1952162? fr = aladdin。

如果他们不干预外汇市场，也会由于美元储备资产贬值而受损。①

资本主义世界经济此消彼长，美元危机与美国经济危机频繁爆发。一是美国黄金储备减少。美国于1950年挑起朝鲜战争，其海外军费快速增加，国际收支持续逆差，黄金不断流向国外。到1960年，其黄金储备仅有178亿美元，但当时的流动负债已达210.3亿美元，首次出现美元危机。接着，美国于1961年发动越南战争，其国际收支进一步恶化，黄金储备不断减少。截至1968年3月，美国的黄金储备仅有121亿美元，而对外短期负债已达331亿美元，美元危机又一次出现。到1971年，美国黄金储备下降至102.1亿美元，而对外流动负债竟达678亿美元。此时，美国已无力再承担美元兑换黄金的责任。1973年，美国爆发了经济危机，黄金储备只有110亿美元。美国黄金储备的大幅下降，严重动摇了各国对美元的信任。二是美国通货膨胀愈发严重。从美国发动越南战争开始，其财政赤字居高不下。为弥补财政赤字，美国又大量发行货币，造成通货膨胀；石油价格上升造成支出增加；失业补贴的增加也加剧了政府支出。1960年，美国的消费物价指数只有1.6%，但是10年后，该指数上升到5.9%，1974年更是上升到11%。美国通货膨胀的快速上升对美元的汇价造成了不少冲击。三是美国国际收支逆差。战争结束时，美国大量向日本、西欧和世界各地出口商品，国际收支保持高额的顺差，黄金储备大量增加。但是随着西欧各国经济的发展，他们的出口额不断增加，国际收支也由逆差转为顺差，获得了大量美元和黄金。相反，美国不断地对外扩张和挑起战争，使其国际收支呈现逆差，大量资金流入他国。因此，美元的汇价不断下浮。②

到20世纪70年代，以美元为中心的货币体系瓦解的主要标志有两个方面。一是美元停止兑换黄金。截至1971年7月，美国累计爆发了7次美元危机。1971年8月15日，尼克松政府宣布停止国家回收美元与黄金兑换。同年12月，西方10个国家签订《史密森协定》(Smithsonian Agreement)。鉴于美元兑黄金贬值，美联储停止向他国中央银行出售黄金，至此，美元与黄金挂钩荡然无存。二是取消固定汇率制。西欧国家于1973年出现抛售美元，抢购黄金和马克的风潮，美国、联邦德国等国家不再与

---

① 参见《布雷顿森林体系》，道客巴巴，https://www.doc88.com/p-65123581316.html。
② 参见《布雷顿森林体系》，豆丁网，https://www.docin.com/p-793734117.html。

美元保持固定汇率，实行"联合浮动"。意大利、英国、爱尔兰等国则实行单独浮动，其余主要西方国家则对美元采取浮动汇率，固定汇率不复存在。①

二、"石油—美元"结算体系的建立

（一）石油的特点

不同于黄金，石油的储备量和生产量都足够大，还具有以下特点。

第一，石油是不可再生的自然资源之一。随着机械工业、航空产业、汽车产业与化工产业的发展，各国的经济增长对石油的依赖程度越来越严重，利用石油不仅能够炼制出汽油、煤油、柴油等燃料油和各种机器所必需的润滑油，还能够制造合成纤维、合成橡胶、塑料以及农药、化肥、炸药、医药、染料、油漆、合成洗涤剂等生产和军事中所必需的产品，石油已然成为工业与国防的血液。

第二，石油是世界上贸易量最大的商品。2008年，全球的石油产量为40亿吨，将近20亿吨被用于国际贸易。相比之下，铁矿石的全球贸易量仅为8亿吨，煤炭的全球贸易量为8亿吨左右，黄金就更少。

第三，石油体现出浓重的地缘政治属性。作为自然禀赋资源，从总体上看，全球石油的分布极不均匀，全球石油储量的80%集中在伊朗、科威特和沙特阿拉伯等主要产油国，全球2/3的剩余探明储量集中在中东地区。在全球前十的能源消费国中，大部分国家的能源需求存在缺口，只有俄罗斯、加拿大和英国的石油可以满足本国需要，其他能源消费国如中国，既是产油国又是石油净进口大国。由于石油的生产与出口比较集中，在产油国发生的那些影响石油生产的事件，更容易对石油的价格产生重要影响。各国对石油的高度依赖性以及石油分布的不平衡使得石油具有明显的政治属性，并成为国家之间博弈所运用的工具和武器。在政治属性下，作为商品的石油并不会完全遵循市场规则，有时甚至会背离价格。因此，石油天然地与国家经济安全地联系在一起，并从一种普通的燃料演变为最重要的战略商品，对世界经济的发展、国际格局的形成乃至国家之间的冲突与结盟产生重要影响。

---

① 参见《〈世界格局参考资料〉布雷顿森林体系》，原创力文档，https://max.book118.com/html/2016/0704/47289664.shtm。

第四，国际石油市场具有垄断与半垄断属性。1859年，第一口油井在宾夕法尼亚州诞生，此后，以美国石油市场为主的世界石油行业在经历短暂的竞争之后马上被洛克菲勒集团的标准石油公司垄断。根据1890年的《保护贸易及商业免受非法限制及垄断法》（又称《谢尔曼反托拉斯法》），美国于1911年将标准石油公司进行了拆分，但几年后就被西方七大石油公司组成的"七姐妹"所垄断。从1971年开始，"七姐妹"对石油的垄断被由13个石油输出国组成的欧佩克代替。20世纪80年代，这一寡头集团的垄断被实质性打破，石油市场进入非常有竞争性的全球化市场阶段。虽然在1986年和1998年，欧佩克曾经两度陷入濒临崩溃的边缘，但依然对石油市场发挥了至关重要的作用，他们所采取的集体增产或减产计划，对国际油价的影响十分明显。

第五，石油具有金融产品的部分属性。石油价格产生于世界上的若干大宗商品交易所，如纽约商业交易所（NYMEX）、伦敦证券交易所（ICE）和新加坡证券交易所（SGX）等，在这些交易所形成的标杆石油价格，如北海的布伦特（Brent）原油价格和美国得克萨斯州的轻质原油（WTI）价格，可以为场外双边石油贸易的定价提供参照。石油期货出现和利用纸面合同作为套期保值工具后，油价越来越容易受到金融市场里众多因素的影响。特别是对于那些以美元为国际石油计价货币的交易市场，美国的货币政策以及美元相对他国货币的汇率对石油价格产生了不小影响。而且，由于石油的流动性较强，在石油金融化的市场里，其被大量的金融资本视为投机套利的对象，因此，石油价格也就具有金融产品的一些属性。

（二）"石油—美元"结算体系的形成与发展

石油是现代工业的起点，从20世纪初开始，世界各国对石油的需求越来越大，石油国际贸易规模扩大，世界各国对美元的需求也与日俱增。同时，由于第二次世界大战的战火烧到英国本土，战争迫使大量的资金逃离英国，来到美国这个新兴市场，很快美国就替代英国，成为新的世界贸易和金融的中心。这个过程不只是资金的大规模转移，更重要的是经济体的替代。美国替代英国成为世界贸易的中心，作为新兴经济体的主要货币，美元备受各国青睐，除了黄金，美元成为世界各国的又一主要储蓄货币。然而，布雷顿森林体系瓦解后，美元不再与黄金挂钩使得其在国际上的信誉也不可避免地受到了严重冲击。第一次石油危机之后,为了确保—美元在国际货币体系中的核心地位以及美国能源和财政的安全,"石油—美元"计划应运而生,美元又成为国际储备和结算的最重要的货币。石油取代黄金的地位,成为美元的信用依靠。经过美国的重新塑造,美元凭借黑色石油再次掌控了全球经济,其在国际货币体系中的核心地位更加牢固。

图7-1展示了全球石油贸易过程。在国际石油贸易中,美元是唯一的结算货币,处于完全垄断地位,这确保了美国可以开动印钞机印制出大量美元,并在世界各处采购商品与服务。由于许多国家依赖石油进口,他们需要通过出口换得美元,以便在进口石油时能够从外汇储备中拿出相当一部分支付给石油输出国。石油输出国获得的"石油美元"需要寻找合适的投资渠道,而拥有强大的经济实力和发达的资本市场的美国又吸引了"石油美元"的回流,变成美国的银行存款、股票、国债等证券资产,可以弥补美国的贸易与财政赤字,进一步支撑美国的经济发展。依靠特殊的经济、金融地位,美国顺利地维持着"石油—美元"环流,长期处于消费膨胀、外贸逆差和吸收外资并存的局面,这也维持了美国经济在这种特殊的格局中保持增长。随着"石油—美元"体系的建立,大量美元顺利流入相关产油国。第一次石油危机使国际油价上涨了4倍左右,"石油美元"源源不断地流向了产油国。到1973年,欧佩克国家持有的"石油美元"为350亿美元,经常账户盈余为66亿美元,一年后,欧佩克国家的"石油美元"持有量急剧增加到1123亿美元,经常账户盈余迅速扩大到683亿美元;1976年年底,欧佩克国家"石油美元"的经常账户盈余在全部美元经常账户盈余中的占比达35.7%,远远高于美国西方盟友的这一比率。产油国为了满足国内的消费和投资需求,纷纷向以美国、英国、德国、法国为首的工业国大量购买石油,于是大量的"石油美元"回流。1974—1978年,回流至西方工业国家的"石油美元"达1570亿美元,占回流资金总额的78.5%。20世纪80年代初期,这一占比上升到90%。20世纪70年代中期,产油国的"石油美元"收入出现了短暂下降,但第二次石油危机爆发后,油价暴涨使得产油国持有的"石油美元"超过2000亿美元。

"石油—美元"结算体系的建立和发展经历了三个阶段。第一阶段:1974—1986年。1972年后,石油—美元循环机制创立,此后的两年时间内,国际油价涨了4倍。该机制将美国和沙特阿拉伯之间的石油贸易合作流程确立下来。通过该机制,沙特阿拉伯的大量石油被运到美联储银行体

第七章 "石油—美元"崛起

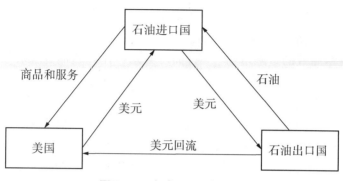

图7-1 全球石油贸易过程

（资料来源：作者据相关信息绘制。）

系，尤其是纽约联储。不过，除了美联储银行是主要受益者外，英国、法国、意大利、德国和日本等国央行也从中获取了小部分利益。第二阶段：1986—1999年。在此之前，美国与沙特阿拉伯共同作为"石油—美元"体系的主宰，但是克林顿总统上任后，他将抑制油价过快上涨作为主要任务之一。因此，这一时期的"石油—美元"机制确保了美国继续受益，但对沙特阿拉伯的作用相反——导致沙特阿拉伯利益严重受损。第三阶段：2000年开始至今。在这一阶段，石油价格持续上升，"石油—美元"循环机制中也逐渐出现欧元。当时的全球石油交易中，平均每年有7000亿欧元采用欧元结算，大大提高了货币的流动性。而且，从2008年开始，量化宽松政策层出不穷，"石油—美元"循环机制的地位被削弱。[①]

第三节 美元崛起之启示

美元崛起的历程具有重要的启示。一是用货币绑定能源。通常情况下，一国货币要遵循计价结算货币、储备货币和锚货币才能成为国际货币。其中，与国际大宗商品尤其是与能源绑定计价权和结算权，常常是一国货币成为国际货币的起点，是国家崛起和本国货币充当国际货币的助推剂。例如，在20世纪初，煤炭贸易量就位列第三，第一次世界大

---

① 参见金理人网《石油美元体系的形成和发展》，转引自品略网，http://www.pinlue.com/article/2018/11/2923/517725735421.html。

战时期则位列第二；第二次世界大战后，包括原油、汽油、天然气等能源，在高盛所编制的 24 种大宗商品指数中，美元权重达到 64.51%。二是建立发达高效的金融市场。"石油—美元"循环机制建立在发达的金融市场的基础之上。尽管 20 世纪 70 年代，美国在贸易和财政两个方面都出现了赤字，降低了国际社会对美元的信心，美元与黄金之间的固定兑换比率难以为继，但是，与苏联、日本、德国等新兴大国相比，美国的金融市场更为发达、更加稳定，资本流动性更强。三是要高度重视培育国际协调和外交公关的能力。第二次世界大战后，美国与沙特阿拉伯之间签订"石油美元"协议是全球最成功的外交危机公关事件。当时美国的领导力已不比往昔，美国模式的号召力也不如以往，美国备受国际社会的质疑。并且，在以色列与阿拉伯国家爆发严重冲突时，美国一边坚定支持以色列，另一边又与沙特阿拉伯建立了"石油—美元"体系。除此之外，美国也与中国建交。诚然，这些事件与美国的经济实力和军事实力分不开，但一样也离不开美国处理国际协调和外交公关的能力。外交公关能力和国际协调能力也是一种生产力，它对提升大国在外交舞台上运筹帷幄的能力具有重要意义。

不过需要注意的是，石油绑定美元作为交易结算货币，是美元作为国际化货币的重要因素之一，但并不是唯一因素，因此不能以偏概全。纵观美元的国际化历程，它至少经历了实体经济的牢固支撑、布雷顿森林体系的确定、马歇尔计划、牙买加体系以及石油贸易与美元作为交易结算货币绑定权的确立等几个关键节点。美元国际化带给美国额外的国际经济利益和特殊的国际政治权力，使美国从国家金融行为属性的角度，将维持美元的国际化地位作为自己始终坚守的目标。①

◆思考讨论题◆

1. 第二次工业革命兴起的主要原因有哪些？
2. 第二次工业革命对国际能源格局产生了哪些方面的影响？
3. 美元如何成功绑定石油？
4. "石油—美元"结算体系是如何运行的？
5. 美元崛起对人民币的国际化有何借鉴？

---

① 参见陈云贤《国家金融学（第 2 版）》，北京大学出版社 2021 年版。

第八章 探讨"碳交易—人民币"结算之路径

英镑和美元的崛起与发展,清晰地展示了一国货币可以通过绑定国际重要能源而成为国际货币。在工业化进程中,各国大量使用化石能源,导致温室气体的大量排放,全球气候变暖已成为国际社会关注的重要问题。《京都议定书》为碳交易的产生提供了法律依据。并且,英国、美国、日本、中国等国家均选择将低碳经济作为未来的经济增长模式,全球碳交易市场越来越活跃。作为碳减排潜力巨大的中国,可以尝试将碳排放权绑定人民币,推进人民币的国际结算。

第一节 《京都议定书》与碳排放权交易

一、《京都议定书》

(一)《京都议定书》的起源

在20世纪60年代之前,虽然已经有学者提出了"温室效应",但是,长期以来,单纯追求国内生产总值增长的观念处于统治地位,各国并没有重视"温室效应",他们普遍认为要等国家实力足够强大后再治理环境。因此,各国呈现经济快速增长和环境迅速恶化的局面。1962年,《寂静的春天》的出版唤醒了各国对环保的重视。联合国《第一个发展十年》提出,经济增长不能仅注重量的增长,更要注重质的全面提高和改善,这意味着环境问题受到国际社会的重视。1972年6月,联合国人类环境会议在斯德哥尔摩召开,各国政府代表首次一起讨论环境问题,会议通过了《联合国人类环境宣言》,很好地激发了各国人民保护环境的意识。1992年6月,联合国环境与发展大会于巴西里约热内卢召开,会议通过了《联合国气候变化框架公约》，并于 1994 年 3 月 21 日生效。截至 2016 年 6 月，共有 197 个国家陆续加入该公约。值得一提的是，中国于 1993 年 1 月 5 日批准了该公约。①

《联合国气候变化框架公约》仅规定了发达国家的减排目标，即到 20 世纪末将温室气体排放量降至 1990 年的水平，却没有对他们制定具体的减排指标。在第一次公约缔约方大会上，"柏林授权"得以通过，仅规定了发达国家在 2000 年以后的减排义务和时间表。由于温室气体减排会直接影响各国的经济发展，国际社会曾举办了多轮谈判，各方都没有达到一致。直到 1997 年在日本京都举行的第三次公约缔约方大会上，各方经过艰难的谈判，最终制定出《京都议定书》，以法律形式对发达国家的减排义务和指标进行了详细规定，但发展中国家不用承担减排义务。根据《京都议定书》，在 2008—2012 年的承诺期（第一承诺期）内，所有发达国家排放的二氧化碳等 6 种温室气体要比 1990 年减少 5.2%。而且，《京都议定书》对每个附件 I 国家都制定了不同的减排目标。较之于 1990 年，欧盟、美国、日本和加拿大需分别减排 8%、7%、6% 和 6%，东欧各国需减排 5%～8%，新西兰、俄罗斯和乌克兰的排放量要减至 1990 年的水平。不过，《京都议定书》的生效要满足一定的条件，即获得 55 个《联合国气候变化框架公约》缔约方的批准，其中批准《京都议定书》的附件 I 国家缔约方在 1990 年的温室气体排放量之和占全部附件 I 国家缔约方同期温室气体排放总量的 55%。作为该项占比达 36.1% 的最大国家，美国拒绝批准《京都议定书》，因而该项占比达 17.4% 的俄罗斯的决定对《京都议定书》的生效至关重要。经过 3 年多的考虑，俄罗斯于 2004 年 10 月批准了该议定书。中国于 1998 年 5 月也签署了该议定书，并于 2002 年 8 月核准。截至 2004 年 12 月，129 个国家和欧盟已批准了《京都议定书》。从 2005 年 2 月 16 日开始，《京都议定书》正式生效，成为人类历史上首部限制温室气体排放的法规。② 值得注意的是，美国人口仅占全球总人口的 3%～4%，是世界上温室气体排放量最多的国家，却宣布拒绝批准《京都议定书》，美国的这一不负责任的做法遭到世界许多国家的批评。

---

① 参见魏守道《气候政策的博弈分析——以碳税、碳排放配额及碳关税政策为例》，暨南大学 2014 年博士学位论文。

② 参见张媛《我国实施清洁发展机制法律问题研究——〈京都议定书〉的启示》，湖南师范大学 2006 年硕士学位论文。

（二）《京都议定书》建立的减排机制

为促进温室气体减排，《京都议定书》建立了三个灵活机制：国际排放贸易机制、联合履行机制和清洁发展机制。2001年，《马拉喀什协议》确定了这三个机制的集体运作规则。

1. 国际排放贸易机制

国际排放贸易机制是发展中国家与发达国家进行温室气体合作减排的灵活机制，核心是允许发达国家之间交易碳排放配额。根据该机制，发达国家可以在发展中国家投资减排项目，帮助后者减排，从而履行其在《京都议定书》中的减排义务。根据《京都议定书》的规定，附件Ⅰ国家可以通过交易转让或境外合作，以成本有效的方式获得排放温室气体的权利。这样，在不影响全球环境完整性的同时，就可以在全球范围内实现最优的减排成本效益。[1] 如果发达国家与发展中国家之间联合开展温室气体减排项目，那么，发达国家就可以将这些项目产生的减排额作为他们承诺的减排量。因此，国际排放贸易机制为发达国家提供了灵活的履约机制，也使发展中国家获得了部分减排资金和先进技术的援助。国际排放贸易机制提高了各国的减排积极性，降低了减排费用，有助于《京都议定书》的灵活实施，从总体上控制温室气体排放，是全球减排和技术转让的手段之一。国际排放贸易机制源自美国提出的方案，得到美国强有力的支持，但是美国的建议遭到发展中国家的反对，故最终明确该机制仅限于发达国家之间。

2. 联合履行机制

联合履行机制也是一种基于项目的合作机制，不过是发生在附件Ⅰ国家之间，其试图以较小的减排成本帮助附件Ⅰ国家实现温室气体减排承诺。在该机制中，温室气体减排成本较高的附件Ⅰ国家可以在温室气体减排成本较低的附件Ⅰ国家投资减排项目，前者将项目产生的减排单位用于其减排承诺，后者则获得一定的减排资金和技术。它的特点是项目合作主要发生在经济转型国家和发达国家之间。[2] 联合履行机制的主要参与者由

---

[1] 参见百度百科"国际排放贸易"词条，https://baike.baidu.com/item/国际排放贸易/3032187? fr = aladdin。

[2] 参见碳交易网"易碳家"《联合履行机制 Joint Implementation，JI》，碳排放交易网"碳顾问"频道，2016年2月28日，http://www.tanpaifang.com/tanguwen/2016/0228/50941.html。

投资国、东道国和第三方组成。其中，投资国是温室气体减排成本较高的附件Ⅰ国家，东道国是温室气体减排成本较低的附件Ⅰ国家，第三方则是由《京都议定书》的缔约方会议批准组成的国际执行机构，负责为双方提供相关信息，监测、评估以及核证联合履约项目产生的温室气体减排量。

3. 清洁发展机制

清洁发展机制（clean development mechanism，CDM）是《联合国气候变化公约》中规定的相关缔约方，在境外实现部分减排承诺的一种灵活机制。在该机制中，发达国家提供温室气体减排所需的资金和技术，通过在发展中国家实施温室气体减排项目，将获得的减排量核算到发达国家的减排承诺。清洁发展机制对项目以及参与国都提出了一定的要求。首先，清洁发展机制项目必须获得项目涉及的所有成员的正式批准，且须能促进东道国的可持续发展，能够对东道国的气候产生实在的、可测量的、长期的效益。其次，项目产生的减排量必须超出任何"无此清洁发展机制项目"条件下产生的减排量。项目涉及的成员必须是自愿参与清洁发展机制并批准了《京都议定书》的。最后，工业化国家还得完成相应的排放数量，达到建立温室气体排放体系和清洁发展机制项目注册机构等方面的要求，提交年度清单，建立交易温室气体减排量的账户管理系统。[①] 值得一提的是，清洁发展机制是国际社会未来应对全球气候变迁的最重要的弹性机制，是目前唯一得到国际认可的碳交易机制，几乎可以适用于各国的减排计划。

二、碳、碳排放权与碳排放权交易

（一）碳

碳是一种非金属元素，位于元素周期表的第二周期ⅣA族。本章中的"碳"一般是二氧化碳的简称。工业革命以来，人类大量使用石油、煤炭等化石燃料，以二氧化碳为主的温室气体急剧增加，从而加剧了全球变暖，带来气候多变、灾害丛生等严重后果。碳减排是对温室气体减排的统称。这些气体对太阳光中的可见光（波长较短）具有高度的穿透性，而对地面反射的红外光（波长较长）具有高度的吸收性。它们能大量吸收太阳

---

① 参见《清洁发展机制》，原创力文档，https://max.book118.com/html/2015/0606/18513777.shtm。

光中的红外线辐射,并将之释放到大气中,还能拦截地球表面反射回太空中的辐射。太阳光照射到地球表面会使地表升温,地球表面同样会将大量的太阳光再次辐射回外太空,而大气中的温室气体能够截留地球表面的辐射,从而阻止地球散热,使地球表面变得更暖,就像给地球盖了一层棉被。这种温室气体使地球表面温度上升的效应,就称为"温室效应"。1997 年通过的《京都议定书》明确规定了需要削减的六种温室气体,包括二氧化碳、甲烷、氧化亚氮、氢氟碳化物、全氟碳化物及六氟化硫。其中,最后三类气体产生温室效应的能力最强,但二氧化碳对地球升温的贡献最高,占了近一半。① 排放 1 吨甲烷相当于排放 21 吨二氧化碳,排放 1 吨一氧化二氮相当于 310 吨二氧化碳,排放 1 吨氧氟烃相当于排放 140～11700 吨二氧化碳。②

(二)碳排放权

碳排放权是指企业依法取得的向大气排放温室气体的权利,是具有价值的资产,能够在市场上进行交换。因此,难以完成减排目标的企业可以从别的企业购买碳排放权,这既可以帮助前者完成减排任务,也能保证后者获得收益。这样,就能借助"看不见的手",大大提高企业节能减排的积极性。根据预测,碳排放权可能超过石油,成为全球交易规模最大的商品。事实上,碳排放权有两层含义:一是碳排放权是每个人生来便拥有的权利,与社会地位和个人财富无关;二是碳排放权的分配是利用地球资源谋发展的权利,对发展中国家尤其如此。③

碳排放权的主体主要有三种类型:①国家。《气候变化公约》和《京都议定书》均遵循国际公平的原则,以国家为单位来界定其碳排放权,并区分了发达国家和发展中国家在不同阶段的"国家碳排放总量"的指标。②群体。以群体为主体类型的碳排放权主要是指在满足法律规定的条件下,各种企业或营业性机构所获得的排放指标。③自然人。以自然人为主体的碳排放权,指的是每个个体出于其生存和发展的需要,都具有的向大

---

① 参见冯睿《温室气体的危害和防范措施》,百度文库,https://wenku.baidu.com/view/8288e60505a1b0717fd5360cba1aa81145318f31.html。

② 参见碳交易网《CDM 规定减排的温室气体》,2012 年 4 月 14 日,http://www.tanpaifang.com/CDMxiangmu/2012/0414/1160.html。

③ 参见杨泽伟《碳排放权:一种新的发展权》,载《浙江大学学报(人文社会科学版)》2011 年第 41 卷第 3 期,第 40～49 页。

气排放温室气体的自然权利。①

由于碳排放权的价格指数受制于发达国家完成其所承担减排义务的难易程度，完成减排义务越难则排放权的价格会越高，而一旦发达国家的生产和生活方式调整，减排义务不需要通过CDM来完成，则碳排放权的价格会降低，因此价格指数所反映出来的市场价格是发达国家投资者充分考虑了节能经济发展与未来减排空间的关系及其不确定性风险之后所形成的共识，该市场价格即为碳排放权的公允价值。因此，对于碳排放权的计量应在获取时或报告期末按不同时点的公允价值进行，即应按照碳交易所的价格指数确定排放权的入账价值，并于报告期末按该价格指数的实时数据进行后续计量。

（三）碳排放权交易

碳排放权交易源于Dales提出的"排放权交易"，即通过将合法的污染物排放权利以排放许可证的形式表现出来，使环境资源可以像商品一样买卖。② 当时，Dales给出了在水污染控制方面的应用方案。随后，在解决二氧化硫和二氧化氮的减排问题时，也应用了排放权交易手段。《京都议定书》将市场机制作为温室气体减排的新路径，即将二氧化碳的排放权作为一种商品进行交易，简称碳交易。接下来，2001年的《马拉喀什协议》、2002年的《气候变化与可持续发展问题德里部长宣言》、2005年"控制气候变化的蒙特利尔路线图"、2006年的"巴厘岛路线图"、2010年的《坎昆协议》等协议与计划，在推动《京都议定书》进展的同时，也促进了国际碳交易机制的发展。

国际碳交易主要有以下三个步骤。①根据机制适用范围的不同，确定适用的机制。②以达成减排目标的方式获得减排量认证。主要认证包括：针对国际排放交易机制的配额排放单位（assigned amount units，AAUs）、针对联合履约机制的减排单位（emission reduction units，ERUs）、针对清洁发展机制的经核证的减排量（certified emission reduction，CER）以及针对清除单位排放单位机制的清除单位（removal units，RMUs）。③投放市

---

① 参见《碳排放权—种新的发展权》，百度文库，https://wenku.baidu.com/view/0d468c99b9f67c1cfad6195f312b3169a551ea4e.html。

② 参见王艺璇《碳排放权交易时代开启，你准备好了吗》，载《中国水泥》2012年第10期，第40～42页。

场。根据不同的交易机制选择不同的交易形式。AAUs 交易是《京都议定书》附件 I 国家根据其在《京都议定书》的承诺选择的交易形式；ERUs 交易指附件 I 国家通过技术合作等方式就减排单位进行联合减排时选择的交易形式；CER 交易是附件 I 国家与非附件 I 国家开展项目合作时选择的交易形式；RMUs 交易是进行植树造林等活动消除排放量的国家选择的交易形式。这四种交易方式交易的商品及交易前提见表 8-1。

表 8-1　四种交易方式交易的商品及交易前提

交易单位	对应机制	交易前提
AAUs	国际排放贸易机制	附件 I 国家之间
ERUs	联合履约机制	联合履行监督委员会签发
CER	清洁发展机制	由清洁发展机制执行理事会签发
RMUs	清除单位排放单位机制	由减排量吸收形成的排放量

（资料来源：李通著《碳交易市场的国际比较研究》，吉林大学 2012 年博士学位论文。）

（四）碳排放权交易市场

碳排放权交易市场简称"碳交易市场"，是指交易二氧化碳排放权的市场。现在国际倡导降低碳排放量，各个国家有各自的碳排放量，就是允许排放碳的数量，相当于配额。[①] 如此有些国家的实际碳排放量少于其分配得到的配额，可以出售剩余的碳排放配额；相反，有些国家实际的碳排放量多于其分配得到的配额，则需要额外购买碳排放配额，这些国家之间就可以通过碳交易市场交易碳排放配额。

碳交易市场可以根据不同的标准进行分类。一是按照交易对象，碳交易市场可分为配额型和项目型交易市场。配额型交易市场是指交易总量管制下的排减单位的市场，如欧盟排放权交易制下的"欧盟排放配额"交易。而项目型交易市场是交易减排项目所产生的减排单位的市场，如清洁发展机制下的"排放减量权证"以及联合履行机制下的"排放减量单位"。[②] 二是按照是否具有强制性，碳交易市场可分为强制性碳交易市场

---

① 参见西安特达计量检测研究《碳市场与环境检测，你知道吗》，搜狐网，https://www.sohu.com/a/485300453_121139872。

② 参见碳视界《什么是碳排放权交易？原理、法律依据、机制以及形态》，易碳家，http://m.tanpaifang.com/article/65974.html。

和自愿性碳交易市场。强制性碳交易市场也称履约型碳交易市场,即"强制加入、强制减排",如欧盟排放交易体系、美国区域温室气体减排行动、美国加州总量控制与交易体系、新西兰碳排放交易体系、日本东京都总量控制与交易体系等。而自愿性碳交易市场往往出于一些非履约目标,或者是一些具有社会责任感的个人为了能够抵消个人碳排放,实现碳中和而主动采取的碳排放权交易行为,以实现减排。三是根据碳交易市场涉及的范围,还可分为全国性或跨国性碳交易市场(如欧盟排放交易体系)、区域性碳交易市场(如美国区域温室气体减排行动)和地区性碳交易市场(如美国加州总量控制与交易体系)等。

在碳交易市场体系中,碳价格是关键因素。由于碳排放权的稀缺性,温室气体变成可交易的商品,碳排放权也有了价格。碳排放权的需求方按照一定价格支付费用才能得到相应的碳排放权,碳排放权的供应方按照一定价格出售碳配额,可以获得相应的收益。在这个过程中,合理确定碳价格对双方来说都比较重要。根据经济学的一般原理,碳价格大致由减排的边际成本、供求关系以及政府管制等因素决定。

第二节 世界碳市场发展与中国机遇

一、世界碳市场发展现状

根据《全球碳市场进展2019》,自欧盟碳市场启动以来,碳排放交易体系所覆盖的全球排放份额翻了一番。下面分别介绍欧盟、美国、澳大利亚、新西兰和韩国等国家(地区)的碳市场的发展现状。

(一)欧盟碳市场

根据《京都议定书》第一承诺期(2008—2012年)的规定,欧盟在此期间要将二氧化碳等6种温室气体的年均排放量降至比1990年低8%。为帮助各成员国完成减排义务,欧盟于2005年年初开始尝试运行排放交易体系。2008年,欧盟碳排放交易体系(European Union Emission Trading Scheme, EU ETS)正式开始运行,涵盖欧盟成员国、挪威、冰岛和列支敦士登,覆盖该区域近半数的温室气体排放,为1万多家高耗能企业及航空运营商设置了排放上限,贡献了全球约80%的交易额。

欧盟碳排放交易体系分为四个阶段。第一阶段是2005—2007年。各成员国制定各自限额（国家分配计划），主要采取免费方式发放碳排放配额。由于预估失误，导致发放过量，欧盟排放配额（EU Allowances, EUAs）价格曾在2007年落至0元。第二阶段是2008—2012年，是实现欧盟各成员国在《京都协议书》中全面减排承诺的关键期。其间，冰岛、挪威和列支敦士登加入，EUA分配总量下降了6.5%。由于两次遭遇全球经济危机，能源相关行业产出减少，对EUA需求减少，而市场供给仍然过度，价格接连下跌。第三阶段是2013—2020年。欧盟制定统一排放上限，每年将排放上限下降1.74%，并从免费分配向拍卖过渡。2013年约50%的EUA需要通过拍卖获得，且这一比例逐年递增。第四阶段是2021—2030年。2018年2月6日，欧盟委员会通过了一项法律，加速降低EU ETS的碳排放配额发放总量。新法规定：从2021年开始，碳配额发放的上限逐年减少2.2%，2024年后会再次提高该指标。

表8-2提供了2005—2020年EU ETS各阶段的主要特点。在第一阶段，EU ETS覆盖欧盟27个成员国，到第二阶段后增加了挪威、冰岛和列支敦士登3个国家，到第三阶段又增加了克罗地亚，成员国扩大到31个国家。第一阶段涉及的行业包括发电站及其他超过20 MW的燃烧装置、炼油厂、焦炉、钢铁厂、水泥熟料、玻璃、石灰、砖、陶瓷、纸浆、纸和纸板；在第二阶段末期将航空业纳入；第三阶段在第一阶段的基础上增加铝、石化产品、航空（从2014年开始）、氨水、硝酸、己二酸和乙醛酸的生产，CO_2的捕获、管道运输以及地质封存。第一阶段仅涉及CO_2，第二阶段将N_2O纳入，第三阶段还将生产铝过程中产生的全氧化碳（PFC）纳入。温室气体的总量从第一阶段的2058 Mt CO_2降至第二阶段的1859 Mt CO_2，第三阶段以2013年的2084 Mt CO_2为基础，此后逐年减少38 Mt CO_2。第一阶段采用的交易单位为EUAs，第二阶段和第三阶段扩大到EUAs、CER和ERUs，但对产生的信用有严格的规定。

表8-2 2005—2020年欧盟碳排放交易体系各阶段的主要特点

主要阶段	第一阶段 （2005—2007年）	第二阶段 （2008—2012年）	第三阶段 （2013—2020年）
覆盖地区	欧盟27个成员国	欧盟27个成员国、挪威、冰岛、列支敦士登	欧盟27个成员国、挪威、冰岛、列支敦士登、克罗地亚

续表 8-2

主要阶段	第一阶段 （2005—2007 年）	第二阶段 （2008—2012 年）	第三阶段 （2013—2020 年）
覆盖行业	发电站及其他超过 20MW 的燃烧装置、炼油厂、焦炉、钢铁厂、水泥熟料、玻璃、石灰、砖、陶瓷、纸浆、纸和纸板	在第一阶段覆盖的行业基础上增加航空（从 2012 年开始）	在第一阶段覆盖的行业基础上增加铝、石化产品、航空（从 2014 年开始），氨水、硝酸、己二酸和乙醛酸的生产，CO_2 的捕获、管道运输以及地质封存
涉及的温室气体	CO_2	CO_2 和 N_2O	CO_2、N_2O 以及生产铝过程中产生的 PFC
总量	2058 Mt CO_2	1859 Mt CO_2	2013 年 2084 Mt CO_2，逐年减少 38 Mt CO_2
交易单位	EUAs	EUAs、CER 和 ERUs，但不可交易从森林、大型水力项目中产生的信用	EUAs、CER 和 ERUs；但不可交易氢氟碳化物（HFC）、N_2O、森林以及大型水力项目中产生的 CER 和 ERUs；2012 年以后登记的 CER 必须来自发达国家

（资料来源："European Union Emissions Trading System（EU ETS），" in *European Union Carbon Market Glossary*, https://www.emissions-euets.com/carbon-market-glossary/872-european-union-emissions-trading-system-eu-ets.）

表 8-3 提供了 2012—2017 年欧盟碳排放交易体系的运行情况。从 2012—2017 年，拍卖的配额基本呈现上升趋势，从 2012 年的 93.91 Mt CO_2 激增到 2013 年的 730.97 Mt CO_2，到 2014 年又下降至 468.75 Mt CO_2，此后逐年增加，到 2017 年达 849.24 Mt CO_2。拍卖配额的大量增加，可以有效促进减排和经济增长。一方面，核定的碳排放总量基本呈现下降趋势。从 2012 年的 1867 Mt CO_2 增加到 2013 年的 1908 Mt CO_2，然后继续下降至 1814 Mt CO_2、1803 Mt CO_2、1751 Mt CO_2，到 2017 年轻微增加到 1754 Mt CO_2。另一方面，经济基本保持增长。2012 年，欧盟 28 国的实际 GDP 增长率为 -0.5%，对他们经济增长产生了轻微的不利影响。此后，

欧盟28国的实际GDP增长率均为正,即他们的经济持续增长。

表8-3　2012—2017年欧盟碳排放交易体系的运行情况

年份	拍卖的配额数量/Mt CO_2	核定的碳排放总量/Mt CO_2	欧盟28国实际GDP增长率/%
2012	93.91	1867	-0.50
2013	730.97	1908	0.20
2014	468.75	1814	1.70
2015	571.64	1803	2.20
2016	640.11	1751	1.90
2017	849.24	1754	2.40

(资料来源:European Commission,"Report on the functioning of the European carbon market," Brussels, 17, 12, 2018.)

(二) 美国碳市场

奥巴马上台后,美国自愿减排有了较快发展,此处介绍区域温室气体减排行动、西部气候倡议、芝加哥气候交易所、加利福尼亚州碳交易机制。

1. 美国区域温室气体减排行动

美国7个州于2005年12月签订了《区域温室气体倡议(Regional Greenhouse Gas Initiative,RGGI)框架协议》,后来共有10个州签署,并于2009年正式启动,旨在控制电力行业的碳排放。2011年年底,新泽西州因质疑RGGI的实际减排效果而退出RGGI,因此,目前参与RGGI排放权交易的州共有9个,宾夕法尼亚州与华盛顿特区作为观察员参与。2013年年初,RGGI完成了对总量控制与交易计划的审查并颁布了修订的示范规则以对体系进行改进,各州也相继通过了新的示范规则。

RGGI的设计目标是在不显著影响能源价格的前提下,以最低成本减少二氧化碳排放,同时鼓励发展清洁能源。RGGI提出的总量目标是,与2000年相比,发电部门2018年的二氧化碳排放量减少10%。该目标分为两个阶段实施:第一阶段为2009—2014年,将二氧化碳排放量稳定在2009年的二氧化碳排放水平,即2009—2011年为每年1.88亿短吨(短吨为美国的计量单位,1短吨=0.90718吨),2012—2014年为每年1.65亿短吨(由于新泽西州2011年选择退出RGGI,其排放预算2012年开始从

RGGI 总的排放预算中扣除）；第二阶段为 2015—2018 年，此阶段二氧化碳排放量需较 2009 年二氧化碳排放水平降低 10%，即每年降低 2.5%。

在碳排放配额分配方面，RGGI 按照历史法向各州分配配额，即以历史二氧化碳排放量为基础，结合各州用电量、人口、新增排放源等因素确定配额总盘。发电厂的配额，一般由各州参考氮氧化物排放权贸易计划自行分配。各州还必须将 20% 的配额用于公益事业，并为碳基金预留 5% 的配额。在配额拍卖方面，每三个月一次的区域拍卖上，RGGI 会编定发放的碳排放配额，而且允许发电厂交易或储存配额。

RGGI 的每个履约期为 3 年，即 2009—2011 年是第一个履约期，2012—2014 年是第二个履约期，2015—2017 年是第三个履约期，2018—2020 年是第四个履约期。根据减排目标，RGGI 各年度的总量目标如图 8-1 所示。在第一个履约期中，RGGI 的总量目标为 1.88 亿短吨，第二个履约期 RGGI 的总量目标下降到 1.65 亿短吨，从第三个履约期开始，RGGI 的总量目标每年降低 2.5%，总量目标从 2015 年的 1.6 亿短吨降到 2018 年的 1.48 亿短吨。

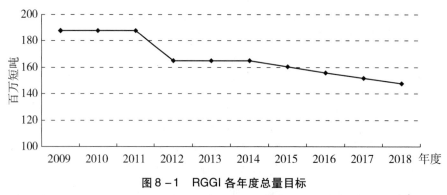

图 8-1　RGGI 各年度总量目标

（资料来源：据《美国区域温室气体减排行动简介 1——减排目标、总量设置及覆盖范围》，品略网，http：//www.pinlue.com/article/2017/02/2720/40497121459.html 整理。）

2. 西部气候倡议

2007 年 2 月，美国西部 7 个州和加拿大中西部 4 个省共同定立《西部气候倡议》（Western Climate Initiative，WCI），建立了一个覆盖多行业的综合性碳交易市场。第一阶段于 2012 年启动，覆盖电力排放，包括进口电力、主要来源的工业燃烧和工业过程排放。第二阶段于 2015 年启动，覆盖范围不仅包括第一阶段未被纳入进来的工商业燃料，还扩大到了运输燃料、民用燃料。因此，WCI 覆盖了发电、工业和商业化石燃料燃烧、工业过程排放、运输天然气和柴油消耗，以及住宅燃料使用所排放的二氧化碳、甲烷、氧化亚氮、氢氟烃、全氟碳化物、六氟化硫和三氟化氮。企业和实体可以通过拍卖购买配额，在二级市场上购买和出售这些配额，或储存起来以备将来使用。根据这一计划，公司和实体必须向政府提交与其在履约期的排放相同的排放配额。任何没有足够排放配额的公司或实体将受到每缺一项配额必须补足三项配额的"惩罚"。此项多部门的限额与交易计划有一个 3 年的履约期。

3. 芝加哥气候交易所

美国于 2000 年建立芝加哥气候交易所（Chicago Climate Exchange，CCX），3 年后正式运营，该交易所是世界上第一个基于国际规定并具有法律约束力的温室气体排放登记、减排和交易平台。目前已有 450 多家公司成为会员，包括航空、汽车、电力等几十个不同行业。值得一提的是，5 家中国公司也是其会员。CCX 主要有两种交易模式，一种是限额交易模式，其是最为常见的交易模式；另一种是补偿交易模式。减排目标也分为两个阶段。第一阶段是 2003—2007 年。会员公司每年要减少 0.1% 的排放量，碳排放宏观总量减少的排放量控制在 4% 以内。第二阶段是 2007—2010 年。在首阶段加入的会员，每年要减少 0.25% 的排放量，碳排放宏观总量减排控制在 6% 之内；在第二阶段加入的新会员，每年减排量要达到 1.5%。补偿交易模式主要是政府福利性补贴，通过补贴的方式鼓励上述行业参与减排。在 CCX 中交易的商品被称为碳金融工具合约（carbon financial instrument，CFI），1 CFI 代表 100 吨 CO_2。CCX 在发放减排配额后，如果会员的减排量高于其减排配额，超出的部分可以储存起来，或者通过 CCX 出售 CFI。相反，如果会员的减排量低于其减排配额，就需要通过 CCX 购买 CFI。除了会员自身的减排外，CCX 允许会员通过其他项目进行碳中和。①

4. 加利福尼亚州碳交易机制

美国的加利福尼亚州于 2006 年通过了《全球温室效应治理法案》，该

---

① 参见陈小川、谭焕新《碳交易市场的发展》，载《学习时报》2014 年 7 月 21 日。

法案明确指出，到2020年，要将温室气体排放量降到与1990年持平的水平。为此，加州制定了多个行动计划，其中就包括碳排放权交易。2013年1月，加州的碳排放权交易机制开始执行，企业需要履行其碳排放义务。另外，通过西部气候倡议，加州与加拿大的多个地方连接，逐步建立一个统一的碳排放权交易机制。加州碳排放权交易控制二氧化碳、甲烷、氧化亚氮、氢氟碳化物、全氟化碳、六氟化硫和三氟化氮等温室气体。通过全球增温潜势（global warming potential，GWP），各温室气体被统一换算成二氧化碳当量，纳入管制的行业范围主要包括水泥等12种生产经营企业、一级电力运输企业，基本涵盖了碳排放较高的工业领域。

加州碳排放权交易市场中的参与者主要有三类。一是每年排放量相当于25000吨以上二氧化碳的所有工厂、供电商和燃料供应商。二是年排放量未达到25000吨二氧化碳，经过加州空气资源委员会执行官审批后，自愿为其排放承担合规义务的任何工厂。三是有意参与碳排放权交易配额的购买、持有或出售的任何第三方（第三方指经纪人、投机者等不承担合规义务的公司，其可通过拍卖会或二级市场参与碳排放权的买卖）。

加州碳排放权交易市场提供了将配额免费发放给承担强制减排义务的企业、将配额免费发放给供电企业、将配额拍卖分配三种分配碳排放配额的方式。另外还设置了预留配额，以调节碳市场价格。表8-4提供了2013—2020年加州碳排放权交易配额总量。加州碳排放权交易除了第一阶段以外，一个正常履约周期为3年。第一阶段纳入了电力生产部门，约占加州温室气体排放总量的35%，2013年、2014年的交易配额总量分别为1.63亿吨 CO_2 和1.60亿吨 CO_2；在第二阶段和第三阶段，纳入的不仅包括第一阶段的行业，还包括天然气、交通燃料以及其他燃料的供应企业，产生的温室气体排放量约占加州温室气体排放量的85%。2015—2017年，交易配额总量分别为3.95亿吨 CO_2、3.82亿吨 CO_2 和3.70亿吨 CO_2；2018—2020年，交易配额总量分别为3.58亿吨 CO_2、3.46亿吨 CO_2 和3.34亿吨 CO_2。

表8-4 2013—2020年加州碳排放权交易配额总量

阶段	年份	配额总量/亿吨 CO_2
第一阶段	2013	1.63
	2014	1.60

续表 8-4

阶段	年份	配额总量/亿吨 CO_2
第二阶段	2015	3.95
	2016	3.82
	2017	3.70
第三阶段	2018	3.58
	2019	3.46
	2020	3.34

（资料来源：据中国电动汽车百人会《加州碳排放权交易的启示》，转引自碳交易网，2018年10月10日，http://www.tanpaifang.com/tanguwen/2018/1010/62361_4.html 整理。）

（三）澳大利亚碳市场

2008年12月，澳大利亚发布《碳污染减排机制法案》，第一次提出了排放交易体系计划。2011年11月《2011清洁能源法案》（*The Clean Energy Act 2011*）获得通过，该法案提出从2015年7月开始，为正式建立碳排放交易体系，覆盖大多数行业和所有温室气体。澳大利亚的碳价格分为固定价格阶段和灵活价格阶段。第一阶段从2012年7月1日开始，为期3年，实行固定价格制。第一年的碳价格为23澳元每吨二氧化碳当量，第二年的碳价格增加到24.15澳元每吨二氧化碳当量，第三年的碳价格增加到25.4澳元每吨二氧化碳当量。第二阶段从2015年7月开始，为进入灵活价格阶段。要求大部分的碳排放配额以拍卖的形式发放，价格由市场决定。在该阶段，前3年还是会规定碳价格的上限以稳定碳交易市场，但是3年结束后，就完全由市场决定碳价格。①

（四）新西兰碳市场

2001年11月，新西兰通过了《2002年应对气候变化法》，并就包括碳交易在内的五种应对气候变化的政策进行了意见征询，最终选择建立新西兰碳排放交易体系（New Zealand Emissions Trading Scheme，NZ ETS）。2008年9月，新西兰将NZ ETS确立为其以低成本控制温室气体排放的主

---

① 参见陈洁民、李慧东、王雪圣《澳大利亚碳排放交易体系的特色分析及启示》，载《生态经济》2013年第4期，第70~74页。

要措施，并规定各经济部门的二氧化碳排放上限，超过的部分需要再购买指标；还确定了各行业加入的时间表、碳价格等。后来，新西兰又多次修改法案，不断完善 NZ ETS，提高其运行效率。新西兰各部门参与减排的时间框架见表 8-5。根据该表可以发现，最先被纳入碳交易的部门为林业，然后扩大到交通、电力、渔业、工业加工，再扩大到废弃物排放和合成气体行业，最后农业部门也被纳入进来。因此，到 2015 年，NZ ETS 就已经覆盖了新西兰的所有行业。[①]

表 8-5　新西兰各部门参与减排的时间框架

部门	自愿性报告截止日期	强制性报告截止日期	执行减排开始日期	是否赚取新西兰排放单位（NZUs）	是否缴纳 NZUs	是否分配 NZUs
林业	—	—	2008年1月1日	是	是	是
交通、电力	—	2010年1月1日	2010年7月1日	否	是	否
渔业	—	2010年1月1日	2010年7月1日	否	否	是
工业加工	—	2010年1月1日	2010年7月1日	否	是	是
废物、除 CO_2 以外的其他气体	2011年1月1日	2012年1月1日	2013年1月1日	否	是	否
农业	2011年1月1日	2012年1月1日	2015年1月1日	否	是	是

（资料来源：肖艳、李晓雪著《新西兰碳排放交易体系及其对我国的启示》，载《北京林业大学学报（社会科学版）》2012 年第 3 期，第 62～68 页。）

（五）韩国碳市场

韩国在 2009 年召开的哥本哈根气候大会上承诺，与 BAU 情境下相

[①] 参见陈浩民《新西兰碳排放交易体系的特点及启示》，载《经济纵横》2013 年第 1 期，第 113～117 页。

比，到 2020 年韩国温室气体排放量要减少 30%。为此，韩国努力建设全国碳交易市场。[①] 韩国于 2015 年 1 月正式开始碳交易。韩国碳市场覆盖了八大行业：钢铁、水泥、石油化工、炼油、能源、建筑、废弃物处理和航空。在这八大行业中的企业被要求满足以下两个条件之一：一是每年的碳排放量超过 12.5 万吨二氧化碳当量，二是每年温室气体排放量达到 2.5 万吨的单一业务场所。

韩国碳市场交易分三个阶段，配额分配逐渐从免费过渡到以免费分配为主、有偿拍卖为辅。表 8-6 列出了各阶段具体的配额分配方式和总量。第一阶段为 2015—2017 年，免费配额全额提供给控排企业，配额总量分别为 573 Mt CO_2、562 Mt CO_2 和 551 Mt CO_2，呈现明显的下降趋势。第二阶段为 2018—2020 年，免费配额的分配率降至 97%，剩余的 3% 采取有偿拍卖。2018 年的配额总量继续下降，为 538.5 Mt CO_2，2019 年的配额总量增加到 548 Mt CO_2。第三阶段为 2021—2025 年，免费分配的配额占比降至 90% 以下，超过 10% 采取有偿拍卖。

表 8-6　不同发展阶段韩国碳市场的配额分配情况

部门	年份	配额分配方式	配额总量
第一阶段	2015	全部免费分配	573 Mt CO_2
	2016		562 Mt CO_2
	2017		551 Mt CO_2
第二阶段	2018	97% 免费分配，3% 有偿拍卖	538.5 Mt CO_2
	2019		548 Mt CO_2
	2020		暂未公布
第三阶段	2021—2025	少于 90% 免费分配，大于 10% 有偿拍卖	暂未公布

（资料来源：根据中央财经大学绿色金融国际研究院《韩国碳排放权交易市场（KETS）特征分析及其对我国的借鉴意义》，碳交易网，http://www.tanjiaoyi.com/article-25261-1.html 整理。）

[①] 参见中央财经大学绿色金融国《韩国碳市场特征分析及其对我国的借鉴意义》，转引自碳交易网，2018 年 12 月 5 日，http://www.tanpaifang.com/tanjiaoyi/2018/1205/62563.html。

二、中国碳市场发展现状

2011年，中国政府宣布建立7个试点碳市场。当时，中国已经从6年的清洁发展机制（CDM）经验中受益，熟悉如何基于市场机制达到减排。2013年，深圳、上海、北京、广东和天津等相继启动试点碳交易市场；2014年，湖北和重庆2个省市先后试点运行碳交易市场。这7个试点省市总共纳入2000余家企业。2016年，第8个试点福建省碳市场启动。每个试点根据本地情况和各自的经济状况拥有各自独特的市场设计。施行试点碳市场的目的在于鼓励各城市采用不同的设计方案，探索最佳的实践路线，它们分别在纳入范围、配额分配方法等方面有所不同。试点碳市场为全国碳市场的建立和实施提供借鉴经验，2017年年底，全国统一的碳排放权交易市场建设正式启动。

（一）深圳碳市场

深圳市于2013年6月18日正式启动碳交易市场，是中国第一个开展碳交易试点的城市。该体系将能源行业、供水行业、大型公共建筑和制造业纳入进来，覆盖了635家工业企业和197栋大型公共建筑，占深圳市碳排放总量的40%。从2014年起，该体系渐渐将公共交通行业纳入进来。[1]

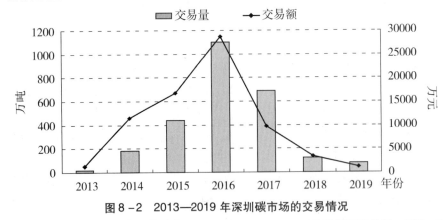

图8-2 2013—2019年深圳碳市场的交易情况

（资料来源：根据碳K线平台，http://k.tanjiaoyi.com/#l 数据整理绘制。图8-3至图8-10同。）

---

[1] 参见深圳排交所《深圳碳排放权交易体系介绍》，转引自碳交易网，2019年6月19日，http://www.tanpaifang.com/tanjiaoyisuo/2019/0619/64264.html。

图 8-2 展示了 2013—2019 年深圳碳市场的交易量和交易额。在 2013 年短暂的交易日里,交易量就已经达到 17.62 万吨,成交额达 1252.61 万元。2014—2016 年,交易量和交易额逐年增加。2014 年交易量增加到 184.71 万吨,交易额增加到 11434.46 万元。2015 年交易量增加到 440.09 万吨,交易额增加到 16772.84 万元。2016 年交易量和交易额分别达到峰值,交易量达 1102.07 万吨,交易额达 28719.83 万元。2017—2019 年,交易量和交易额逐年减少。2017 年交易量下降到 691.31 万吨,交易额下降到 9713.28 万元。2018 年交易量继续下降到 124.06 万吨,交易额下降到 3445.08 万元。2019 年交易量进一步下降到 80.78 万吨,交易额进一步下降到 1208.49 万元。

（二）上海碳市场

2013 年 11 月 26 日,上海启动了碳排放权交易市场,成为继深圳之后全国第二个碳交易试点城市。该体系根据 2010—2011 年不同行业的二氧化碳排放量,确定纳入企业的标准。对于钢铁、石化、化工、有色、电力、建材、纺织、造纸、橡胶、化纤等工业行业,任何一年碳排放量都不低于 2 万吨；对于航空、港口、机场、铁路、商业、宾馆、金融等非工业行业,任何一年碳排放量都不低于 1 万吨。[①] 按照这些标准,共纳入 191 家企业。除此之外,符合条件的其他企业也可参与。

在碳排放配额分配方面,上海也会根据行业选择分配方法。对于除电力行业以外的工业,采用历史排放法。即结合企业的历史排放水平以及先期减排贡献确定的配额,对这些行业的企业分配碳排放配额。对于电力、航空等行业,采取基准线法。即先制定企业在不同年份单位业务量排放基准,再考虑企业各年度实际业务量,最终确定试点企业不同年份的排放配额。在试点阶段,上海对 2013—2015 年的碳排放配额实行完全免费发放,并会根据碳交易试点情况,适时推行拍卖等分配方式。[②]

图 8-3 展示了 2013—2019 年上海碳市场的交易量和交易额。2013 年,交易量为 0.33 万吨,成交额为 9.64 万元。2014—2019 年,交易量和

---

① 参见沪府发〔2012〕64 号《上海市人民政府关于本市开展碳排放交易试点工作的实施意见》,上海环境能源交易所,2014 年 5 月 13 日,https://www.cneeex.com/c/2014-05-13/487439.shtml。

② 参见《上海市 2013—2015 年碳排放配额分配和管理方案》,转引自中国碳排放交易网,2013 年 1 月 17 日,http://www.tanpaifang.com/tanguwen/2013/1217/27072.html。

交易额跌宕起伏。2014年交易量增加到171.08万吨，交易额增加到6502.53万元。2015年交易量减少到168.95万吨，交易额减少到4007.09万元。2016年交易量达到峰值，为415.57万吨，交易额减少到3349.92万元。2017年交易量又开始下降，减少到245.67万吨，但交易额继续增加，增加到8547.83万元。2018年交易量继续下降，进一步减少到235.7万吨，交易额进一步增加到8840.23万元。2019年交易量又开始增加，增加到270.46万吨，交易额达到峰值，为11322.47万元。

图8-3　2013—2019年上海碳市场的交易情况

（三）北京碳市场

2013年11月28日，北京正式启动碳排放权交易市场。该体系主要覆盖火力发电、石化、水泥等高能耗、高排放、高污染的行业，以及航空业、服务业等第三产业，被纳入的控排企业碳排放量约占全市碳排放总量的40%。在碳排放配额分配方面，北京碳交易市场采用免费分配为主、有偿分配为辅的方式。在免费分配方面，又分为按历史排放总量分配和按历史排放强度分配。如对于制造业、其他工业和服务业中的控排企业，采用按历史排放总量分配，而对于供热企业和火电企业，则采用按历史排放强度分配。有偿分配主要包括定期拍卖和临时拍卖。

图8-4展示了2013—2019年北京碳市场的交易量和交易额。2013年交易量为0.26万吨，成交额为13.32万元。2014—2019年，交易量和交易额基本呈现增长趋势。2014年交易量增加到105.62万吨，交易额增加到6295.48万元。2015年交易量增加到125.87万吨，但交易额减少到

5872.57万元。2016年交易量增加到241.92万吨，交易额增加到11846.3万元。2017年交易量略微减少，下降到238.35万吨，但交易额略有增加，增加到11860.62万元。2018年交易量又开始增加，增加到306.3万吨，交易额继续增加到17724.15万元。2019年交易量和交易额均达到峰值，交易量增加到311.21万吨，交易额增加到25914.09万元。

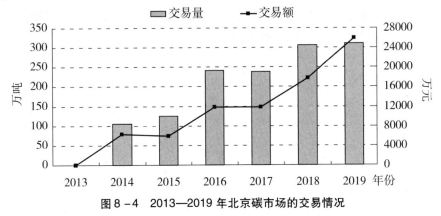

图8-4 2013—2019年北京碳市场的交易情况

（四）广东碳市场

广东省于2012年9月11日启动碳排放权交易试点，同日，广州碳排放权交易所正式成立，于2013年12月19日正式启动碳排放权交易。广东碳交易试点将分三期。第一期从2012年至2015年，为试点试验期；第二期从2016年至2020年，为试验完善期；第三期从2020年开始，为成熟运行期。首批纳入九大行业计827家企业，他们的年综合能源消费总量为11067.8万吨标准煤，占全省工业能源消费量的62.7%左右。在2013—2014年广东首个碳排放履约期内，共有182家涵盖水泥、电力、钢铁、石化四行业的企业完成履约，还剩两家没有完成，配额履约率高达99.97%。随着广东碳交易试点的开展，纳入门槛有所调整，调整后，工业企业的纳入门槛为年排放1万吨CO_2及以上，宾馆、饭店、金融、商贸、公共机构等单位的纳入门槛为年排放5000吨CO_2及以上。

广东碳交易市场创造了多个率先。一是率先引入国外大型投资机构参；二是率先在一级市场采用部分配额有偿发放、引入新建项目；三是率先将配额有偿发放收入投入"低碳发展基金"的建设中；四是率先完成国内国家核证自愿减排量（China certified emission reduction，CCER）线上交易;五是率先推出碳排放权线上抵押融资和碳交易法人账户透支产品。

图8-5展示了2013—2019年广东碳市场的交易量和交易额。在2013年不多的交易日里,交易量就已经达到12.01万吨,成交额达722.77万元。2014—2016年,交易量和交易额逐年增加。2014年交易量增加到105.55万吨,交易额增加到5623.21万元。2015年交易量增加到465.63万吨,交易额增加到7652.81万元。2016年交易量达到峰值,为1396.78万吨,交易额增加到15980.88万元。2017年交易量有所下降,减少到1236.78万吨,交易额增量16924.86万元。2018年交易量继续下降,进一步减少到987.5万吨,交易额增加到21875.75万元。2019年交易量又增加到1359.64万吨,交易额达到峰值,为30398.33万元。

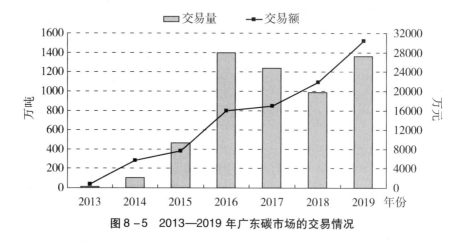

图8-5 2013—2019年广东碳市场的交易情况

（五）天津碳市场

天津于2013年12月26日启动碳排放权交易试点,主要覆盖行业有电力行业、热力行业、钢铁行业、化工行业、石化以及石油天然气开采行业以及民用建筑领域,碳排放配额的分配方法主要包括无偿分配和拍卖。①

图8-6展示了2013—2019年天津碳市场的交易量和交易额。虽然2013年只有短暂的几天交易日,但交易量依然达到1.72万吨,成交额为49.10万元。2014年交易量迅速增加到98.99万吨,交易额更是达到峰

---

① 参见贡俊《天津碳交易市场的发展现状及建议》,载《经济师》2019年第362卷第4期,第12~14页。

值,为 2008.69 万元。2015 年交易量下降到 52.67 万吨,交易额下降至 736.53 万元。2016 年交易量和交易额继续下降,分别降至 31.05 万吨和 289.54 万元。2017 年交易量和交易额转而增加,交易量达到峰值,为 116.10 万吨,交易额为 1032.57 万元。2018 年交易量和交易额又开始下降,交易量仅为 0.07 万吨,交易额仅有 0.9 万元。2019 年交易量和交易额开始增加,交易量增加到 4.38 万吨,交易额增加到 55.17 万元。

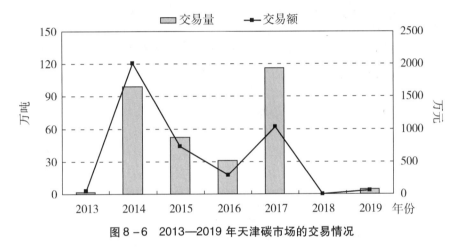

图 8-6 2013—2019 年天津碳市场的交易情况

(六) 湖北碳市场

2014 年 4 月 2 日,湖北碳排放权交易中心正式启动。湖北碳交易市场主要纳入工业能耗大户,纳入标准为:2010 年和 2011 年综合能耗不低于 6 万吨标准煤。按照该标准,共纳入了 138 家工业企业,他们的排放量占全省化石能源排放量的 35% 左右。在碳排放配额分配方面,湖北碳交易综合运用历史法和标杆法,实行免费分配。2014 年,湖北对电力行业的企业实行标杆法,其他工业行业则实行历史法。到了 2016 年,湖北碳交易又增加了历史强度法。

图 8-7 展示了 2014—2019 年湖北碳市场的交易量和交易额。2014 年交易量为 898.14 万吨,交易额达 16611.03 万元。2015 年交易量增加到 1394.15 万吨,交易额达到峰值,为 34905.49 万元。2016 年交易量有所减少,下降到 1111.81 万吨,交易额大幅减少,下降到 18706.94 万元。2017 年交易量和交易额均有所增加,交易量增加到 1487.01 万吨,交易额增加到 20879.36 万元。2018—2019 年,交易量和交易额持续下降。2018

年交易量下降到890.76万吨,交易额下降到20011.39万元。2019年交易量进一步下降到600.22万吨,交易额继续下降到17680.19万元。

图8-7 2014—2019年湖北碳市场的交易情况

(七) 重庆碳市场

2014年6月19日,重庆碳市场正式开市。重庆碳排放权交易试点共纳入242家年排放量超过2万吨的工业企业,其排放量占全市工业碳排放总量近60%。根据其核算指南,重庆是国内7个碳交易试点中唯一一个覆盖6种温室气体的试点。重庆碳市场2015年前实行配额免费分配,以控排企业2008—2012年的最高年度排放量之和作为基准配额总量。控排企业可以将每年获得的配额进行交易,但卖出的配额不能超过当年分配配额的50%,不过,通过交易获得的配额和储存的配额可以超过该标准。

图8-8展示了2014—2019年重庆碳市场的交易量和交易额。2014—2019年,交易量和交易额变化不断。2014年交易量为14.5万吨,交易额为445.75万元。2015年交易量轻微下降到12.67万吨,交易额减少到233.62万元。2016年交易量增加到46.02万吨,交易额增加到366.88万元。2017年交易量和交易额均达到峰值,交易量增加到678.2万吨,交易额增加到1958.31万元。2018年交易量和交易量大幅度减少,交易量下降到26.06万吨,交易额下降到112.77万元。2019年交易量和交易额又开始增加,交易量增加到68.06万吨,交易额增加到1693.54万元。

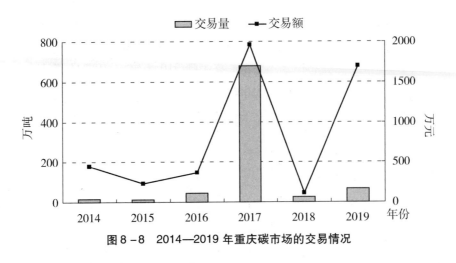

图 8-8 2014—2019 年重庆碳市场的交易情况

（八）福建碳市场

2016 年 12 月 22 日，福建省碳排放权交易正式启动。福建碳市场覆盖电力、石化、化工、建材、钢铁、有色金属、造纸、航空、陶瓷 9 个行业，其中，2013—2015 年内单年综合能耗达 1 万吨标准煤（含），即排放量达 2.6 万吨二氧化碳当量的企业共有 277 家。2016 年，福建碳交易市场综合采用基准线法、历史强度法、历史总量法，对重点控排单位免费分配碳排放配额。对于发电等行业，运用基准线法；对于电网等行业，采用历史强度法；对于日用陶瓷及卫生陶瓷等行业，采用历史总量法。① 此外，还会根据控排企业的情况提供配额奖励。2016 年度，福建省企业共申报 77 家，最终 51 家企业获得配额奖励。根据《福建省碳排放权抵消管理办法（试行）》，重点排放单位可以按照不超出当年经确认排放量的 10% 比例购买林业碳汇，用于抵消当年碳排放量。2017 年 6 月 5 日，福建省发展和改革委员会发布了《关于征选第二批碳排放权交易第三方核查机构的通知》，明确福建省将在 2016 年碳交易试点工作的基础上纳入年能源消耗总量达 5000 吨标准煤以上（含）的工业企业，并逐步启动相关企业的温室气体排放报告核查工作。这标志着福建省启动第二阶段碳排放试点工作。新纳入的企业约 300 家，在原有的企业数量基础上增加了 1 倍。

---

① 参见福建发改委《福建省 2016 年度碳排放配额分配实施方案（全文）》，转引自碳交易网，2016 年 12 月 7 日，http://www.tanjiaoyi.com/article-19873-1.html。

图 8-9 展示了 2017—2019 年福建碳市场的交易量和交易额。2017—2019 年,交易量和交易额持续增加。2017 年交易量为 206.89 万吨,交易额为 5842.87 万元。2018 年交易量增加到 210 万吨,但交易额减少到 3903.48 万元。2019 年交易量和交易额均达到峰值,交易量增加到 386.53 万吨,交易额增加到 6628.11 万元。

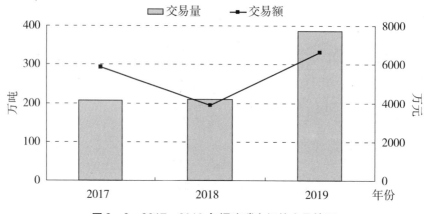

图 8-9 2017—2019 年福建碳市场的交易情况

(九) 全国碳市场

2015 年,中国政府宣布计划于 2017 年启动全国碳交易体系。在 2017 年年底,国家发展和改革委员会印发了《全国碳排放权交易市场建设方案(电力行业)》,标志着中国完成了碳交易体系的总体设计,并正式启动全国碳市场建设。全国碳市场具有三个主要制度(碳排放监测、报告与核查制度、重点排放单位的配额管理制度以及市场交易相关制度)和四个支撑系统(碳排放数据报送系统、碳排放权注册登记系统、碳交易系统和碳交易结算系统)。随着碳市场的不断成熟,水泥、电解铝等高碳排放行业也会被陆续纳入其中。

图 8-10 展示了 2013—2019 年全国碳市场的交易量和交易额。2013—2019 年,交易量和交易额主要呈现增长趋势。2013 年交易量为 31.94 万吨,交易额为 2000 万元。2014 年交易量增加到 1578.59 万吨,交易额增加到 48900 万元。2015 年交易量增加到 2660.03 万吨,交易额增加到 70200 万元。2016 年交易量增加到 4345.22 万吨,交易额增加到 79300 万元。2017 年交易量达到峰值,为 4900.31 万吨,交易额却下降到

76800万元。2018年交易量下降到2780.45万吨，交易额继续下降到75900万元。2019年交易量开始增加，增加到3081.28万吨，交易额达到峰值，为94900万元。

图8-10　2013—2019年全国碳市场的交易情况

三、世界碳市场发展与中国机遇

（一）未来发展以低碳经济作为各国的经济增长模式

1. 英国低碳经济增长发展

（1）制定低碳经济发展的战略目标。英国积极倡导低碳经济，并率先进行实践。英国于2003年2月发布了低碳经济概念的政府文件，明确提出了减排目标。即以1990年为基准期，到2020年，二氧化碳排放量要减少26%～32%；到2050年，进一步削减至60%。2008年英国伯明翰正式发布了具有法律约束力的法案——《气候变化法案》（Climate Change Act），并修改了减排目标，即在1990年的基础上，到2020年减排20%；到2050年，减排提高到80%。后来又将2020年的减排目标提高到34%。2009年7月，英国还将发展低碳经济提升为国家战略。

（2）建成低碳经济发展的法律体系。为谋求低碳经济的顺利发展，英国制定了一系列较为完备的制度体系。1976年以来，英国制定了《节能法》（1981年）、《石油法》（1998年）、《气候变化与可持续能源法》等与能源气候方面相关的法律法规20多部。尤其是在2008年11月26日，英国同时颁布了《气候变化法案》和《2008能源法》。前者对中远期温室气体减排设定了具有法律约束力的目标，即与1990年相比，2020年之前的二氧化碳排放当量至少削减26%以上，而且到2050年要提高到80%。后者创建了"碳预算"这一具有法律约束力的体系，即设定2008—2012年、2013—2017年、2018—2022年三个周期，在15年内实现至少减排26%。[①]

（3）制定有利于低碳经济发展的政策。第一，推行气候变化税。英国于2001年4月实施气候变化税，征收对象为工业、商业以及公共机构的能源供应部门，并对不同种类的能源和征税对象制定不同的税率。第二，签订气候变化协议。英国制定了气候变化协议以减轻气候变化税对能源密集型企业的巨大压力。如果能源密集型企业能够在2年内达到相关部门确定的碳节能减排目标，英国政府可对他们的气候变化税进行一定比例的减免。在2001年3月的谈判中，英国政府与44个工业部门的贸易协会签订了相关协议，参与这些协议的企业达上万家。协议规定，一旦他们能够达到规定的节能减排目标，政府就会减免他们80%的气候变化税。第三，实施气体排放贸易机制。英国于2002年4月启动气体排放贸易机制，并将那些已经加入气候变化协议的企业纳入其中，允许他们继续交易未完成的减排配额。除了直接参与外，企业还可以通过协议参与、项目参与等方式加入进来。不过，无论企业选择何种方式，都必须自愿承诺排放上限并接受政府的严格检测。从2005年开始，欧盟也正式启动排放贸易机制，英国于2006年12月31日加入其中。第四，成立碳基金。英国于2001年成立碳基金公司，以消除低碳经济发展过程中可能面临的技术、管理和经济上的障碍。碳基金公司介于政府和企业之间，其存在不仅有利于发展低碳技术，还可以协调各方的积极性。

2. 美国低碳经济增长发展

（1）制定低碳经济发展的战略目标。2007年，美国爆发金融危机后，其经济高度虚拟化的模式被打断，发展低碳经济是实现国家战略转型的必然之路。2007年7月，《低碳经济法案》出台，明确提出2012年以后要将排放总量控制在66.52亿吨，到2020年和2030年依次减少到2006年和1990年的水平。2009年1月，美国推行"美国复兴和再投资计划"，预计

[①] 参见何艳玲《发达国家发展低碳经济的基本做法》，载《政策瞭望》2011年第3期，第63～66页。

在3年内将新能源产量增加一倍,到2012年新能源发电量占全部能源发电量的10%,到2025年新能源发电量占25%。① 2009年6月,美国又公布了《美国清洁能源与安全法案》,规定2012年、2020年、2030年和2050年的排放总量分别减少为2005年的97%、83%、58%和17%。

（2）建立低碳经济发展的法律体系。虽然没有签署《京都协定书》,但是美国一直努力减排,通过了《清洁空气法案》《美国国家能源政策法案》《低碳经济法案》等。金融危机爆发之后,美国将发展低碳经济提高到战略层次。如2009年美国实施了"美国复兴和再投资计划",出台了《美国复苏与再投资法案》《美国清洁能源安全法案》《家用电器节能法案》等。这些法律法规为美国开发和利用新能源、建立温室气体排放权交易体系、发展低碳经济提供了多方位的法律支持。

（3）制定有利于低碳经济发展的政策。美国还协调联邦政府和州政策,推进低碳经济发展。一是实行总量管制与排放交易。在将温室气体产生的外部成本内在化方面,美国采取完全拍卖的方式,并将部分碳排放权收入用于补贴新能源,从而提升能源效率以及开发新一代生物质燃料等。二是提供财政支持。为降低私人企业投资的风险,提高其增加技术研发投入的积极性,美国根据可再生能源和节能技术的研究,制定了相应的补助机制。如在可行性研究阶段设定的补助力度一般为100%,基础研发和工业性试验阶段设定的补助力度为50%～80%,生产工艺研究和产品定型阶段设定的补助力度一般不低于50%。此外,美国还针对产品能耗效率和耗油制定了严格的标准,对新建筑物执行"碳中和"或"零碳排放"。②

3. 德国低碳经济增长发展

（1）制定低碳经济发展的战略目标。2007年,德国提出要在2020年以前使温室气体排放量比1990年减少40%,2010年又提出,到2050年的温室气体排放量比1990年减少80%。为实现这些目标,德国计划大力发展可再生能源。德国实现向可再生能源转型的主要着力点包括在发电领域逐步淘汰化石能源等。按照计划,德国将在2025年将可再生能源发电在电力消费总量中所占比例提高至40%～45%,2035年将这一比例进一

---

① 参见何艳玲《发达国家发展低碳经济的基本做法》,载《政策瞭望》2011年第3期,第63～66页。

② 参见何艳玲《发达国家发展低碳经济的基本做法》,载《政策瞭望》2011年第3期,第63～66页。

步提高至55%～60%，2050年还会提高至80%。2019年11月15日，德国颁布《联邦气候保护法》，提出到2030年时，温室气体排放量比1990年至少减少55%，到2050年时实现温室气体净零排放。

（2）建立低碳经济发展的法律体系。在20世纪70年代，德国就已经开始制定与低碳经济有关的法律，如《环境规划方案》《废弃物处理法》到20世纪90年代，德国又出台了《循环经济与废弃物管理法》。进入21世纪，德国相继出台了《节省能源法案》《国家可持续发展战略报告》《可再生能源法》等。特别是2009年，德国公布了低碳经济发展的战略文件，将低碳技术确定为其经济的稳定器以及未来经济振兴的关键。

（3）制定有利于低碳经济发展的政策。德国为发展低碳经济，制定了一系列政策措施。一是高技术战略。2006年，为保持在技术创新领域的国际领先地位，德国政府实施了"高技术战略"，2007年又在该战略框架下启动了"气候保护高技术战略"，2010年启动了"高技术战略2020：思路—创新—增长"。二是可持续发展研究框架计划。2009年，德国政府启动了实施期限10年、第一阶段经费投入达20亿欧元的《可持续发展研究框架计划》。三是能源规划纲要。2010年，德国政府发布了《能源规划纲要：致力于实现环境友好、安全可靠与经济可行的能源供应》，作为其面向2050年能源中长期发展战略。该纲要指出，保障能源供应安全以及成功应对全球气候变化将是未来德国长期保持产业竞争优势的先决条件。2011年，德国政府对纲要中涉及核能利用部分进行了调整，并发布了包含29条配套措施的《未来能源之路：安全可靠、经济可行和环境友好》"能源转型"政策要点。四是能源研究计划。德国政府一直在实施5年一期的能源技术研究计划。2011年8月，德国政府发布了题为"面向环境友好、安全可靠与经济可行的能源供应研究"的第六期能源研究计划，总经费预算为34亿欧元，以促进能源经济气候政策目标的实现、引领德国企业在世界能源技术领域确立领先地位、保障和扩大德国先进能源技术选择。五是二氧化碳排放权交易制度。目前，德国已形成了较全面的法律体系和管理制度，包括《温室气体排放交易许可法》《温室气体排放权分配法》《排放权交易收费规定》等主要法律规章，为德国实施碳交易奠定了法律地位。六是激励措施。德国提出了一些激励措施，如生态税、修改机动车税。生态税主要针对油、气、电等产品，其收入可以用于降低社会保险费和工资附加费，修改后的机动车税有助于减少交通工具的碳排放。

4. 日本低碳经济增长发展

（1）制定低碳经济发展的战略目标。日本多年来一直在稳步发展低碳经济。2008年6月9日，日本提出了"如何建设低碳社会"的重要议题以及温室气体减排的长期目标，即到2050年，日本的温室气体排放量要比2008年减少60%～80%。① 这清晰地显示出低碳经济引领未来经济发展引擎的思路。

（2）建立低碳经济发展的法律体系。日本于1979年颁布并实施了《能源利用合理化法》（又称《节约能源法》），历经多次修改，规定了能耗标准和惩罚条例。2003—2009年，日本先后出台了《可再生能源标准法》《新国家能源战略》《面向低碳社会的12大行动》以及《绿色经济与社会变革》。除此之外，日本还出台了专门针对低碳经济的法律，如《环境保护法》《绿色采购法》等。②

（3）制定有利于低碳经济发展的政策。一是推行四级管理模式。即由国家节能领导组确定宏观节能政策，然后由经济产业省、资源能源厅和经济产业局共同起草和制定详细的法规与方案，再由节能中心对企业的排放情况进行检查和评估，最后由企业能源管理员对企业的节能减排进行详细管理。二是实行税收优惠和罚款政策。对于采用节能产品或能达到节能标准的企业，政府可以给予其一定时间的税赋减免；没有达到节能标准且未根据相关部门提出的意见进行整改的企业，则会被处以罚款。三是实施碳交易制度。早在2005年，日本环境省就建立了自愿碳排放交易机制，为今后开展碳交易积累了经验。2008年，日本正式投入日本试验综合排放交易体系，以便其完成在《京都议定书》第一承诺期内的减排义务。同年，日本还实施了基于国际合作层面的联合信用机制，通过帮助发展中国家减排来抵消其国内排放量。四是"领跑者"制度。1998年，日本在修订《能源利用合理化法》时，将节能管理措施"领跑者"计划加入其中，并于1999年正式实施。该计划包含空调、冰箱、冷冻箱、微波炉等在内的23种产品。如果生产这些产品的制造商和进口商远低于"领跑者"标准，日本经济产业省将会实行审查等措施，并提供改进建议。制造商必须

---

① 参见中国经济网《多国大力发展低碳经济 世界走向"低碳"》，转引自同花顺财经，2009年12月3日，http://stock.10jqka.com.cn/usstock/20091203/c61663276.shtml。

② 参见何艳玲《发达国家发展低碳经济的基本做法》，载《政策瞭望》2011年第3期，第63～66页。

遵照执行这些建议，否则会遭受警告、公告、命令甚至罚款等。

5. 韩国低碳经济增长发展

（1）制定低碳经济发展的战略目标。韩国于2009年11月17日提出其温室气体中期减排目标，也就是与2005年相比，韩国2020年的温室气体排放水平要减少4%，较不采取措施的排放量减少30%。2014年1月28日，韩国提出，计划到2020年减排2.33亿吨，并详细规定了7个部门的减排目标。其中，运输部门的减排目标为34.3%，建筑物部门的减排目标为26.9%，发电部门的减排目标为26.7%，公共部门的减排目标为25.0%，产业部门的减排目标为18.5%，废弃物部门的减排目标为12.3%，农业和渔业部门的减排目标为5.2%。2015年6月30日，韩国宣布到2030年的温室气体排放量在现有日常水平上减排37%。

（2）建立低碳经济发展的法律体系。一是《低碳绿色增长战略》。2008年，韩国先是出台了《低碳绿色增长战略》，要求制造经济向服务经济转变，然后又出台了《绿色能源产业发展战略》，确定了优先增长动力的9个重点领域，以及推进技术研发的6个领域。二是《绿色增长基本法》。2010年，韩国出台了《绿色增长基本法》，以国家法律的形式进一步明确其绿色增长战略，这意味着韩国的绿色增长战略具备了较为完善的政策体系，进入到全面实施阶段。

（3）制定有利于低碳经济发展的政策。一是减少能源依赖。2008年，韩国推出"国家能源基本计划"，提出要提高资源循环率及能源自主率。1995—2012年，资源循环率要从5.5%提高到16.9%，2007—2012年，能源自主率要从3%提高到14%，并且，到2050年，能源自主率达到50%以上。此外，要降低煤炭和石油等能源消费的比重，提高新能源与再生能源的消费比重。二是提升绿色技术。2009年，韩国提出"新增动力前景及发展战略"，明确指示了包括6个绿色技术领域在内的17个新增长动力产业。三是发展低碳产业以扩大就业。发展低碳产业可以创造就业，根据韩国政府的估计，发展再生能源产业能比发展制造业多创造2～3倍的就业。而且，韩国对扩大森林面积的大量投资，还可以增加23万个就业岗位。① 四是实施

---

① 参见陈佳怡《2021年全球碳排放交易市场现状及发展趋势分析 碳配额收紧推动价格上升》，前瞻经济学人"前瞻产业研究院"，https://www.qianzhan.com/analyst/detail/220/210813-aa6a7022.html。

碳交易制度。韩国在2015年1月1日开启了全国性碳市场,这是亚洲地区第二个全国性碳市场。建立之初,韩国碳市场覆盖了全国范围内约525家最大的碳排放单位,其中包括5家韩国国内航空公司,约占全国温室气体排放量的68%。被纳入的企业和子行业的数量还在不断扩大。韩国碳市场涉及《京都议定书》下的6种直接排放的温室气体,还包括用电所产生的间接排放。

6. 印度低碳经济增长发展

(1) 制定低碳经济发展的战略目标。2009年,随着哥本哈根气候变化峰会日期的临近,以及中美两国先后公布温室气体减排目标,印度承受的国际压力也越来越重。为了缓解压力,2009年12月3日,印度首次就应对全球气候变化明确提出,到2020年二氧化碳排放强度比2005年下降20%~25%。2015年10月2日,印度又宣布,2015—2030年,减少33%~35%温室气体排放量,并承诺,到2030年将种植更多的树木,以吸收25亿~35亿吨的二氧化碳。

(2) 建立发展低碳经济的法律体系。第一,颁布《节约能源法2001》。印度政府于2001年就颁布了《节约能源法2001》。该法共有十个部分,对中央政府和邦政府有效利用能源和保护能源的职责和权力、违反该法时的法律责任,以及解决能源保护纠纷的方式进行了详细规定。第二,颁布电力法。印度曾于1910年颁布《1910年印度电力法》,1948年颁布《1948年印度电力法(补充)》,但它们均无法适应经济社会的环境变化。于是,印度又于2003年颁布了新的电力法,使得电力工业的发展能够满足经济增长的能源需求。第三,发布《气候变化国家行动计划》。2008年6月,印度发布了《气候变化国家行动计划》,为印度发展低碳经济提供了原始框架,是印度应对国际气候变化的重要计划。

(3) 制定有利于低碳经济发展的政策。印度是温室气体排放大国,同时,印度人口规模庞大,经济发展水平还相对落后,环境承受能力相对脆弱,容易受气候变化影响,碳排放强度低。面对这些因素,印度更加注重能源安全与可持续发展。第一,征收煤炭税。2010年7月,印度开始向煤炭生产企业征税,每吨煤炭要求缴纳50卢比税款,该税率同样适用于进口化石燃料。从2014年7月10日起,印度海关对所有进口煤种实行新的煤炭进口税,税率为2.5%。在2015年公布的新年财政预算报告中,印度计划将煤炭生产税提高至每吨200卢比。2020年1月,印度计划免除煤炭生产、进口等领域的税费，以降低印度煤炭企业的财政压力。一旦该提案得以实施，印度每吨煤炭将减免 400 卢比的税费。第二，大力发展太阳能。印度为降低太阳能发电厂和电网相连的电厂的设备成本及发电成本，向他们提供优惠政策，并将印度 54 个城市打造成太阳能城市，各邦政府也积极响应。如中央邦的太阳能政策规定，建造 4 座 200 MW 级的太阳能电厂，未来 10 年内免去电费和田税，补贴输电电价。第三，鼓励研制新型的混合动力汽车。印度政府不仅为新型混合动力汽车制造商提供税收优惠政策，还为消费者提供减税和其他激励政策。另外，印度于 2012 年 8 月通过了《节能汽车推广法案》，在 2020 年前投入大量资金，生产和推广纯电动和油电混合动力汽车。第四，加强国际合作。2009 年 11 月，印度与美国签署了《促进清洁能源发展伙伴计划》，2011 年 7 月提出，继续扩大与美国的能源合作项目，2012 年 4 月，与中国正式启动低碳发展合作研究项目。①

7. 中国低碳经济增长发展

（1）制定发展低碳经济的战略目标。在党的十八大，生态文明建设被纳入治国理政的一项重要内容，第一次写入党章。中国政府于 2009 年在哥本哈根会议上承诺，与 2005 年相比，到 2020 年，二氧化碳排放强度减少 40%～45%。2015 年 6 月，中国在《强化应对气候变化行动——中国国家自主贡献》中进一步提出到 2030 年的行动目标：二氧化碳排放量达到峰值、二氧化碳排放强度比 2005 年减少 60%～65% 等。在第 75 届联合国大会期间，习近平主席提出，努力争取 2060 年前实现碳中和。

（2）建立发展低碳经济的法律体系。为减少温室气体排放、节约能源、发展可再生能源和循环经济、建设资源节约型和环境友好型社会，中国已经在国际上签订了多项重要的法律法规，如《保护臭氧层维也纳公约》《京都议定书》《巴黎协定》等。这些国际条约为中国建成低碳经济法律体系提供了国际法制基础。同时，中国国内也在不断探索建设低碳经济法律体系，制定了一系列有关低碳经济的法律，如《中华人民共和国节约能源法》《中华人民共和国环境保护法》《中华人民共和国可再生能源

---

① 参见万媛《印度的低碳经济发展现状与趋势》，载《全球科技经济瞭望》2014 年第 29 卷第 3 期，第 16～21 页。

法》《中华人民共和国水污染防治法》《中华人民共和国电力法》《中华人民共和国循环经济促进法》等，并不断根据时代发展要求修订和补充上述法律。此外，国务院及各部委还出台了相应的文件、办法和条例。如《关于推行清洁生产的若干意见》《国务院关于修改〈建设项目环境保护管理条例〉的决定》《中华人民共和国环境保护税法实施条例》等。在农业生产领域和森林等的维护方面，中国也出台了《中华人民共和国水土保持法》《森林防火条例》《中华人民共和国渔业法》《中华人民共和国土地管理法》《中华人民共和国农业法》等，以保证森林碳汇的增加。这些立法和条例的出台有利于中国提高能源利用效率、减少二氧化碳排放。

（3）制定有利于低碳经济发展的政策。第一，通过了《中华人民共和国资源税法》（简称《资源税法》）。1984年9月，国务院发布了《中华人民共和国资源税条例（草案）》。1993年11月，国务院通过了《中华人民共和国资源税暂行条例》，并于1994年1月1日起实施。2011年9月21日，国务院通过了《国务院关于修改〈中华人民共和国资源税暂行条例〉的决定》，并于2011年11月1日起实施，对多种能源实施差异化的征税比率。2019年8月26日，通过了中国首部资源税法，该法自2020年9月1日开始施行。《资源税法》对资源的划分更为细致，税率与之前也有所区别。第二，实施碳交易制度。2011年开始，中国在北京等7个省市试点碳交易，为全面实施碳交易积累了丰富的经验。2014年9月，《国家应对气候变化规划（2014—2020年）》发布，明确提出要逐步建立中国碳交易市场。2017年12月，《全国碳排放权交易市场建设方案（发电行业）》印发，意味着中国正式开始建立全国碳交易市场。第三，制定行业政策。中国国家能源局于2016年11月28日发布了《风电发展"十三五"规划》，确立了"十三五"期间风电发展目标和建设布局。另外，从2007年开始，由银监会主导，陆续出台了《节能减排授信工作指导意见》《绿色信贷指引》和《关于绿色信贷工作的意见》，规定了节能减排的授信、银行绿色信贷的建设、管理、内控等。第四，参与国际合作。中国国务院于2016年10月印发《"十三五"控制温室气体排放工作方案》，要求中国尽快推动发展中国家与发达国家共同参与、合作共赢的气候治理体系。并且，加强气候领域的国际对话，引入国际机构的优惠资金和先进技术以加强中国气候治理。此外，还应与其他发展中国家共同应对气候变化，争取在国际气候合作中获得更多的话语权和主动权。[①]

（二）中国二氧化碳排放的国际比较

本小节利用国际能源署（International Energy Agency，IEA）的数据，比较了中国与美国、印度、俄罗斯、日本、德国、伊朗、韩国、加拿大和南非等主要国家的二氧化碳排放情况（如图 8-11 所示）。

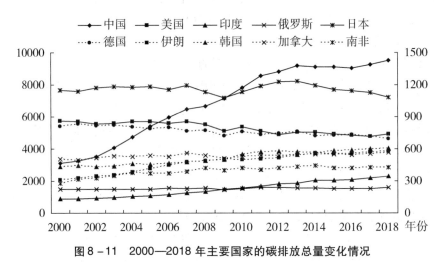

图 8-11　2000—2018 年主要国家的碳排放总量变化情况

（注：中国、美国、印度和俄罗斯见左轴，日本、德国、伊朗、韩国、加拿大和南非见右轴；左轴和右轴的单位均为百万吨二氧化碳。资料来源：IEA 数据库。）

1. 中国已成为世界上二氧化碳排放总量最多的国家

2000—2013 年，中国的二氧化碳排放总量不断增长，从 2003 年的 31 亿吨增加到 2013 年的 91.88 亿吨。2014—2016 年，中国的二氧化碳排放总量持续下降，从 2014 年的 91.16 亿吨下降到 2016 年的 90.55 亿吨。2017—2018 年，中国的二氧化碳排放总量又开始增加，从 2017 年的 92.46 亿吨增加到 2018 年的 95.28 亿吨。与此同时，美国的二氧化碳排放总量变化不定。2000—2002 年，美国的二氧化碳排放总量不断减少，从 2000 年的 57.3 亿吨减少到 2002 年的 55.46 亿吨。2003—2005 年，美国的二氧化碳排放总量不断增加，从 56.11 亿吨增加到 57.03 亿吨。2006—

[①] 参见张丽华、韩德睿《中国在气候合作中的政策选择》，载《学术交流》2017 年第 6 期，第 102～108 页。

2011年，美国的二氧化碳排放总量从56.03亿吨减少到51.28亿吨。2012—2014年，美国的二氧化碳排放总量从49.03亿吨增加到50.47亿吨，2015—2017年，美国的二氧化碳排放总量从49.29亿吨减少到47.61亿吨，但到2018年又增加到49.21亿吨。印度的二氧化碳排放总量持续增加，从2000年的8.9亿吨增加到2018年的23.08亿吨。其中，2007年的增长幅度最大，为10.28%，2009年的增长幅度较大，为9.81%，2014年和2012年的增长幅度也不小，分别为8.94%和8.58%。2000—2008年，俄罗斯的二氧化碳排放总量变化不一，整体表现为从14.74亿吨增加到15.54亿吨。2009—2012年，俄罗斯的二氧化碳排放总量持续增加，从14.41亿吨增加到16.08亿吨。2013—2016年，俄罗斯的二氧化碳排放总量持续下降，从15.69亿吨减少到15.11亿吨。然而从2017年开始，俄罗斯的二氧化碳排放总量又出现增长趋势，从15.37亿吨增加到2018年的15.87亿吨。2000—2012年，日本的二氧化碳排放总量起伏不定，整体表现为从11.48亿吨增加到12.27亿吨。2013—2018年，日本的二氧化碳排放总量持续下降，从12.34亿吨减少到10.81亿吨。2000—2018年，德国的二氧化碳排放总量整体上也呈现下降趋势，从2000年的8.12亿吨下降至2018年的6.96亿吨。除了2010年和2015年外，伊朗的二氧化碳排放总量在其余年份均呈现增长趋势，增长幅度最大的是2005年，达到8.27%。除了2002年、2005年、2013年和2014年外，韩国的二氧化碳排放总量在其余年份都在增加，增长幅度最大的是2010年，达到9.72%。加拿大的二氧化碳排放总量整体呈现增长趋势，从2000年的5.04亿吨增加到2018年的5.65亿吨。除了2005年、2009年、2011年、2015年和2018年，南非的二氧化碳排放总量在其余年份均在增加，增长幅度最大的是2004年，为7.75%。

2006年前，美国的二氧化碳排放总量就已经超过55亿吨，远超过其他国家。然而，到2006年，中国的二氧化碳排放总量接近60亿吨，美国的二氧化碳排放总量为56亿吨，后面两国的二氧化碳排放总量差距越来越大。印度的二氧化碳排放总量增长迅速，从2007年开始就超过了日本，从2009年开始就超过了俄罗斯。中国已连续13年成为全球二氧化碳排放总量最多的国家，美国则位居中国之后，印度已连续10年成为全球二氧化碳排放总量的第三大国，后面依次是俄罗斯、日本、德国、韩国、伊朗、加拿大和南非。

2. 中国天然气产生的二氧化碳居全球第三

2000—2018年主要国家天然气的碳排放量变化情况如图8-12所示。

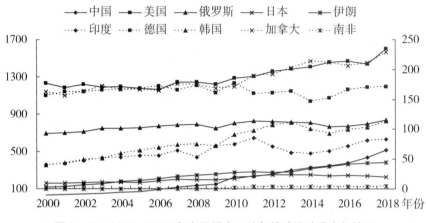

图8-12 2000—2018年主要国家天然气的碳排放量变化情况

（注：中国、美国、俄罗斯、日本和伊朗见左轴，印度、德国、韩国、加拿大和南非见右轴；左轴和右轴的单位均为百万吨二氧化碳。资料来源：IEA数据库。）

2000—2018年，中国天然气产生的二氧化碳持续增长，从2000年的0.36亿吨增加到2018年的5.19亿吨。其中，2010年的增长幅度最大，达到49%。2000—2009年，美国天然气产生的二氧化碳变化不断，经历了短暂的增长或减少，从2000年的12.34亿吨减少到2009年的12.21亿吨。但是2010—2018年，除了2017年有所下降外，美国天然气产生的二氧化碳均在增加，从2010年的12.87亿吨增加到2018年的16.01亿吨。2000—2011年，除了2008年有所下降外，美国天然气产生的二氧化碳均在增加，从2000年的0.41亿吨增加到2011年的0.85亿吨。2012—2014年，美国天然气产生的二氧化碳不断减少，从2012年的0.71亿吨减少到2014年的0.6亿吨。2015年开始，美国天然气产生的二氧化碳又恢复了不断增长的势头，从2015年的0.63亿吨增加到2018年的0.83亿吨。2000—2011年，除了2009年有所下降外，俄罗斯天然气产生的二氧化碳均在增加，从2000年的6.95亿吨增加到2011年的8.27亿吨。2012—2016年，俄罗斯天然气产生的二氧化碳持续减少，从2012年的8.2亿吨减少到2016年的7.73亿吨。2017—2018年，俄罗斯天然气产生的二氧化碳再次增加，从7.96亿吨增加到8.38亿吨。2000—2009年，日本天然气产生的二氧化碳整体表现为从 2000 年的 1.63 亿吨增加到 2009 年的 1.96 亿吨。2010—2014 年，日本天然气产生的二氧化碳不断增加，从 2.07 亿吨增加到 2.52 亿吨。2015—2018 年，除了 2016 年有所增加外，其余年份日本天然气产生的二氧化碳均在减少，从 2.4 亿吨减少到 2.28 亿吨。2000—2006 年，除了 2002 年有所下降外，德国天然气产生的二氧化碳均在增加，从 2000 年的 1.56 亿吨增加到 1.72 亿吨。2007—2013 年，德国天然气产生的二氧化碳既有短暂的增长，也有短暂的下降，整体表现为从 2007 年的 1.66 亿吨下降到 2013 年的 1.64 亿吨。2014—2018 年，德国天然气产生的二氧化碳持续增加，从 1.47 亿吨增加到 1.71 亿吨。2000—2018 年，除了 2012 年有所下降外，其余年份伊朗天然气产生的二氧化碳均在增加，从 1.18 亿吨增加到 3.83 亿吨。2000—2013 年，除了 2009 年有所下降外，其余年份韩国天然气产生的二氧化碳均在增加，从 0.4 亿吨增加到 1.11 亿吨。2014—2015 年，韩国天然气产生的二氧化碳从 1 亿吨减少到 0.93 亿吨。2016—2018 年，韩国天然气产生的二氧化碳不断增加，从 0.99 亿吨增加到 1.14 亿吨。2000—2003 年，除了 2001 年有所下降外，加拿大天然气产生的二氧化碳均在增加，从 1.63 亿吨增加到 1.72 亿吨。2004—2006 年，加拿大天然气产生的二氧化碳逐年轻微减少，从 1.67 亿吨减少到 1.65 亿吨。2007 年短暂增加到 1.76 亿吨后，2008 年和 2009 年又开始减少，从 1.74 亿吨减少到 1.69 亿吨。2010—2018 年，除了 2015 年和 2016 年有所下降，其余年份加拿大天然气产生的二氧化碳均在增加，从 2010 年的 1.71 亿吨增加到 2018 年的 2.29 亿吨。2000—2018 年，南非天然气产生的二氧化碳非常少，最多的时候也只有 0.05 亿吨。

总体上看，美国天然气产生的二氧化碳始终是最多的，每年都在 11 亿吨以上，2018 年更是达到 16.01 亿吨。俄罗斯天然气产生的二氧化碳每年基本上也都在 7 亿吨以上，2018 年也达到峰值，为 8.38 亿吨。中国天然气产生的二氧化碳比较少，只有几千万吨，到 2006 年还不到 1 亿吨。从 2007 年开始，中国天然气产生的二氧化碳迅速增长，到 2018 年达到峰值，为 5.19 亿吨，仅低于美国和俄罗斯。伊朗天然气产生的二氧化碳也不少，2018 年就达到 3.83 亿吨，加拿大和日本的天然气产生的二氧化碳到 2018 年分别达到 2.29 亿吨和 2.28 亿吨，德国和韩国的天然气产生的二氧化碳到 2018 年分别达到 1.71 亿吨和 1.14 亿吨，印度的天然气产生的二氧化碳到 2018 年为 0.83 亿吨，南非的天然气产生的二氧化碳到 2018

年仅为 0.05 亿吨。

3. 中国石油产生的二氧化碳居全球第二

2000—2018 年主要国家石油的碳排放量变化情况如图 8-13 所示。

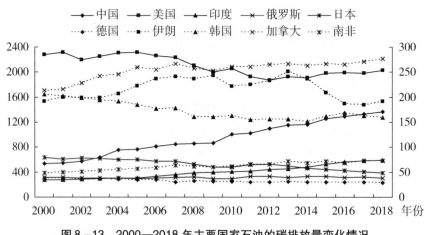

图 8-13 2000—2018 年主要国家石油的碳排放量变化情况

（注：中国、美国、印度、俄罗斯、日本和德国见左轴，伊朗、韩国、加拿大和南非见右轴；左轴和右轴的单位均为百万吨二氧化碳。资料来源：IEA 数据库。）

2000—2018 年，中国石油产生的二氧化碳持续增长，从 2000 年的 5.31 亿吨增加到 2018 年的 13.64 亿吨。其中，2004 年的增长幅度最大，达到 18.74%。2000—2005 年，除了 2002 年有所减少外，其余年份美国石油产生的二氧化碳均在增加，从 2000 年的 22.83 亿吨增加到 2005 年的 23.17 亿吨。2006—2012 年，除了 2010 年有所增加外，其余年份美国石油产生的二氧化碳均在减少，从 2006 年的 22.6 亿吨减少到 2012 年的 18.7 亿吨。2013—2018 年，除了 2014 年和 2017 年均有所减少外，其余年份美国石油产生的二氧化碳均在增加，从 2013 年的 19.26 亿吨增加到 2018 年的 20.31 亿吨。2000—2018 年，印度石油产生的二氧化碳持续增长，从 2000 年的 2.77 亿吨增加到 2018 年的 5.95 亿吨。其中，2015 年的增长幅度最大，达到 9.38%。2000—2005 年，俄罗斯石油产生的二氧化碳不断减少，从 3.18 亿吨减少到 2.94 亿吨。2006—2014 年，除了 2009 年、2012 年和 2013 年有所减少外，其余年份俄罗斯石油产生的二氧化碳连续增加，从 3.05 亿吨增加到 3.36 亿吨。2015—2018 年，除了 2017 年有所增加外，其余年份俄罗斯石油产生的二氧化碳持续减少，从 3.3 亿吨减少到 3.03 亿吨。2000—2009 年，除了 2002 年和 2007 年有所增加外，其余年份日本石油产生的二氧化碳不断减少，从 6.34 亿吨减少到 4.8 亿吨。2010—2012 年，日本石油产生的二氧化碳连续增加，从 4.84 亿吨增加到 5.24 亿吨。从 2013 年开始，日本石油产生的二氧化碳恢复减少趋势，从 5.03 亿吨逐年减少到 3.84 亿吨。2000—2011 年，除了 2001 年、2006 年和 2008 年略有增加外，其余年份德国石油产生的二氧化碳均减少，从 3.02 亿吨减少到 2.39 亿吨。2012—2018 年，除了 2014 年和 2018 年有些减少外，其余年份德国石油产生的二氧化碳均增加，从 2.41 亿吨增加到 2.44 亿吨。2000—2013 年，除了 2002 年、2008 年和 2010 年有不同程度减少外，其余年份伊朗石油产生的二氧化碳均增加，从 1.91 亿吨增加到 2.52 亿吨。从 2014 年开始，伊朗石油产生的二氧化碳又持续减少，从 2.36 亿吨减少到 1.91 亿吨。2000—2006 年，韩国石油产生的二氧化碳不断减少，从 2.05 亿吨减少到 1.77 亿吨。经过 2007 年短暂的增加后，2008 年又减少到 1.6 亿吨。2009—2013 年，除了 2011 年有所减少外，韩国石油产生的二氧化碳均在增加。2014 年又略有减少后，2015 年和 2016 年恢复增加趋势，从 1.62 亿吨增加到 1.69 亿吨。2017 年和 2018 年转而减少，从 1.63 亿吨减少到 1.59 亿吨。2000—2007 年，除了 2006 年略有减少外，加拿大石油产生的二氧化碳均在增加，从 2.14 亿吨增加到 2.66 亿吨。经过 2008 年和 2009 年轻微的减少后，除了 2014 年和 2016 年又有所减少之外，其余年份加拿大石油产生的二氧化碳均在增加，从 2010 年的 2.61 亿吨增加到 2018 年的 2.77 亿吨。2000—2007 年，南非石油产生的二氧化碳逐年增加，从 0.49 亿吨增加到 0.63 亿吨，2008 年和 2009 年有所减少，减少到 0.6 亿吨。继 2010 年轻微增加后，2011—2018 年，南非石油产生的二氧化碳整体表现为从 0.66 亿吨增加到 0.73 亿吨。

整体上看，美国石油产生的二氧化碳基本维持在 20 亿吨，远高于其他国家。中国石油产生的二氧化碳增长迅速，从 5 亿吨左右增加到 13.64 亿吨，仅低于美国。印度石油产生的二氧化碳增长也较快，从 2.77 亿吨增至 5.95 亿吨。虽然远低于美国和中国，但是也高于不少国家。日本石油产生的二氧化碳主要呈现下降趋势，但到 2018 年时还有 3.84 亿吨。俄罗斯石油产生的二氧化碳相对比较稳定，保持在 3 亿吨左右。加拿大石油产生的二氧化碳也比较稳定，保持在 2 亿～3 亿吨之间。德国石油产生的二氧化碳有些减少，到 2018 年仍有 2.33 亿吨。伊朗石油产生的二氧化碳曾增加到2.43亿吨，但到2018年也有所减少，降至1.91亿吨。韩国石油产生的二氧化碳主要呈现下降趋势，到2018年降至1.59亿吨。南非石油产生的二氧化碳也有些增加，到2018年增加到0.73亿吨。

4. 中国煤炭产生的二氧化碳居全球第一

2000—2018年主要国家煤炭的碳排放量变化情况如图8-14所示。

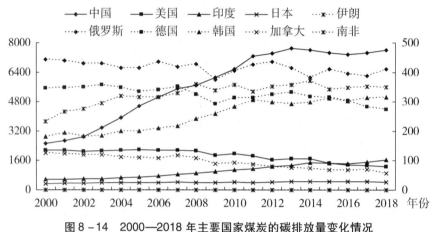

图8-14 2000—2018年主要国家煤炭的碳排放量变化情况

（注：中国、美国、印度和日本见左轴，俄罗斯、德国、伊朗、韩国、加拿大和南非见右轴；左轴和右轴的单位均为百万吨二氧化碳。资料来源：IEA数据库。）

2000—2013年，中国煤炭产生的二氧化碳持续增加，从25.33亿吨增加到77.03亿吨。其中，2003年的增长幅度最大，达16.75%。从2014年开始，中国煤炭产生的二氧化碳连续三年减少，从2014年的75.91亿吨减少到2016年的73.57亿吨。2017年和2018年，中国煤炭产生的二氧化碳又有所增加，从74.44亿吨增加到76.12亿吨。2000—2007年，除了2002年和2006年分别下降了3.82%和1.51%外，其余年份美国煤炭产生的二氧化碳均在增加，从21.72亿吨增加到21.74亿吨。2008—2018年，除了2010年和2013年分别增加了5.93%和3.46%外，其余年份美国煤炭产生的二氧化碳均在减少，从21.31亿吨减少到12.70亿吨。2000—2018年，除了2015年和2016年分别下降了2.62%和0.55%外，其余年份印度煤炭产生的二氧化碳均在增加，从5.72亿吨增加到16.28亿吨。其中，2009年的增长幅度最大，达11.76%。2000—2004年，除了2003年略有所增加外，其余年份俄罗斯煤炭产生的二氧化碳均在减少，从4.43亿吨减少到 4.14 亿吨。2005—2012 年，除了 2007 年和 2009 年有些减少外，其余年份俄罗斯煤炭产生的二氧化碳均在增加，从 4.14 亿吨增加到 4.36 亿吨。2013—2017 年，除了 2015 年有些增加外，其余年份俄罗斯煤炭产生的二氧化碳均在减少，从 4.14 亿吨减少到 3.88 亿吨。2018 年开始，俄罗斯煤炭产生的二氧化碳恢复增加，达 4.11 亿吨。2000—2007 年，除了 2006 年下降 1.25% 外，日本煤炭产生的二氧化碳均在增加，从 3.46 亿吨增加到 4.14 亿吨。2008 年和 2009 年，日本煤炭产生的二氧化碳分别下降 3.86% 和 3.27%，2010 年增加 9.61%，2011 年下降 3.32%，2012 年和 2013 年分别增加 4.9% 和 6.78%，增加至 4.57 亿吨。从 2014 年开始，日本煤炭产生的二氧化碳连续 5 年减少，2018 年减少至 4.31 亿吨。2000—2003 年，德国煤炭产生的二氧化碳逐年增加，从 3.46 亿吨增加到 3.57 亿吨。经过 2004 年和 2005 年的下降后，2006 年和 2007 年又恢复增加的趋势，2008 年和 2009 年转而又减少。2010—2012 年，德国煤炭产生的二氧化碳变化频繁。2013—2018 年，德国煤炭产生的二氧化碳连续减少，从 3.33 亿吨减少到 2.73 亿吨。2000—2018 年，伊朗煤炭产生的二氧化碳比较少，在 0.04 亿吨左右。2000—2011 年，除了 2002 年略有下降之外，韩国煤炭产生的二氧化碳不断增加，从 1.80 亿吨增加到 3.06 亿吨。2012—2018 年，除了 2013 年和 2016 年有轻微下降外，其余年份韩国煤炭产生的二氧化碳均在增加，从 2.99 亿吨增加到 3.15 亿吨。2000—2018 年，除了 2007 年、2010 年和 2017 年略有增加外，其余年份加拿大煤炭产生的二氧化碳均在减少，从 1.26 亿吨减少到 0.57 亿吨。2000—2008 年，除了 2005 年略有下降外，其余年份南非煤炭产生的二氧化碳均在增加，从 2.31 亿吨增加到 3.60 亿吨。2010—2018 年，除了 2011 年、2015 年和 2018 年有些减少外，其余年份南非煤炭产生的二氧化碳均在增加。

整体上看，中国煤炭产生的二氧化碳增长最快，已经超过其他国家。印度煤炭产生的二氧化碳增长较快，仅次于中国。尽管美国煤炭产生的二氧化碳呈现下降趋势，但还是比较高，仅低于中国和印度。日本煤炭和俄罗斯煤炭产生的二氧化碳都已经高于 4 亿吨，南非煤炭和韩国煤炭产生的二氧化碳都高于 3 亿吨，德国煤炭产生的二氧化碳明显减少，仅多于 2 亿吨，加拿大煤炭产生的二氧化碳也明显减少，只有 0.57 亿吨。伊朗煤炭产生的二氧化碳最少，只有 0.05 亿吨。

5. 中国工业产生的二氧化碳居全球第一

2000—2018年主要国家工业的碳排放量变化情况如图8-15所示。

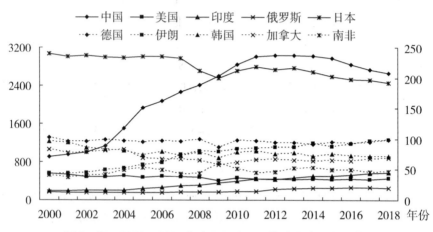

图8-15 2000—2018年主要国家工业的碳排放量变化情况

（注：中国、美国、印度和俄罗斯见左轴，日本、德国、伊朗、韩国、加拿大和南非见右轴；左轴和右轴的单位均为百万吨二氧化碳。资料来源：IEA数据库。）

2000—2012年，中国工业产生的二氧化碳逐年增加，从9.06亿吨增加到30.38亿吨。其中，2004年的增长幅度最大，达31.69%。从2013开始，中国工业产生的二氧化碳连续5年下降，从30.29亿吨减少到26.67亿吨。2000—2009年，除了2004年和2006年分别增加了5.57%和3.98%外，其余年份美国工业产生的二氧化碳均在减少，从5.67亿吨减少到4.08亿吨。2010—2018年，美国工业产生的二氧化碳交替出现增加和减少，从4.66亿吨减少到4.59亿吨。2000—2018年，除了2003年和2012年分别下降了4.81%和2.48%外，印度工业产生的二氧化碳均在增加，从1.92亿吨增加到5.71吨。其中，2009年的增长幅度最大，达15.58%。2000年和2001年，俄罗斯工业产生的二氧化碳在下降，从1.66亿吨减少到1.58亿吨。经过了2002年的缓慢增长后，2003—2018年，除了2006年、2009年和2018年外，其余年份俄罗斯工业产生的二氧化碳均在增加，从1.52亿吨增加到2.62亿吨。2000—2005年，除了2002年略有增长外，其余年份日本工业产生的二氧化碳均在减少，从2.4亿吨减少到2.33亿吨。经过2005年和2006年的短暂增长后，2007—2009年，日本工业产生的二氧化碳又有所减少，从2.32亿吨减少到2亿吨。又经过2010年和2011年的些许增加后,日本工业产生的二氧化碳恢复到减少趋势。2012—2018年,除了2013年有所增加后,其余年份日本工业产生的二氧化碳均在减少,从2.14亿吨减少到1.92亿吨。2000—2009年,德国工业产生的二氧化碳变化不断,从1.03亿吨减少到0.87亿吨,2010年增加到0.98亿吨。2011—2014年,德国工业产生的二氧化碳不断减少,从0.97亿吨减少到0.91亿吨。2015—2018年,除了2016年略有减少外,其余年份德国工业产生的二氧化碳均在增加,从0.95亿吨增加到0.99亿吨。2000—2018年,除了2009年、2013年和2015年有所下降外,伊朗工业产生的二氧化碳均在增加,从0.43亿吨增加到0.99亿吨。2000—2007年,除了2006年增加了6.76%外,其余年份韩国工业产生的二氧化碳均在减少,从0.96亿吨减少到0.73亿吨。2008—2011年,除了2009年下降了11.54%外,其余年份韩国工业产生的二氧化碳均在增加,从0.78亿吨增加到0.80亿吨。从2012年开始,除了2013年和2015年分别增加了1.32%和5.56%,其余年份韩国工业产生的二氧化碳均在减少,整体表现为从0.76亿吨减少到0.72亿吨。2000—2004年,除了2001年下降了7.23%外,其余年份加拿大工业产生的二氧化碳均在增加,增加到0.83亿吨。从2005年开始,加拿大工业产生的二氧化碳连续5年下降,从0.69亿吨减少到0.58亿吨。2010—2018年,除了2013年、2014年和2016年分别下降了2.99%、1.54%和1.69%外,其余年份加拿大工业产生的二氧化碳均在增加,从0.62亿吨增加到0.69亿吨。2000—2005年,除了2001年下降了9.76%外,南非工业产生的二氧化碳均在增加,从0.41亿吨增加到0.53亿吨。2006—2011年,除了2008年和2009年分别增加了2.33%和38.64%外,其余年份南非工业产生的二氧化碳均在减少,从0.49亿吨减少到0.45亿吨。2012—2018年,除了2015年和2017年分别下降了7.55%和6.16%外,其余年份南非工业产生的二氧化碳均在增加,从0.46亿吨增加到0.47亿吨。

总体上看,中国工业产生的二氧化碳也增长迅速,从9.06亿吨增加到26.67亿吨,成为全球工业产生二氧化碳最多的国家。印度工业产生的二氧化碳增长较快,仅低于中国。美国工业产生的二氧化碳下降得较为明显,从5.67亿吨减少到4.59亿吨,低于中国和印度。俄罗斯工业产生的二氧化碳有些增加,从1.66亿吨增加到2.51亿吨。日本工业产生的二氧化碳也有明显下降,从2.40亿吨减少到1.92亿吨。德国工业产生的二氧化碳有所下降，从 1.03 亿吨减少到 0.99 亿吨。伊朗工业产生的二氧化碳翻倍，从 0.43 亿吨增加到 0.99 亿吨。韩国工业和加拿大工业产生的二氧化碳均有所下降，分别从 0.96 亿吨减少到 0.72 亿吨，从 0.83 亿吨减少到 0.69 亿吨。南非工业产生的二氧化碳有所增加，从 0.41 亿吨增加到 0.47 亿吨。

6. 中国人均碳排放量较低

2000—2018 年主要国家人均碳排放量变化情况如图 8-16 所示。

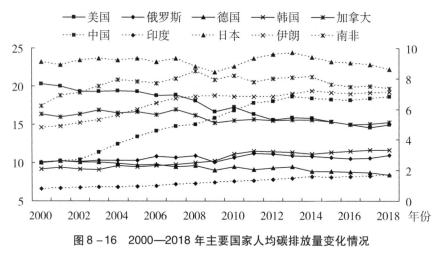

图 8-16 2000—2018 年主要国家人均碳排放量变化情况

（注：美国、俄罗斯、德国、韩国和加拿大见左轴，中国、印度、日本、伊朗和南非见右轴；左轴和右轴的单位均为吨二氧化碳/人。资料来源：IEA 数据库。）

2000—2002 年，中国人均碳排放量仅超过 2 吨。2003—2014 年，中国人均碳排放量就已经超过 3 吨。2005—2007 年，中国人均碳排放量超过 4 吨。2008—2010 年，中国人均碳排放量超过了 5 亿吨。2011 年，中国人均碳排放量达到 6.4 吨，但增长速度放缓，到 2018 年，中国人均碳排放量为 6.8 吨。2000 年和 2001 年，美国人均碳排放量分别为 20.3 吨和 20 吨。2002—2005 年，美国人均碳排放量比较稳定，维持在 19.3 吨左右。2006—2008 年，美国人均碳排放量从 18.8 吨下降到 18.1 吨。2009 年，美国人均碳排放量下降到 16.7 吨，2010 年又增加到 17.3 吨。2011 年，美国人均碳排放量下降到 16.4 吨。从 2012 年开始，美国人均碳排放量基本保持在 15 吨以上。2000 年和 2001 年，印度人均碳排放量分别为 0.8 吨和 0.83 吨。2003—2006 年，印度人均碳排放量达到 0.9 吨以上。从 2007

年开始,印度人均碳排放量就达到1吨以上,但是增长速度不快。到2018年,印度人均碳排放量为1.7吨。2000—2017年,除了2011年和2012年均略高于11吨外,其余年份俄罗斯人均碳排放量都处于10～11吨之间。到2018年,俄罗斯人均碳排放量有所增加,又达到11吨。2000—2016年,除了2008—2010年高于0.8吨外,其余年份日本人均碳排放量均超过0.9吨。从2017年开始,日本人均碳排放量有所回落,到2018年为8.6吨。2000—2003年,德国人均碳排放量略高于10吨。2004—2013年,德国人均碳排放量处于9～10吨之间。从2014年开始,德国人均碳排放量持续下降,从8.9吨减少到8.4吨。2000—2004年,伊朗人均碳排放量保持在5吨左右,2004年达到5.6吨。2005—2012年,伊朗人均碳排放量增长到6吨以上。从2013年开始,伊朗人均碳排放量又增长到7吨以上,2018年更是达到7.12吨。2000—2007年,韩国人均碳排放量始终保持在9吨以上。2008年和2009年,韩国人均碳排放量又增加到10吨以上。从2010年开始,韩国人均碳排放量就超过11吨,到2018年更是达到11.7吨。2000—2008年,加拿大人均碳排放量基本高于16吨。从2009年开始,加拿大人均碳排放量有所下降,减少到约15吨。2000年和2001年,南非人均碳排放量分别为6.2吨和6.9吨。2002—2006年,南非人均碳排放量均超过7吨。2007—2014年,南非人均碳排放量基本维持在8吨左右。从2015年开始,南非人均碳排放量有所下降,降低到7吨以上。到2018年,南非人均碳排放量为7.36吨。

整体上看,加拿大人均碳排放量有所减少,但仍高于其他国家。美国人均碳排放量下降了5吨多,但也只低于加拿大。韩国人均碳排放量增加了2吨多,仅低于加拿大和美国。俄罗斯人均碳排放量有所增加,仅增加了0.9吨,是第四多的国家。日本人均碳排放量有所下降,仅减少了0.5吨,位于第五位。德国人均碳排放量减少了1.6吨,位于日本之后。南非人均碳排放量增加了1.2吨,位于德国之后。伊朗人均碳排放量有明显增加,从4.8吨增加到7.12吨,位于第八位。中国人均碳排放量也有明显增加,从2.5吨增加到6.8吨,是人均碳排放量较低的国家。印度人均碳排放量基本上翻倍增长,从0.8吨增加到1.7吨,是这些国家中碳排放量最少的国家。

7. 中国碳排放强度位于全球第三

2000—2018年主要国家碳排放强度变化情况如图8-17所示。

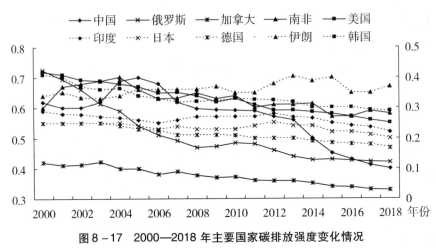

图8-17 2000—2018年主要国家碳排放强度变化情况

(注：中国、俄罗斯、加拿大和南非见左轴，美国、印度、日本、德国、伊朗和韩国见右轴；左轴和右轴的单位均为千克二氧化碳/美元。资料来源：IEA数据库。)

2000—2007年，中国碳排放强度基本保持在每美元0.6千克二氧化碳以上。2008年，中国碳排放强度有所下降，从每美元0.597千克二氧化碳减少到2014年的每美元0.5千克二氧化碳。2015年开始，中国碳排放强度进一步下降，到2018年，中国碳排放强度降至每美元0.4千克二氧化碳。2000年和2001年，美国碳排放强度还高于每美元0.4千克二氧化碳。2002—2011年，美国碳排放强度下降，但仍高于每美元0.3千克二氧化碳。2012年开始，美国碳排放强度持续下降，到2018年为每美元0.25千克二氧化碳。2000—2018年，印度碳排放强度下降缓慢。2000年，印度碳排放强度为每美元0.29千克二氧化碳。至2018年，印度碳排放强度为每美元0.22千克二氧化碳。2000年，俄罗斯碳排放强度最高，为每美元0.73千克二氧化碳。2001—2003年，俄罗斯碳排放强度降至每美元0.6千克二氧化碳以上。2004—2006年，俄罗斯碳排放强度进一步下降，降至每美元0.5千克二氧化碳以上。2007—2018年，俄罗斯碳排放强度下降放缓，一直在每美元0.4千克二氧化碳以上。到2018年，俄罗斯碳排放强度为每美元0.42千克二氧化碳。2008—2018年，日本碳排放强度变化较小。日本碳排放强度最高为每美元0.25千克二氧化碳，最低为每美元0.2千克二氧化碳。2000—2018年，德国碳排放强度变化明显。2000—2013年，德国碳排放强度高于每美元0.2千克二氧化碳。2014年开始，德国碳排放强度下降到每美元0.1千克二氧化碳以上。到2018年，德国碳排放强度为每美元 0.17 千克二氧化碳。2000—2018 年,伊朗碳排放强度变化也不明显,基本介于每美元 0.3 千克二氧化碳与每美元 0.4 千克二氧化碳之间。2000 年和 2001 年,韩国碳排放强度略高于每美元 0.4 千克二氧化碳。2002—2016 年,韩国碳排放强度有所下降,降至每美元 0.3 千克二氧化碳以上。2017 年和 2018 年,韩国碳排放强度继续下降,降至每美元 0.2 千克二氧化碳以上。到 2018 年,韩国碳排放强度为每美元 0.29 千克二氧化碳。2000—2005 年,加拿大碳排放强度略高于每美元 0.4 千克二氧化碳。2006—2018 年,加拿大碳排放强度有所下降,高于每美元 0.3 千克二氧化碳。2018 年,加拿大碳排放强度为每美元 0.33 千克二氧化碳。2000—2018 年,南非碳排放强度变化不明显,基本位于每美元 0.6 千克二氧化碳左右。

总体上看,近年来,南非碳排放强度是最高的,2018 年为每美元 0.58 千克二氧化碳。其次是俄罗斯,2018 年为每美元 0.42 千克二氧化碳。然后是中国,2018 年为每美元 0.4 千克二氧化碳。接着是伊朗和加拿大,2018 年的碳排放强度分别为每美元 0.37 千克二氧化碳和每美元 0.33 千克二氧化碳。再是韩国、美国、印度和日本,2018 年的碳排放强度分别为每美元 0.29 千克二氧化碳、每美元 0.25 千克二氧化碳、每美元 0.22 千克二氧化碳和每美元 0.2 千克二氧化碳。最后是德国,2018 年的碳排放强度为每美元 0.17 千克二氧化碳。

(三) 全球碳交易的发展

1. 中国全国碳市场的发展

中国于 2017 年正式启动全国碳排放权交易市场建设。其中,湖北负责建设全国碳市场的注册登记系统,上海负责建设全国碳市场的碳交易系统,北京、天津、重庆、广东、江苏、福建和深圳共同承担全国碳市场的系统运营和其他相关工作。在全国碳市场正式运行之前,试点碳市场继续运行,并逐步向全国碳市场过渡。2018—2019 年,中国继续构建和完善全国碳市场的法律体系,持续推进全国碳市场的监测报告核查以及基础系统建设。表 8-7 展现了 2019 年中国发电行业碳市场建设工作进度及完成情况。

表8-7　2019年中国发电行业碳市场建设工作进度及完成情况

月份	工作进度	完成情况
5	研究制定注册登记系统、交易系统的设计方案，明确顶层设计并报国务院审定	进行中
6	《碳排放权交易管理暂行条例》征求意见（第二轮）	进行中
6	成立碳市场建设推动协调小组，纳入司法、财政、市场监管、证监、统计、能源、民航、试点交易所、第三方核查等机构；出台《配额总量设定与分配方案》和《发电行业配额分配技术指南》；出台《重点排放单位温室气体排放报告管理办法（试行）》和《全国碳排放权交易第三方核查机构管理办法（试行）》；出台《碳排放数据核算、报告、核查与排污许可制度的整合与对接实施方案》；组织地方上报企业名单，结合排污许可管理平台形成首批名单公示征求意见；形成注册登记系统、交易系统管理机构初步设计方案；制定基础设施建设施工方案并报国务院审定，开工建设	已完成
7	CCER改革方案，出台《温室气体自愿减排交易管理暂行办法》和《温室气体自愿减排审定与核证指南》；完成注册登记系统、交易系统管理联合建设省市入股相关法律程序和部门征求意见，并报国务院审定	进行中
7	制定发电行业的配额分配基准值	已完成
9	基础设施初步完工，满足市场交易测试运行条件；研究制订全国碳市场测试运行方案	进行中
9	完成2018年度和地方重点排放单位的碳排放数据收集；组织分片区发电企业配额试算，测算基准值的松紧度；完成注册登记管理、交易管理和履约管理实施细则	已完成
10	开展第三方核查机构信用管理和专项清查，联合有关省市申请设立注册登记系统、交易系统管理机构	进行中
11	组织纳入全国碳市场的发电企业开户，开展交易运行测试，查找问题并改进完善	进行中
12	基础设施建设竣工以保障正式交易，《碳排放权交易管理暂行办法》修改完善并重印	进行中

（资料来源：王科、刘永艳著《2020年中国碳市场回顾与展望》，载《北京理工大学学报（社会科学版）》2020年第22卷第2期，第10～19页。）

截至2019年，北京、天津、上海、广东和深圳5个试点省市已经完成了6次履约，湖北和重庆等两个省市已经完成了5次履约。截至2019年年底，北京碳市场成交总量达1329.53万吨，交易总额达7.95亿元，成交均价为59.82元/吨。广东碳市场成交总量达5563.89万吨，交易总额达9.92亿元，成交均价为17.83元/吨。湖北碳市场成交总量达6382.09万吨，交易总额达12.88亿元，成交均价为20.18元/吨。上海碳市场成交总量达1507.76万吨，交易总额达4.26亿元，成交均价为28.24元/吨。深圳碳市场成交总量达2640.64万吨，交易总额达7.25亿元，成交均价为27.47元/吨。天津碳市场成交总量达304.98万吨，交易总额为0.42亿元，成交均价为13.68元/吨。重庆碳市场成交总量为845.51万吨，交易总额为0.48亿元，成交均价为5.69元/吨。

2. 其他国家（地区）碳交易的发展

截至2019年，国际上已经投入运行的碳交易体系达20个，正在建设的碳交易体系有6个国家（地区），正在策划实施碳交易体系的有12个国家（地区）。全球碳交易市场覆盖了工业、电力、交通、建筑等若干个行业，覆盖地区的温室气体排放量约占全球温室气体排放总量的8%，这些地区的GDP之和约占全球GDP的37%。2019年中国境外国家（地区）实施碳交易机制的情况见表8-8。

表8-8　2019年其他国家（地区）实施碳交易机制的情况

国家（地区）	配额总量/亿吨	占其温室气体排放总量/%	配额发放方式	配额分配方法	覆盖范围	未履约处罚方式
欧盟	18.55	40	免费发放+拍卖	产品基准法	电力、工业、航空，1.1万多家企业	每吨118美元的罚款，并公布未履约企业保单
新西兰	4.00	51	免费发放	历史强度法	电力、工业、航空、交通、建筑、废弃物、林业，2400多家企业	每吨20.76美元的罚款

续表8-8

国家（地区）	配额总量/亿吨	占其温室气体排放总量/%	配额发放方式	配额分配方法	覆盖范围	未履约处罚方式
东京（日本）	1.32	20	免费发放	历史强度法	工业、建筑，1200家企业	最高4528美元罚款，并公布未履约企业保单
埼玉县（日本）	0.07	18	免费发放	历史强度法	工业、建筑，574家企业（2016年）	未设置处罚机制
瑞士	0.05	11	免费发放+拍卖	产品基准法	工业，54家企业（2017年）	每吨127.82美元的罚款
哈萨克斯坦	1.62	50	免费发放	历史强度法、产品基准法	电力、工业，129家企业	每吨31美元的罚款
韩国	5.48	70（2016年）	免费发放+拍卖	未公布	电力、工业、航空、建筑、废弃物，610家企业	不超过市场价3倍的罚款
马萨诸塞州（美国）	0.09	20（2015年）	免费发放+拍卖	历史强度法	电力，21家企业（2018年）	3倍配额处罚
新斯科舍（加拿大）	0.14	80	免费发放+拍卖	历史强度法	电力、工业、交通、建筑，21家企业	最近拍卖价的3倍罚款
加州（美国）	3.46	80	免费发放+拍卖	产量基准法	电力、工业、交通、建筑，近500家企业	根据"健康及安全守则"进行处罚

续表 8-8

国家（地区）	配额总量/亿吨	占其温室气体排放总量/%	配额发放方式	配额分配方法	覆盖范围	未履约处罚方式
魁北克（加拿大）	0.57	80～85	免费发放+拍卖	产量基准法	电力、工业、交通、建筑，149家企业（2017年）	2315～385875美元的罚款；二次违约处罚加倍，酌情不予发放配额

（资料来源：王科、刘永艳著《2020年中国碳市场回顾与展望》，载《北京理工大学学报（社会科学版）》2020年第22卷第2期，第10～19页。）

从表8-8可以发现：配额总量最多的是欧盟，达18.55亿吨，远高于其他国家（地区）。其次是韩国，配额总量达5.48亿吨。然后是新西兰，配额总量为4亿吨。美国加州的配额总量也比较多，为3.46亿吨。哈萨克斯坦和日本东京的配额总量分别为1.62亿吨和1.32亿吨。剩下国家（地区）的配额总量比较少。例如，加拿大的魁北克和新斯科舍的配额总量分别为0.57亿吨和0.14亿吨，美国马萨诸塞州和日本埼玉县的配额总量分别仅有0.09亿吨和0.07亿吨。然而，从各国（地区）配额总量占其温室气体排放总量的比重看，加拿大的魁北克占80%～85%，美国加州和加拿大的新斯科舍也都占到80%，韩国、新西兰和哈萨克斯坦依次占70%、51%和50%，欧盟占40%，美国马萨诸塞州和日本东京均占20%，日本埼玉县以及瑞士分别占18%和11%。从配额发放方式看，新西兰、日本东京和埼玉县、哈萨克斯坦均仅采用免费发放的方式，欧盟、瑞士、韩国、美国马萨诸塞州和加州、加拿大的新斯科舍和魁北克均采用免费发放与拍卖相结合的方式。从配额分配方法看，欧盟、瑞士、美国加州和加拿大魁北克均采用基准线分配方法，新西兰、日本东京和埼玉县、美国马萨诸塞州、加拿大新斯科舍均采用历史强度法，哈萨克斯坦同时采用基准线分配和历史强度法，韩国则未明确。从覆盖范围看，瑞士仅覆盖工业部门，美国马萨诸塞州仅覆盖电力部门，日本东京和埼玉县均覆盖工业和建筑部门，哈萨克斯坦覆盖电力和工业部门，欧盟覆盖电力、工业和航空部门，加拿大的新斯科舍和魁北克、美国加州均覆盖电力、工业、交通和建筑部门，韩国覆盖电力、工业、航空、建筑和废弃物领域，新西兰覆盖电力、工业、航空、交通、建筑、废弃物和林业领域。最后，在未履约的处罚方式上,除了日本埼玉县外,欧盟、新西兰、日本东京、瑞士、哈萨克斯坦、韩国、美国的马萨诸塞州和加州、加拿大的新斯科舍和魁北克均明确确定了罚款金额和方式,但他们之间存在明显的差异。

第三节 推动"碳交易—人民币"结算的路径

一、"碳交易—人民币"结算

(一) 以低碳为特征的新能源运用及贸易的蓬勃兴起

英镑和美元的崛起历程清晰地展现了一国货币成为国际货币乃至关键货币之路。在各国将低碳经济作为经济增长新模式的背景下,碳交易无疑将成为全球最主要的大宗商品,碳信用交易这一新的能源贸易将成为新能源组合与利用模式的核心。这就意味着,一国货币将来能否与碳交易绑定,达到怎样的绑定程度,成为该货币进阶国际货币乃至关键货币的重要条件。在碳交易市场上,无论是发达国家,还是转型国家和发展中国家,都可以成为供给方,造成碳交易计价货币的多元化。如欧盟碳排放交易体系在全球碳交易中占据主导地位,欧元常常用作碳现货和碳衍生品场内交易的计价货币和结算货币;伦敦是全球碳交易的中心,英镑将继续用作碳交易的计价和结算;日本建成的碳交易市场采用日元计价和结算,再考虑到日本在碳减排技术出口方面的领先优势,日元也可能成为碳交易的计价货币和结算货币;澳大利亚的温室气体排放交易体系延续了新南威尔士温室气体减排体系,澳元也将在碳交易计价和结算中占有一席之地。[①]

(二) 中国被认为是最具潜力的排放市场

虽然发达国家减排技术先进,能源利用效率较高,但是进一步减排的难度较大,减排成本较高。相反,发展中国家减排技术落后,能源利用效率较低,但是,减排空间较大,减排成本较低。因此,在国际碳交易市场上,发展中国家可以成为供给方,发达国家可以成为需求方,彼

[①] 参见王颖、管清友《碳交易计价结算货币:理论、现实与选择》,载《当代亚太》2009年第1期,第109~128页。

此之间进行交易。在《京都议定书》的第一承诺期，中国就不断通过清洁发展机制参与全球碳交易市场。2007年和2008年，中国在清洁发展机制项目下核证减排量的供应量方面已处于世界领先地位。2007年中国清洁发展机制项目下的核证减排量占世界总成交量的73%，2008年这一占比上升到84%，为全球碳交易市场创造了大量的减排额。在中国经济快速发展的同时，碳排放量也增长较快，中国已成为全球碳排放的第一大国。随着中国产业结构的优化，在产业政策、财政补贴等方面对低碳经济的支持，以及加快实施节能减排重点工程，推动包括绿色建筑、低碳交通运输体系建设等重点领域的节能工作，中国的减排成效明显。到2020年8月末，中国7个试点地区碳交易市场的配额累计成交量为4.06亿吨，累计成交额约为92.8亿元，成为全球配额成交量规模第二大的碳市场。

（三）人民币跨境支付系统越来越完善

为满足人民币跨境使用的需求，中国人民银行开发了独立的人民币跨境支付系统（Cross-border Interbank Payment System，CIPS）。该系统的建设分为两期。第一期于2015年10月8日在上海成功上线运行。作为人民币国际化的重要里程碑和基础设施，人民币跨境支付系统为境内外金融机构开展人民币跨境业务和离岸业务提供相应的资金清算以及结算服务，首批参与者包括19家国内外银行。第二期于2018年3月26日投产试运行，10家中、外资银行试点同步上线。与第一期相比，第二期的功能更加完善，如延长了运行时间，引入了定时净额结算机制，业务模式可以满足多项金融市场业务的资金结算需要，并允许境外直接参与者扩容。截至2020年4月末，CIPS共有957家参与者，其中直接参与者33家，间接参与者924家。间接参与者中，亚洲有709家（境内399家）、欧洲有118家、非洲有38家、北美洲有26家、大洋洲有18家、南美洲有15家，覆盖了95个国家和地区。2019年，CIPS顺利运行了250个工作日，共处理了188.4万笔跨境人民币业务，同比增长31%；涉及金额33.9万亿元，同比增长28%；日均处理7537笔业务，涉及金额1357亿元。其中包括140.4万笔客户汇款业务，涉及金额5.6万亿元；42.8万笔金融机构汇款业务，涉及金额25.7万亿元；2.6万笔批量客户汇款业务，涉及金额1.1亿元；2.7万笔双边业务，涉及金额2.7万亿元；59笔清算机构借贷业务，涉及金额

0.3亿元。

（四）人民币的国际地位越来越高

2001年及之后的多个场合，美国著名国际金融学家、经济学诺贝尔奖获得者罗伯特·蒙代尔提出"货币稳定三岛"的大胆构想，即美元、欧元、人民币三足鼎立形成全球范围内的稳定货币体系。近年来，人民币的国际地位越来越高。中国人民银行发布的《2020年人民币国际化报告》的数据显示，2019年银行代客人民币跨境收付金额同比增长24.1%；在全球外汇交易市场中占4.3%；在主要国际支付货币中排第5位。而且，人民币已与9个周边国家及"一带一路"沿线国家货币实现直接交易，与3个国家货币也实现区域交易。此外，人民币计价大宗商品的比重上升。如在上海期货交易所国际能源交易中心，中国已上市原油、铁矿石、精对苯二甲酸（PTA）和20号胶4个特定品种交易期货。截至2020年5月15日，以人民币计算，境外交易者汇入的保证金为37.13亿元，其中人民币占70.87%；汇出的保证金为38.09亿元，其中人民币占82.59%。

二、加快中国碳交易市场建设发展

（一）建立健全碳交易市场体系

1. 继续完善全国碳交易市场顶层设计

做好碳交易市场的顶层设计，实现碳交易市场的阶段性建设目标，既要符合新时代中国特色社会主义的要求，也要与全面建设社会主义现代化国家相匹配。这就要求决策者具备长期视野，对碳交易市场表现出更加精准的政治意愿，制定更加完善的配套政策。同时，要减少碳交易价格的波动，增强碳交易市场的流动性，保障碳排放配额的稀缺性。从2013年开始，欧盟碳排放交易机制逐渐将碳排放配额的分配方式从免费分配过渡到拍卖，以求到2020年实现完全拍卖，实际上，2020年欧盟总体约有60%的配额实现了拍卖发放；美国的区域温室气体减排行动更是逐年直接减少配额总量。在中国的碳交易市场试点地区中，广东省最先进行了定期有偿拍卖，上海也引入了有偿竞价。因此，中国可以借鉴国外碳交易市场以及国内碳交易市场试点运行的经验，有序缩减碳排放配额的免费分配比例，最终完全实现有偿分配，保障碳排放配额的稀缺性，稳定市场主体对碳交易价格的长期预期，这有利于更好地发挥价格机制以增强企业低碳技术研发和减排。

2. 早日建成统一的碳交易平台

建设全国统一的碳交易市场是一项复杂的系统工程，建议分为三个阶段。一是建立和完善各省市的碳交易市场。中国各省市的资源禀赋、产业结构不尽相同，经济发展的路径各有差异，排放的二氧化碳等温室气体也有区别。那些碳排放量较高或碳排放强度较大的省市，应认真总结碳交易试点省市的成功经验和不足之处，扬长避短，尽早建立和完善碳交易市场。二是建立区域性的碳交易市场。欧盟碳排放交易体系、美国的区域温室气体减排行动等区域型碳交易市场的建立和运行，可以在中国各省市与邻近省市或碳交易市场已经较为发达的省市之间建立区域型碳交易市场，就碳交易的制度设计、管理办法等方面进行协调，消除彼此之间碳交易立法的差异，推进区域性碳交易市场的建设。① 三是建成全国统一的碳交易市场。经过前两个阶段的建设和发展，中国可以统一将各省市的碳交易市场和区域性碳交易市场，建成覆盖中国各省市、各行业的统一碳交易平台，遵照国家的统一安排，实行统一的碳交易制度。

3. 深化碳市场国际合作

第一，加强与发达国家（地区）的合作。欧美发达国家（地区）的碳交易市场建立较早、运行时间较长，中国可以与之进行合作，借鉴他们碳交易市场的运行经验，完善中国碳交易市场的顶层设计，预估中国碳交易市场发展过程中可能会出现的问题，并提前准备应对措施。第二，继续开展南南合作。作为发展中国家，中国碳交易市场的基础建设、总体框架、运行经验等，对其他发展中国家也有重要的借鉴意义，特别是目前已经有不少发展中国家表示要向中国的碳交易市场取经，这可以成为南南合作在气候领域的重点。

（二）建立碳期货交易所

在经济全球化的影响下，中国交易所之间出现了多次的合并和重组，目前最有影响力的境内期货交易所为上海期货交易所、大连商品交易所、中国金融期货交易所和郑州商品交易所。虽然它们交易的品种不少，但还未将碳排放权纳入交易品种中。然而，国际上已有国家建立和运行碳排放

---

① 参见余萍、刘纪显《碳交易市场规模的绿色和经济增长效应研究》，载《中国软科学》2020 年第 352 卷第 4 期，第 51～60 页。

权期货交易。例如,作为发达国家区域性市场的代表,美国的芝加哥气候交易所是世界上首个具有法律约束力的自愿减排交易平台,覆盖了6种温室气体;从2005年开始,欧盟碳排放交易体系即进行碳排放权期货交易;2005年之后,印度的多种商品交易所开始进行碳排放权期货交易,如将CER期货合约进行交易;2008年,印度国家商品和衍生品交易所陆续推出了几种不同期限的CER期货合约。

经国务院同意,2016年8月中国出台了《关于构建绿色金融体系的指导意见》,该意见明确提出探索研究碳排放权期货交易。2020年10月9日,中国证监会发布消息称,经国务院批准,中国证监会开始广州期货交易所的筹建工作。2021年1月22日,证监会正式批准设立广州期货交易所。该交易所被定位为一家创新型期货交易所,碳排放权或将成为首个交易品种,碳市场是碳定价的工具之一。与美国、欧盟、印度等国家(地区)的碳期货交易所相比,中国的碳期货交易所建设比较落后,尚未正式运行,中国可以借鉴这些碳期货交易所的成功经验,建立具有中国特色的碳期货交易所。

(三) 捆绑碳期货交易与人民币国际结算

碳排放权捆绑人民币结算交易或可演绎成为人民币国际化的弯道超车新路径。与大宗商品尤其是能源的计价和结算捆绑,常常是货币崛起的起点。人民币跨境发展的路径之一也是与大宗商品捆绑结算。而碳已经和石油、天然气等大宗商品一样,成为全球贸易的能源商品,其在能源中的核心地位愈发地凸显。2020年,全球碳市场交易规模达2290亿欧元。[①] 中国启动全国碳交易市场后,以发电行业为突破口,将1700余家发电企业作为首批参与者纳入碳交易之中,这些企业的年排放总量已高于30亿吨二氧化碳当量,占全国碳排放总量的1/3左右。2019年,中国有2900多家企业和单位被纳入7个试点碳市场,累计分配约62亿吨碳排放配额。中国试点碳市场交易额较2018年有所上升,约7.7亿元。在"十四五"期间,中国碳市场还将逐步纳入钢铁、化工、石化等高能耗行业,市场规模将进一步扩大,以巩固中国作为全球第一大碳排放权交易市场的地位。

---

① 参见陈佳怡《2021年全球碳排放交易市场现状及发展趋势分析 碳配额收紧推动价格上升》,前瞻经济学人"前瞻产业研究院",https://www.qianzhan.com/analyst/detail/220/210813-aa6a7022.html。

国际货币依次经历了煤炭捆绑英镑、石油捆绑美元的体系之后,若能以碳排放权捆绑人民币结算交易,将有望建成中国与东南亚国家(地区)的低碳经济发展的金融体系。尽管目前全球碳交易的计价暂时以欧元为主,但还没有形成牢固的捆绑体系。目前,亚洲地区仅日本、印度等国开展了规模较小的碳交易,整体看来,亚洲地区基于强制减排机制运行的碳市场还处于起步阶段。因此,中国在加快碳期货交易所建设的同时,应尽可能地吸纳亚太国家(地区),人民币一旦成为碳交易的主要结算货币,将有利于建立中国与东南亚等国家(地区)的低碳经济发展的金融体系。这不仅可以改变中国目前在全球碳市场价值链中所处的低端位置,还可以为实现人民币国际化创造弯道超车的机会,加速人民币国际化的发展步伐,进一步提升中国在国际金融中的地位。

第四节 世界金融发展与弯道超车展望

一、世界金融发展

(一) 世界金融的发展特点

1. 整体形势较为平稳

近些年来,部分欧洲重债国家的债务问题基本得到解决,以美国为典型的高风险资本价格已经开始有所回调,世界金融市场的压力正在缓解,世界金融市场的发展呈现整体平稳的状态。但是这种平稳状态下还是存在着一些隐患,特别是世界经济体系处于不断完善之中,许多国际政策还存在变化的可能,使得原本有所缓和的国际金融市场又可能面临诸多不确定性,进而影响国际金融市场的稳定。

2. 国际资本逆向流动

在世界经济发展水平不断提升的过程中,世界金融市场表现出南北分化,形成南高北低的格局。这主要表现在发达经济体的经济增长,以及新兴经济体股市的疲软方面。新兴经济体的发展和发达经济体自主增长力的不断增加,在一定程度上改变了世界金融市场,不仅使得发达经济体得到了越来越多的流动资金,而且加速了资金的流动。

3. 信贷环境的结构性分化

在世界经济货币政策逐渐分化的情况下，资本利率的具体结构也出现差异，这种分化主要体现在两个方面。第一，对较为发达的经济体而言，无论是短期利率还是长期利率，都出现了不同程度的分化，量化宽松政策也被付诸实践。而且很多发达经济体认为，即便退出量化宽松政策，还是会继续支持它，并在短期内不会提升基准利率。但长期信贷利率却在不断上升，如美国10年期的利率已调整至国债利率的最大值，带动英国、法国、德国等欧洲国家的长期利率也不同程度地上调。第二，新兴经济体与发达经济体之间还存在着资金结构上的分化。多数新兴经济体在良好的宽松政策等措施下，弹压信贷利率过高。如美联储拒绝了长期的货币量化宽松政策，在短期内不会提高基准利率。然而，新兴经济体的出现引起了本币贬值和通货膨胀，宽松政策的正常开展亦受阻。[1]

（二）影响世界金融发展趋势的因素

1. 美国经济的变化

美国经济的发展情况对世界金融市场有重要的影响，美元的资金流向也会给国际市场的发展趋势带来直接影响。目前来看，美国经济主要有三个方面的变化：全球经济中美国经济的主导地位逐渐削弱、美元的吸引力不断丧失、流向美国的国际资金的流动性不断减弱。

2. 资金流向

美元仍是当今世界的主导货币，不过伴随美国经济和股市的变化，资金已更加青睐欧洲国家和亚洲国家，反映出美元地位有所下降。在市场环境较为稳定的情况下，多数亚洲国家的金融发展前景较好。

3. 银行业的不断进步

世界金融的发展还受国际银行的影响。由于银行不仅与金融活动间存在比较密切的关联，是金融发展的主要平台，还是世界金融的主要载体，因此要保证金融市场平稳、持续发展，就需要保证银行发展的稳定性，为世界金融市场的持续发展奠定坚实的基础。[2]

---

[1] 参见王慧《国际金融市场的发展趋势和特点探析》，载《产业创新研究》2020年第7期，第26～27页。

[2] 参见刘昕芜《国际金融市场的发展趋势和特点分析》，载《商场现代化》2020年第11期，第143～145页。

(三) 世界金融的发展趋势

目前，世界金融市场处于不断变化之中，这加速了资金的国际化，提升了资金在世界范围内的利用效率。由于金融市场的发展与融资环境紧密相关，因此要确保市场稳定、快速发展，就需要保证融资环境畅通，这在市场不断变化的情况下显得尤为重要。目前已有不少货币进入国际范围，当前的世界金融市场朝着融资畅通化的方向发展，这可帮助各国合理利用资金，增强资金的可操作性。从市场的发展趋势看，资金国际化已不可避免，再加上其畅通化，这就确定了世界金融市场的发展主流。

二、弯道超车展望

人民币国际化已经取得了不小成绩，然而人民币在国际上的地位还不足以匹配中国的经济地位，这就要求进一步加快人民币国际化建设。人民币国际化之路还面临着一些困难，主要源于三个方面。第一，美元在国际货币中的主导地位。作为国际顶级货币，美元居于主导地位的时间较长，SWIFT系统以及国际贸易结算规则等已经形成了路径依赖，人民币替代美元异常艰难。第二，人民币国际化的商业意识不足。尽管中国已成为世界贸易大国，但是在国际商业活动中，中国还是依照国际惯例选用国际顶级货币或主导货币，缺少人民币国际化意识，不利于人民币在世界范围内的普及。第三，人民币国际化起步晚。2009年，人民币开始设立跨境贸易结算试点，在香港发行人民币债券被认为是人民币开启国际化的起步之年。但是相对于英镑、美元等货币，人民币的国际化之路起步甚晚，需要争取弯道超车才有可能成为使用范围更加广泛的国际主导货币。

值得注意的是，2020年新冠肺炎疫情发生以来，美元的地位不仅没有明显遭受疫情冲击，美国更是通过的无限量的量化宽松政策和货币互换政策等巩固了其地位。这又一次证明外因不是决定人民币国际化进程的根本因素，反而人民币国际化还得依靠内因，即中国实体经济的稳定发展和中国货币当局的推动。目前，在贸易融资货币、支付货币、外汇交易货币、储备货币等方面，人民币已经取得了很好的成绩。当下，中国深化金融双向开放会增强内、外资的交流力度，促进人民币发挥投资、避险等功能，可以为人民币从国际货币升级成为国际主导货币创造有利的生态条件。

中国与"一带一路"沿线国家之间贸易便利,这些国家对外汇存在着交易需求和储备需求,可以成为人民币国际化的首要地区。同时也应注意到,这些国家的意识形态不同,可能存在美元依赖,在一定程度上不利于人民币国际化。不过,中国的贸易总额、制造总额都处于世界前列,按照经济规律、金融规律、货币规律,人民币被国际社会普遍接受是必然趋势。①

◆思考讨论题◆

1. 《京都议定书》的主要内容和意义有哪些?
2. 《京都议定书》建立了哪些减排机制?
3. 国际上主要的碳交易市场有哪些?各自是如何运行的?
4. 世界碳市场的发展给中国带来了哪些机遇?
5. "碳交易—人民币"结算的路径有哪些?
6. 人民币如何实现弯道超车?

---

① 参见孙兆东《人民币国际化可以弯道超车》,载《中国银行保险报》2020年5月25日。

参考文献

中文文献

[1] 巴曙松, 王凤娇, 孔颜. 系统性金融风险的测度方法比较 [J]. 湖北经济学研究, 2011 (1): 32–39.

[2] 巴曙松. 服务实体促进转型是金融改革方向 [N]. 中国经济导报, 2013–03–02 (A2).

[3] 巴曙松. 转型让金融功能回归 [J]. 中国报道, 2012, 11 (105): 50–53.

[4] 白当伟, 汪天都, 李潇潇, 等. 普惠金融与金融稳定: 传导机理及实证研究 [J]. 上海金融, 2018 (8): 25–35.

[5] 贝多广. 金融发展的次序 [M]. 北京: 中国金融出版社, 2017: 15–18.

[6] 边晓娟, 张跃军. 澳大利亚碳排放交易经验及其对中国的启示 [J]. 中国能源, 2014, 36 (8): 29–33.

[7] 曹玉瑾, 于晓莉. 分报告三: 主要货币国际化的历史经验 [J]. 经济研究参考, 2014 (9): 43–59.

[8] 曾宝华. 金融体系的功能与核心能力的分析 [J]. 海南金融, 2005 (12): 28–31.

[9] 曾铮. 亚洲国家和地区经济发展方式转变研究: 基于"中等收入陷阱"视角的分析 [J]. 经济学家, 2011 (6): 48–54.

[10] 陈彪如. 国际货币体系 [M]. 上海: 华东师范大学出版社, 1990.

[11] 陈洁民. 新西兰碳排放交易体系的特点及启示 [J]. 经济纵横, 2013 (1): 113–117.

[12] 陈云贤. 国家金融学 [M]. 2版. 北京: 北京大学出版社, 2021.

[13] 丁治平. 《京都议定书》下温室气体减排机制研究 [D]. 上海: 华

东政法大学,2008.

[14] 董君. 国际货币体系演进中的货币霸权转移[J]. 当代经济管理, 2010, 32(10): 63-67.

[15] 董雅娜. 从能源危机到美元霸权: 石油—美元机制研究[D]. 南京: 南京大学, 2019.

[16] 董直庆, 王林辉. 我国证券市场与宏观经济波动关联性: 基于小波变换和互谱分析的对比检验[J]. 金融研究, 2008(8): 39-52.

[17] 龚强, 张一林, 林毅夫. 产业结构、风险特性与最优金融结构[J]. 经济研究, 2014, 49(4): 4-16.

[18] 谷军健, 赵玉林. 金融发展如何影响全球价值链分工地位?: 基于与科技创新协同的视角[J]. 国际金融研究, 2020(7): 35-44.

[19] 何艳玲. 发达国家发展低碳经济的基本做法[J]. 政策瞭望, 2011(3): 48-50.

[20] 黄达, 张杰. 金融学[M]. 4版. 北京: 中国人民大学出版社, 2019.

[21] 黄宪, 刘岩, 童韵洁. 金融发展对经济增长的促进作用及其持续性研究: 基于英美、德国、法国法系的比较视角[J]. 金融研究, 2019(12): 147-168.

[22] 贾俊生, 伦晓波, 林树. 金融发展、微观企业创新产出与经济增长: 基于上市公司专利视角的实证分析[J]. 金融研究, 2017(1): 99-113.

[23] 解维敏, 方红星. 金融发展、融资约束与企业研发投入[J]. 金融研究, 2011(5): 171-183.

[24] 李宏明. 金融深化新论[M]. 北京: 中国金融出版社, 2006: 61-63.

[25] 李力行, 申广军. 金融发展与城市规模: 理论和来自中国城市的证据[J]. 经济学(季刊), 2019, 18(3): 855-876.

[26] 厉以宁. 论"中等收入陷阱"[J]. 经济学动态, 2012(12): 4-6.

[27] 林毅夫, 孙希芳, 姜烨. 经济发展中的最优金融结构理论初探[J]. 经济研究, 2009, 44(8): 4-17.

[28] 林毅夫, 孙希芳. 银行业结构与经济增长[J]. 经济研究, 2008, 43(9): 31-45.

[29] 林毅夫,章奇,刘明兴. 金融结构与经济增长:以制造业为例[J]. 世界经济,2003(1):3-21.

[30] 刘行,叶康涛. 金融发展、产权与企业税负[J]. 管理世界,2014(3):41-52.

[31] 刘志伟. 地方金融监管权的理性归位[J]. 法律科学,2016(5):156-164.

[32] 卢峰,姚洋. 金融压抑下的法治、金融发展和经济增长[J]. 中国社会科学,2004(1):42-55.

[33] 陆静. 金融发展与经济增长关系的理论与实证研究:基于中国省际面板数据的协整分析[J]. 中国管理科学,2012,20(1):177-184.

[34] 罗纳德·I. 麦金农. 经济自由化的顺序:向市场经济过渡中的金融控制[M]. 李若谷,吴红卫,译. 陈雨露,校. 北京:中国金融出版社,2006.

[35] 吕朝凤. 金融发展、不完全契约与经济增长[J]. 经济学(季刊),2018,17(1):155-188.

[36] 美洲开放银行. 拉美经济与社会进步:1996年报告[R]. 北京:中国社会科学出版社,1999:47-146.

[37] 逄金玉. 金融服务实体经济解析[J]. 管理世界,2012(5):170-171.

[38] 裴毅菲. 英国金融霸权问题研究1816—1914[D]. 保定:河北大学,2013.

[39] 彭巨水. 中等收入陷阱的理论阐述、成因分析及我国的对策研究[J]. 现代管理科学,2018(11):30-32.

[40] 齐俊妍,王永进,施炳展,等. 金融发展与出口技术复杂度[J]. 世界经济,2011,34(7):91-118.

[41] 钱雪松,谢晓芬,杜立. 金融发展、影子银行区域流动和反哺效应:基于中国委托贷款数据的经验分析[J]. 中国工业经济,2017(6):60-78.

[42] 钱运春. 西欧跨越中等收入陷阱:理论分析与历史经验[J]. 世界经济研究,2012(8):82-84.

[43] 曲延明. 拉美金融改革与发展模式的得失[J]. 国外理论动态,

2001（9）：11-14.

[44] 沈红波，寇宏，张川. 金融发展、融资约束与企业投资的实证研究［J］. 中国工业经济，2010（6）：55-64.

[45] 沈坤荣，张成. 金融发展与中国经济增长：基于跨地区动态数据的实证研究［J］. 管理世界，2004（7）：15-21.

[46] 斯蒂格利茨. 阿根廷危机七大教训［N］. 参考消息，2002-01-12.

[47] 孙晓云. 系统性风险管理和国际金融监管体系改革［M］. 上海：格致出版社，上海人民出版社，2014：101.

[48] 谈儒勇. 中国金融发展和经济增长关系的实证研究［J］. 经济研究，1999（10）：53-61.

[49] 陶玲，朱迎. 系统性金融风险的监测和度量：基于中国金融体系的研究［J］. 金融研究，2016（6）：18-36.

[50] 陶双桅. "中等收入陷阱"文献综述［J］. 管理学刊，2015（5）：31-36.

[51] 田国强，陈旭东. 中国如何跨越"中等收入陷阱"：基于制度转型和国家治理的视角［J］. 学术月刊，2015（5）：18-27.

[52] 涂瑞和. 《联合国气候变化框架公约》与《京都议定书》及其谈判进程［J］. 环境保护，2005（3）：65-71.

[53] 万晓莉. 中国1987—2006年金融体系脆弱性的判断与测度［J］. 金融研究，2008（6）：80-93.

[54] 王爱萍. 金融发展与经济发展：基于中国实践的考察［M］. 北京：知识产权出版社，2019.

[55] 王斌. 中国银行业市场化改革的五个阶段及特点［J］. 改革与战略，2011，27（2）：72-75.

[56] 王聪. 金融发展对经济增长的作用机制［M］. 北京：中国经济出版社，2016：34-48.

[57] 王晋斌. 金融控制政策下的金融发展与经济增长［J］. 经济研究，2007（10）：95-104.

[58] 王士强. 论我国金融压抑与金融深化［J］. 南开经济研究，1994（2）：17-23.

[59] 王曙光. 金融自由化与经济发展［M］. 北京：北京大学出版社，

2002：93-111.

[60] 王文利. 货币银行学 [M]. 北京：机械工业出版社，2010.

[61] 王秀丽，鲍明明，张龙天. 金融发展、信贷行为与信贷效率：基于我国城市商业银行的实证研究 [J]. 金融研究，2014（7）：94-108.

[62] 王颖，管清友. 碳交易计价结算货币：理论、现实与选择 [J]. 当代亚太，2009（1）：109-128.

[63] 温博慧. 系统性金融风险测度方法研究综述 [J]. 金融发展研究，2009（1）：24-27.

[64] 吴敬琏. 中国增长模式的抉择 [M]. 上海：上海远东出版社，2008：93-190.

[65] 吴晓求. 中国改革开放40年与中国金融学科发展 [J]. 北京：中国经济出版社，2019：4-11.

[66] 夏金霞，韩廷春. 金融发展理论的历史轨迹与未来发展：一个综述 [J]. 公共管理评论，2004（1）：177-197.

[67] 谢文捷，于友伟. 国际能源贸易的形成和发展研究 [J]. 国际商务（对外经济贸易大学学报），2005（3）：10-14.

[68] 薛敏，陈英明，罗汉春，等. 世界主要发达国家低碳经济发展的比较研究 [J]. 武汉纺织大学学报，2014，27（2）：76-79.

[69] 杨朝峰，赵志耘. 主要国家低碳经济发展战略 [J]. 全球科技经济瞭望，2013，28（12）：35-43.

[70] 杨玲. 英镑国际化的历程与历史经验 [J]. 南京政治学院学报，2017，33（2）：72-78.

[71] 杨友才. 金融发展与经济增长：基于我国金融发展门槛变量的分析 [J]. 金融研究，2014（2）：59-71.

[72] 杨子晖，周颖刚. 全球系统性金融风险溢出与外部冲击 [J]. 中国社会科学，2018（12）：69-90，200-201.

[73] 于学军. 中国金融风险面临前所未有复杂局面 [R]. 中国银行业发展论坛，2017.

[74] 于永达，药宁. 国际石油贸易的结算货币问题研究 [J]. 当代经济科学，2012，34（6）：55-62，124.

[75] 詹姆斯·E. 马洪. 拉丁美洲告别"华盛顿共识" [J]. 李俭国，摘

译. 国外理论动态, 2003 (3): 7-10

[76] 张成思, 朱越腾. 对外开放、金融发展与利益集团困局 [J]. 世界经济, 2017, 40 (4): 55-78.

[77] 张吉光. 地方金融并购重组路径分析 [J]. 当代金融家, 2007 (1): 107-113.

[78] 张霞. 浅论碳交易市场形成和运行的经济理论基础 [J]. 价值工程, 2014, 33 (4): 301-302.

[79] 张新颖. 英国霸权下的国际金本位制: 从霸权稳定论看1870~1914年的国际货币体系 [J]. 山东财政学院学报, 2009 (4): 66-68.

[80] 张宇. 从马克思主义的观点看 "中等收入陷阱" [N]. 光明日报, 2015-05-06 (15).

[81] 周丽丽, 杨刚强, 江洪. 中国金融发展速度与经济增长可持续性: 基于区域差异的视角 [J]. 中国软科学, 2014 (2): 58-69.

[82] 周小川. 守住不发生系统性金融风险的底线 [N]. 人民日报, 2017-11-22 (6).

[83] 朱红军, 何贤杰, 陈信元. 金融发展、预算软约束与企业投资 [J]. 会计研究, 2006 (10): 64-71.

[84] 庄毓敏, 储青青, 马勇. 金融发展、企业创新与经济增长 [J]. 金融研究, 2020 (4): 11-30.

[85] 邹小芃, 牛嘉, 汪娟. 对地方金融风险的研究: 文献综述视角 [J]. 技术经济与管理研究, 2008 (4): 84-87.

英文文献

[1] ADRIAN T, BRUNNERMEIER M K. CoVaR [J]. American Economic Review, 2016, 7: 1705-1741.

[2] ADRIAN T, SHIN H S. Liquidity and Leverage [J]. Journal of Financial Intermediation, 2010, 19 (3): 418-437.

[3] ADRIAN T, SHIN H S. The Changing Nature of Financial Intermediation and Financial Crisis of 2007—2009 [J]. Annual Review of Economics, 2010 (2): 603-618.

[4] ALLEN F, GALE D M. Financial Contagion [J]. Journal of Political Economy, 2000, 1: 1-33.

参考文献

[5] ALLEN F, GALE D. Comparative Financial Systems [M]. Boston: MIT Press, 2001.

[6] ASONGU S A, ANYANWU J C, TCHAMYOU V S. Technology-driven Information Sharing and Conditional Financial Development in Africa [J]. Information Technology for Development, 2019, 25 (4): 630-659.

[7] BAE K H, BAILEY W, KANG J. Why Is Stock Market Concentration Bad for the Economy? [J]. Journal of Financial Economics, 2021, 140 (2): 436-459.

[8] BAGEHOT W. Lombard Street [M]. Homewood, IL: Richard D. Irwin, 1962, 1873.

[9] BATUO M, MLAMBO K, ASONGU S. Linkages Between Financial Development, Financial Instability, Financial Liberalisation and Economic Growth in Africa [J]. Research in International Business and Finance, 2018, 45: 168-179.

[10] BECK T. Financial Dependence and International Trade [J]. Review of International Economics, 2003, 11 (2): 296-316.

[11] BENCIVENGA V R, SMITH B D. Financial Intermediation and Endogenous Growth [J]. The Review of Economic Studies, 1991, 58 (2): 195-209.

[12] BENHABIB J, WANG P. Financial Constraints, Endogenous Markups, and Self-fulfilling Equilibria [J]. Journal of Monetary Economics, 2012, 60 (7): 789-805.

[13] BENOIT S, COLLIARD J, HURLIN C, et al. Where the Risks Lie: A Survey on Systemic Risk [J]. Review of Finance, 2017 (21): 109-152.

[14] BILLIO M, GETMANSKY M, LO A W, et al. Econometric Measures of Connectedness and Systemic Risk in the Finance and Insurance Sectors [J]. Journal of Financial Economics, 2012, 104 (3): 535-559.

[15] BORIO C. Towards a Macroprudential Framework for Financial Supervision and Regulation? [J]. CESifo Economic Studies, 2003, 49 (2): 181-215.

[16] BOUCEKKINE R, FABBRI G, PINTUS P. Growth and Financial Liberalization under Capital Collateral Constraints: The Striking Case of the Stochastic AK Model with CARA Preferences [J]. Economics Letters, 2014, 122 (2): 303–307.

[17] BOYREAU-DEBRAY G, CULL T T R, DOLLAR D, et al. Financial Intermediation and Growth: Chinese Style [J]. Policy Research Working Paper Series, 2003, 30 (2): 1–46.

[18] BROWNLEES C T, ENGLE R F. Volatility, Correlation and Tails for Systemic Risk Measurement [J]. SSRN Electronic Journal, 2012. DOI: 10.2139/ssrn.1611229.

[19] BROWNLEES C, ENGLE R. SRISK: A Conditional Capital Shortfall Measure of Systemic Risk [J]. Review of Financial Studies, 2017, 30 (1): 48–79.

[20] CAPRIO G, KLINGEBIEL D. Episodes of Systemic and Borderline Financial Crises [R]//KLINGEBIEL D, LAEVEN L. Managing the Real and Fiscal Effects of Banking Crises. World Band Discussion Paper, 2002 (48).

[21] CARLSON M, LEWIS K, NELSON W. Using Policy Intervention to Identify Financial Stress [J]. International Journal of Finance and Economics, 2014, 19: 59–72.

[22] CHRISTOPOULOS D K, TSIONAS E G. Financial Development and Economic Growth: Evidence from Panel Unit Root and Cointegration Tests [J]. Journal of development Economics, 2004, 73 (1): 55–74.

[23] CLAESSENS S, LAEVEN L. Financial Dependence, Banking Sector Competition, and Economic Growth [J]. Journal of the European Economic Association, 2005, 3 (1): 179–207.

[24] COHEN B J. The Future of Sterling as an International Currency [M]. London: Macmillan, 1971.

[25] DEGREGORIO J, GUIDOTTI P E. Financial Development and Economic-Growth [J]. World Development, 1995, 23 (3): 433–448.

[26] DEMETRIADES P O, HUSSEIN K A. Does financial Development

Cause Economic Growth? Time-series Evidence from 16 Countries [J]. Journal of Development Economics, 1996, 51 (2): 387 – 411.

[27] DEMIRGUÇ-KUNT A, DETRAGIACHE E. Deposit Insurance and Moral Hazard Proceedings [R]. Federal Reserve Bank of Chicago, 2001 (5).

[28] DEMIRGUÇ-KUNT A, DETRAGIACHE E. Monitoring Banking Sector Fragility: A Multivariate Logit Approach [J]. The World Bank Economic Review, 2000, 14 (2): 287 – 307.

[29] DEMIRGUÇ-KUNT A, LEVINE R. Bank-Based and Market-Based Financial Systems: Cross-Country Comparisons [R]. Social Science Electronic Publishing, 2016: 1 – 72.

[30] Duffie D, Eckner A, HOREL G, et al. Frailty correlated default [J]. The Journal of Finance, 2009, 64 (5): 2089 – 2123.

[31] DUTTA N, SOBEL R S. Entrepreneurship and Human Capital: The Role of Financial Development [J]. International Review of Economics & Finance, 2018, 57: 319 – 332.

[32] FOOT M. What Is "Financial Stability" and How Do We Get It? [R]. The Roy Bridge Memorial Lecture, 2003.

[33] FREIXAS X, PARIGI B, ROCHET J. Systemic Risk, Interbank Relations and Liquidity Provision by the Central Bank [J]. Journal of Money, Credit and Banking, 2000, 32 (3) 611 – 638.

[34] FRY M J. Saving, Investment, Growth and the Cost of Financial Repression [J]. World Development, 1980, 8 (4): 317 – 327.

[35] FUENTE A D L, MARIN J M. Innovation, "Bank" Monitoring and Endogenous Financial Development [J]. Journal of Monetary Economics, 1996, 38: 269 – 301.

[36] GALBIS V. Financial Intermediation and Economic Growth in Less-Developed Countries: A Theoretical Approach [J]. Journal of Development Studies, 1977, 13 (2): 58 – 72.

[37] GOLDSMITH R. Financial Structure and Development [M]. New Haven: Yale University Press, 1969.

[38] GREENWOOD J, SMITH B D. Financial Markets in Development, and the Development of Financial Markets [J]. Journal of Economic Dynamics & Control, 1997, 21 (1): 145-181.

[39] GREGORIO D J, GUIDOTTI P E. Financial Development and Economic Growth [J]. World Development, 1995, 23 (3): 433-448.

[40] GREGORIO D J, KIM S J. Credit Markets with Differences in Abilities: Education, Distribution, and Growth [J]. International Economic Review, 2000, 41 (3): 579-607.

[41] GREGRORIO D J, GUIDOTTI P E. Financial Development and Economic and Economic Growth [J]. Applied Financial Economics, 1995, 15: 1041-1051.

[42] GURLEY J G, SHAW E S, ENTHOVEN A C. Money in a Theory of Finance [M]. Washington, DC: Brookings Institution, 1960.

[43] HELBING D, KIRMAN A. Rethinking economics using complexity theory [J]. Real-World Economics Review, 2013 (64).

[44] HELLMAN T, MURDOCK K, STIGLITZ J. Financial Restraint: Towards a New Paradigm [C]//AOKI M, KIM H-K, OKUNO-FUJUWARA M. The Role of Government in East Asian Development: Comparative Institutional Analysis. London: Oxford University Press, 1977.

[45] HICKS J. A theory of economic history [M]. Oxford: Clarendon Press, 1969.

[46] HSU P H, TIAN X, XU Y. Financial Development and Innovation: Cross-Country Evidence [J]. Journal of financial Economics, 2014, 112 (1): 116-135.

[47] HUANG X, ZHOU H, ZHU H B. A Framework for Assessing the Systemic Risk of Major Financial Institutions [J]. Journal of Banking and Finance, 2009, 33 (11): 2036-2049.

[48] HUNG F S. Inflation, Financial Development, and Economic Growth [J]. International Review of Economics & Finance, 2003, 12 (1): 45-67.

[49] ICAP. Emissions Trading Worldwide: Status Report 2020 [R]. Berlin:

International Carbon Action Partnership, 2020.

[50] ILLING M, LIU Y. An Index of Financial Stress for Canada [R]. Bank of Canada Working Paper, 2003 (14).

[51] ILZETZKI E, REINHART C M, ROGOFF K S. Exchange Arrangements Entering the 21st Century: Which Anchor Will Hold? [R]. NBER Working Paper Series, 2017.

[52] KAPUR B K. Formal and Informal Financial Markets, and the Neo-structuralist Critique of the Financial Liberalization Strategy in Less Developed Countries [J]. Journal of Development Economics, 1992, 38 (1): 63-77.

[53] KHANA. Financial Development and Economic Growth [J]. Macroeconomic Dynamics, 2001, 5 (3): 413-433.

[54] KING R G, LEVINE R. Finance and Growth: Schumpeter Might be Right [J]. Quarterly Journal of Economics, 1993, 108 (3): 717-737.

[55] KREGEL J A. Margins of Safety and Weight of the Argument in Generating Financial Fragility [J]. Journal of Economics, 1997, 31: 543-548.

[56] LEVINE R. Financial Development and Economic Growth: Views and Agenda [J]. Journal of Economic Literature, 1997, 35 (2): 688-726.

[57] LOAYZA N, RANCIERE R. Financial Development, Financial Fragility, and Growth [R]. IMF Working Papers, 2005.

[58] LOCUS R. On the Mechanics of Economic Development [J]. Journal of Monetary Economics, 1988, 22 (1): 3-42.

[59] MARTINEZ-JARAMILLO S, ALEXANDROVA-KABADJOVA B, BRAVO-BENITEZ B, et al. An empirical study of the Mexican banking system's network and its implications for systemic risk [J]. Journal of Economic Dynamics and Control, 2014, 40: 242-265.

[60] MCKINNON R I. The Order of Economic Liberalization: Financial Control in the Transition to a Market Economy [M]. Baltimore, MD: The

Johns Hopkins University Press, 1991, 1993: 11.

[61] MCKINNONR. Money and Capital in Economic Development [M]. Washington, DC: Brookings Institution, 1973.

[62] MERTON R C, BODIE Z. A Conceptual Framework for Analyzing the Financial Environment [M]. Boston: Harvard Business School Press, 1995.

[63] MICHAELY R, THALER R H, WOMACK K L. Price Reactions to Dividend Initiations and Omissions: Overreaction or Drift? [J]. Journal of Finance, 1995, 50 (2): 573–608.

[64] MINSKY H P. Financial Factors in the Economics of Capitalism [J]. Journal of Financial Services Research, 1995, 9: 197–208.

[65] MINSKY H P. The Financial Instability Hypothesis: Capitalist Process and the Behavior of the Economy [M]//KINDLBERGER C P, LAFFARGUE J-P. Financial Crisis: Theory, History and Policy. Cambridge: Cambridge University Press, 1982: 13–38.

[66] MORALESF. Financial Intermediation in a Model of Growth Through Creative Destruction [J]. Macroeconomic Dynamics, 2003, 7 (3): 362–392.

[67] MUHANMAD S D, UMER M. The Bound Testing Approach for Cointegration and Causality Between Financial Development and Economic Growth in Case of Pakistan [J]. European Journal of Social Sciences, 2010, 13 (4): 525–531.

[68] NELSON W R, PERLI R. Selected Indicators of Financial Stability [R]. Irving Fisher Committee's Bulletin on Central Bank Statistics, 2005.

[69] NEUSSER K, KUGLER M. Manufacturing Growth and Financial Development: Evidence from OECD Countries [J]. Review of economics and statistics, 1998, 80 (4): 638–646.

[70] NKORO E, UKO A K. Financial Structure and Economic Growth: The Nigerian Experience, 1980–2017 [J]. American Economic & Social Review, 2019, 5 (1): 33–48.

[71] PAGANO M. Financial Markets and Growth: An Overview [J]. European Economic Review, 1993, 37 (2): 613-622.

[72] RAJAN R G, ZINGALES L. Financial Dependence and Growth [J]. American Economic Review, 1998, 88 (3): 559-586.

[73] ROMER P M. Increasing Returns and Long-Run Growth [J]. Journal of Political Economy, 1986, 94 (5): 1002-1037.

[74] SANTOMERO A M, SEATER J J. Is There an Optimal Size for the Financial Sector? [J]. Journal of Banking and Finance, 2000, 24: 945-965.

[75] SCHUMPETER J. The Theory of Economic Development [M]. Cambridge, MA: Harvard University Press, 1912.

[76] SHAHBAZ M, HYE Q M A, TIWARI A K, et al. Economic Growth, Energy Consumption, Financial Development, International Trade and CO_2 Emissions in Indonesia [J]. Renewable and Sustainable Energy Reviews, 2013, 25: 109-121.

[77] SHAHBAZ M, NAEEM M, AHAD M, et al. Is Natural Resource Abundance a Stimulus for Financial Development in the USA? [J]. Resources Policy, 2018, 55: 223-232.

[78] SHAW E S. Financial Deeping in Economic Development [M]. Oxford: Oxford University Press, 1973.

[79] SOLOW R M. A Contribution to the Theory of Economic Growth [J]. Quarterly Journal of Economics, 1956, 70 (1): 65-94.

[80] STIGLITZJ E. Credit Markets and the Control of Capital [J]. Journal of Money, Credit and Banking, 1985, 17 (2): 133-152.

[81] STIGLITZJ E. The Role of the State in Financial Markets [C]. The World Bank Annual Conference on Development Economics, 1993.

[82] STIGLITZ J. Globalism's Discontent [N]. American Prospect, 2002-01-14.

[83] VAN DEN END J W, TABBAE M. Measuring Financial Stability: Applying the MfRisk model to the Netherlands [R]. De Nederlandsche Bank Working Paper, 2005 (30): 2-18.

[84] WILLIAMSON J. Lowest Common Denominator or Neo-liberal Manifest? [M]//AUTY R M, TOYED J. Challenging the Orthodoxies. Development Studies Association, 1996.

[85] WORLD BANK. Preventing Banking Distress and Crisis in Latin American Proceedings of a Conference held in Washington D. C. April 15 – 16, 1996 [R]. The World Bank, 1996.

[86] ZVI B, MERTON R C. Finance [M]. Hoboken, New Jersey: Prentice Hall, 1999.

后　记

当今，经济与金融全球一体化，国际环境复杂多变，随着国际资本的跨国流动、金融衍生品的增多，发生系统性金融风险的可能性也随之增加。各国都加强金融监管，强化防控金融风险，推动金融服务实体经济，维护金融市场的稳定和可持续发展，以促进经济的发展。

随着中国不断深化改革开放，以及金融行业结构性改革和金融科技在金融业的创新，人民币国际化赶上了历史好机遇，同时也面临巨大挑战。尽管人民币捆绑碳排放权交易不是人民币国际化唯一的方法，但确实是推动人民币国际化的重要因素。

本书从国家金融行为和现代金融体系的研究视角，首先对金融发展研究的理论等作简要的梳理和回顾，而后探讨金融发展弯道超车的可行途径。参与本书编写的有广东金融学院李小玲博士和魏守道副教授，其中李小玲博士编写本书的第一至第五章，魏守道副教授编写本书的第六至第八章。

在本书的编写过程中，笔者得到了各方面的帮助。陈云贤教授给予了大力支持和指导，本书的很多研究是基于陈云贤教授的国家金融学和现代金融体系等相关理论展开。中山大学杨子晖教授、韦立坚副教授等也对本书给予了指导。东南大学博士生赖晓冰为第一章提供了重要的帮助，中山大学博士生李光华和吴于篮为第四章提供了重要的帮助。还有业界李子斌博士也提供了帮助。笔者在此致以诚挚的感谢。

本书借鉴和引用了国内外大量的专著、论文和相关资料；对引用的内容已尽力做到标明出处，但难免有遗漏，如有发现敬请联系笔者，以便在后续版本中修正，谨此一并致谢。

由于笔者的时间和学识水平有限，本书还存在不少缺点和不足，敬请读者批评指正。

编著者

2021 年 6 月